隐秘的角落

[英国] 劳拉·贝茨 著

李少波 译

译林出版社

图书在版编目（CIP）数据

隐秘的角落 /（英）劳拉·贝茨（Laura Bates）著；李少波译. -- 南京：译林出版社，2025.2（2025.6重印）. --（译见丛书）. -- ISBN 978-7-5753-0348-4

I. C913.68

中国国家版本馆CIP数据核字第2024LA2038号

MEN WHO HATE WOMAN by Laura Bates
Copyright © Laura Bates, 2020
The right of Laura Bates to be identified as the author of this work has been asserted in accordance with the Copyright, Designs and Patents Act, 1988.
Published by arrangement with Rachel Mills Literary Ltd.
Chinese edition copyright © 2025 by Yilin Press, Ltd
All rights reserved.

著作权合同登记号　图字：10-2022-170号

隐秘的角落　[英国]劳拉·贝茨／著　李少波／译

责任编辑	陶泽慧
装帧设计	薛顾璨
校　　对	戴小娥
责任印制	董　虎

原文出版	Simon & Schuster, 2020
出版发行	译林出版社
地　　址	南京市湖南路1号A楼
邮　　箱	yilin@yilin.com
网　　址	www.yilin.com
市场热线	025-86633278
排　　版	南京展望文化发展有限公司
印　　刷	南京新世纪联盟印务有限公司
开　　本	880毫米×1230毫米 1/32
印　　张	11.5
插　　页	2
版　　次	2025年2月第1版
印　　次	2025年6月第2次印刷
书　　号	ISBN 978-7-5753-0348-4
定　　价	58.00元

版权所有·侵权必究

译林版图书若有印装错误可向出版社调换。质量热线：025-83658316

谨以此书献给尼克，
是他使得这一切成为可能。

目 录

引 言 …………………………………… 1

第一章 厌恶女性的男性 …………………… 12
第二章 掠食女性的男性 …………………… 68
第三章 回避女性的男性 …………………… 102
第四章 责怪女性的男性 …………………… 123
第五章 纠缠女性的男性 …………………… 151
第六章 伤害女性的男性 …………………… 189
第七章 剥削其他男性的男性 ……………… 207
第八章 畏惧女性的男性 …………………… 249
第九章 厌女而不自知的男性 ……………… 272
第十章 与厌女者为敌的男性 ……………… 309

致 谢 …………………………………… 353
注 释 …………………………………… 356

引　言

　　设想一下，有这样一个世界，每年都有数以万计的女性被强奸、殴打、摧残、虐待，甚至谋杀，仅仅因为她们是女性。设想一下，有这样一个世界，对女性的仇恨得到积极鼓励，而因特定目的组建起来的男性社群日益壮大，他们致力于主张和煽动厌女主义大业。设想一下，有这样一个世界，这种厌女情绪与种族主义愤怒得以无缝衔接：一面女性被指责为污染了优良血统的"妓女"；一面外来者被视为入侵的"野蛮人"，被仇恨点燃的种种想象将他们诬陷为掠夺脆弱白人女性这种非人商品的强盗。设想一下，有这样一个世界，成千上万的男性集结起来，以尖酸刻薄的愤怒作为共同准则而团结在一起；他们妖魔化女性，痛斥她们邪恶、没有灵魂、贪婪，他们在一场光荣而偏执的起义中形象地谋划着他们要进行的强奸和毁灭行动。设想一下，有这样一个世界，一些男性真的会将这样的幻想付诸实施，进行大规模杀害女性的行为，并留下宣言，阐释驱使他们实施这些恐怖行为的意识形态。设想一下，有这样一个世界，这类社群吞噬和掠夺着脆弱的男人、迷失的男孩和困惑畏惧的青少年，从他们的恐惧中汲取能量，推动着这些男性走向仇恨、暴力和自我毁灭。

你并无须设想出一个这样的世界，因为你已经身处其中。然而，你也许对此并不知晓，因为我们总是不喜欢谈论这类话题。

我们不喜欢顶着冒犯男性的风险。我们发现自己很难将白人直男视为一个同质化的群体，可是当我们联想到其他类型的男性时，却又很容易做到这一点，个中缘由在于我们习惯于赋予白人直男离散身份的特权。他们复杂多变，具有英雄气概，而又与众不同。人们认为，他们的决策和选择源自一系列截然不同的独特环境，而这是因为我们将他们视为截然不同的独特人群。

我们不会介意将女性作为一个群体来讨论，也不介意将针对女性的暴力作为一种现象来讨论，但当我们这样做时，我们表现得就好像这是一件习以为常的事情一样。我们通常不谈论对女性施暴的男性犯罪者——这是一种原则。我们会用"遭到强奸"这样的词来描述女性；我们会讨论女性遭受性侵犯或殴打的概率，但我们不会谈论实施强奸的男性或称他们为性侵犯者和施暴者。这就是为什么当思考性暴力时，我们很容易把注意力集中在女性的着装、行为表现和选择上。我们会警告女性采取预防措施来保护自己，明里暗里地指责那些没有这样做的受害者。因为强奸是一件见不得光的、阴暗的事情，伺机降临在那些穿着短裙走在巷子里的女性身上，而不是由那些"真男人"蓄意做出的犯罪选择。当我们被迫面对这些因为引人瞩目的案件而登上新闻头条的男性时，我们把他们描述为"野兽"和"怪物"，以便将他们和每天与我们同行的其他体面的普通男性明确区分开来。我们不对他们进行统计、量化，或者在任何有意义的层面上对他们进行研究。事实上，我们很少会想起他们。

如果我们谈论男子气概、父权或男性特权，对话就会立马偏离主题，转向以偏概全的、充满偏见意味的指摘。"并非所有男性都这样"，这样的呼声从四面八方涌来，因为这种论断过于简化，过于冒犯，也过于宽泛。然而，当一个棕色或黑色皮肤的男性所犯的罪行被认为与其种族或宗教直接相关时，我们却很少提出这样的反对意见。对男子气概——当今的社会迭代版本将其描述为一种有问题的东西——的恶言相向会被视为对男性自身的攻击。质疑某些男性为何以某种方式行事，会被认为是对所有男性的攻击，因此也是不可接受的。

然而事实却恰恰相反。那些谈论"有毒的男子气概"的人并非在批评男性，而是在为他们辩护：他们描述了一种意识形态和体系，这种意识形态和体系迫使我们的社会与家庭中的男孩和成年男性遵守不切实际、不健康且不可持续的理想。极具破坏性的性别刻板印象正在伤害男性个体以及他们所身处的社会。解决这个问题，消解这些压力，对我们的男孩而言，可以说是生死攸关的问题。当我们束手束脚，拒绝点明问题的所在时，它们就像多米诺骨牌一样倒在了我们留在身后的裂隙中。

然而，我们不想冒犯男性，因此常常对此避而不谈。一名白人男性犯下大规模谋杀罪行，尽管他的明确意图是制造恐惧和散播对特定人群的仇恨，但如果他所针对的特定人群是女性的话，那么，我们就不会用"恐怖主义"这个词来描述这种行为——即使它完全契合恐怖主义的定义。这个男人只是"心理失常"，"精神错乱"，如同一匹"独狼"。我们用语言将他描述为一个另类，一个不正常的怪人。我们不会把他的网络之旅称为一种"激进化"的过程，也不使用"极端主义"一词来标记他所沉浸的网络社群，尽管我们在描述其他不同类型的男性所犯下的其他类似罪行时，会立即想到去使用这些词。我们不会去研究究竟是什么导致他做出这些行为，或者他是如何变得如此充满仇恨的。

大多数男性都很好，很善良，从来没有想过犯下这样的罪行。但我们应当认识到，这些男性并非总是在真空中行动。而且，如果我们看不到其中的联系，如果我们甚至不将男子气概及其有害的社会结构视为酿成这些犯罪的一个因素，我们就永远不会有效地对其进行监管或预防。

这并不是要把所有男性都当成敌人，而是恰恰相反。这意味着要接纳大批积极活跃在一线的男性、男性活动人士和教育工作者，他们正全力以赴地与这个问题做斗争。当下，存在一场真正的男性运动，它肇始于20世纪60年代末，作为对蓬勃发展的女性解放运动的补充，而且至今仍在活跃。这场运动涵盖了真正为解决影响男性生活的许多合理问题而斗争的各大社群，以及那些为解决关系暴力等问题而斗争的男性个体。这场运动意识到有毒的男子气概对男性的伤害与对女性的伤害同样之大，并旨在质疑和瓦解这种有毒的男子气概。然而，这场运动却被其他充满仇恨的男性运动所威胁并抢去了风头。

这不仅事关成年女性和女孩。这也是一场保护迷失的男孩的战斗，他们从我们社会中各种刻板印象的夹缝里跌落，直接投入那些准备把他们招揽进来的社群的怀抱，而这些社群则贪婪地向他们灌输着"他们的男子气概、他们的生计以及他们的国家都在受到威胁"的恐惧。尽管他们营造出威胁这些男孩的是女性、移民或非白人男性等假象，但真正的威胁却来自他们的所谓拯救者正不顾一切地维护和促进的僵化"男子气概"。然而，我们宁愿选择无视这种厌女的仇恨运动蓬勃兴起，而且积极地引诱着我们的男孩并使他们变得激进，也不愿被迫去直面这场运动。

也许这一切听起来都很极端，而且言过其实。也许你认为网上可能会有一两名男性对女性持有疯狂的看法和令人担忧的观点，但这仅仅局限在互联网上——他们只是消磨时光的悲伤少年，坐在父母的地下室里，穿着肮脏的Y字形内裤，一只胳膊下还夹着一包"多力多滋"薯片。他们并不构成任何真正意义上的威胁。人们更应该去同情他们，而不是对他们心生畏惧。

更有甚者，就连我们用来描述厌女群体的词汇也完美地诠释了这种态度。除了偶现媒体的新闻报道或女权主义活动领域内的小圈子对话，我们大多数人都不知道这本书将会揭开的庞大群体网络、信仰体系、生活方式和狂热崇拜。那些对此有所了解的人将之称为"男性圈"（manosphere）。正如"男性洞穴"、"男性流感"和"男性包"之类的词，我们用"男性"作为前缀来表达一种温和的嘲笑，暗示男性身上某种略为值得同情的特征：一种对传统男子气概的背离。"男性圈"被当作笑话来看，因此人们觉得它是无害的。但事实并非如此。"男性圈"实际上是一个相互关联的系谱，由不同但彼此相关的群体组成，每个群体都有自己僵化的信仰体系、词汇和灌输形式。这本书将探讨这一链条中的各种关联，从非自愿独身者到搭讪艺术家，从"男人自行其道"（简称"米格道"）到"男性权利活动家"，以及他们如何作为一种活生生的生态系统存在，与白人至上主义者和网络喷子等其他网络社群保持密切的共生关系。本书将探索这些群体如何扩张，形成一张由网站、博客、论坛、聊天室、群组和社交媒体账户组成的巨大蜘蛛网，并揭示男孩是如何轻易地在这张网的边缘犯下愚蠢的错误，发现自己身陷其中，然后平稳高效地朝着这张网的中心愈行愈近。这些社群主要存在于网络上，正如冰山的巨大底部在很大程度上被人们所忽视，不在人们视线之内。然而，冰山的尖端却已经延伸到我们的"真实"世界里，而且每天都在变得更加大胆和尖锐。

也许你认为我们都需要冷静下来，不要忘了，网上发生的事情并不等同于现实的生活：毕竟，在网上也不可能会有棍棒和石头来打断你的骨头，也不会有类似的事情发生。

也许你曾听闻，如果千禧年后出生的"雪花一代"和政治正确斗士能够按照自己的意愿行事，任何人都再也无法在互联网上对女性或少数族裔群体发表批判性言论，那么言论自由就会受到威胁。或者，你可能听说过，当一些故作震惊、毫无幽默感的女性谈论着自己被一些有伤风化的下流笑话所冒犯时，我们的一项重要的自由便因此而受到损害。

但如果事情并不止于此呢？

如果我们无法清晰地定义并研究成年女性和女孩所面临着的暴力盛行现象，因而也几乎无法理解这一问题时，结果将会怎样？如果因为我们不承认这些问题之间的关联并以此方式来描述这些问题，从而致使我们无法开始采取全面有效的方法来监管各种暴力行为，结果将会怎样？如果我们对特定形式的暴力过于习以为常，以至于我们认为这些暴力行为是文化层面的、个人层面的……且是不可避免的，结果将会怎样？如果我们对于男性和女性、厌女情绪和仇恨犯罪，以及恐怖主义者样貌等问题的看法都如此深陷于刻板印象之中，致使我们犯下各种可怕的错误，结果将会怎样？如果这些错误已经酿成毁灭性的后果，结果又将如何？

引 言

如果存在一种早期预警系统，可以在一个又一个暴力事件中提醒我们悲剧发生的可能性，然而我们却从来没有注意到危险信号，结果将会怎样？如果大量的受虐女性如同在煤矿里发出哀鸣的金丝雀，而她们的哀矜之声却无人问津，结果将会怎样？如果针对女性的暴力行为已经成为我们生活背景的一部分，完全融入了我们的生活，结果将会怎样？如果我们对普遍存在的初级厌女情绪麻木不仁，使我们无法认识到一场全面爆发的危机，结果将会怎样？

如果你是一名女性，你就能更容易地看到这些迹象。如果你是一位在网络上发表自己观点的女性，那么这一点就会在你眼前显露得更加清晰。如果你是一位参与女权主义活动的女性，那这对你而言就更加显而易见了。因为，你再也没有继续对此视而不见的余地。因为这种仇恨会降临到你的身上。然后，这一切就都具有了联系。

近十年来，男人们每天都会给我发送信息，往往有成百上千条，概述他们对我的仇恨，幻想着我被残忍地强奸和谋杀，详尽说明他们会用哪些武器来划开我的身体，把我开膛破肚，将我描述成一种滴落而下的毒药，勾画出他们潜伏在我家外面伺机而动的景象，让我知道他们在即将结束我的生命时，特别想要刻意效仿哪些连环杀手。

这些男性因何如此愤怒？他们因何恨我到如此地步？原因是我创办了一个名为"日常性别歧视项目"的小网站，通过这个网站，任何性别的人都可以分享他们遭受性别歧视和不平等的经历。我请人们讲述他们的故事，为他们提供了一个可以讲述故事的空间。我在2012年做出的这个毫无恶意的简单举动，却引发了一股持续至今的谩骂浪潮。每当我在网上或媒体上讨论这个项目时，这种谩骂就会加剧、倍增。在我参加演讲活动时，谩骂会紧随而至。愤怒的男性会散发传单说我是骗子，或者尾随我走进书店，在我的书里留下手写的便条，警告读者——女人们会在强奸的问题上撒谎。当我在演播室里参加活动，而男性们在新闻里看到我时，这种谩骂便开始如影随形般朝我袭来。于是，当我回到家，打开笔记本电脑，就会收到一些要拽着我的头发把我拖在地上并把我强奸至死的讯息。

那些关于我被谩骂和侵犯的大篇幅描述。那些关于假想出来的我未来的孩子们被强奸的讯息。那些关于毁掉我的生殖器和阴道的短评。那些把我描述成魔鬼的视频。那些针对我的伴侣的一些捕风捉影的冷嘲热讽，以及扬言要伤害我家人的威胁。那些详细描述他们将如何追踪我、使用家具组件来侵犯我，以及拍摄自己强奸我的镜头的妄言。

经历了这一切之后，我们才会更容易地看到那些具有警示意义的迹象。我们才会更容易地将网络上对女性和少数族裔政治人物的谩骂、我们的议会所缺乏的性别多样性以及一位女性议员在自己的选区被冷血谋杀等一列事实串联在一起来理解。我们才会更容易地将在网上玩游戏的女孩们所面临的尖刻讥讽、她们社交媒体信息流中刺眼的内容，以及杂然遍布于她们青春期身体上的真正伤口（她们中有一半人有过自残行为，四分之一的人患有精神疾病）联系到一起。我们才会更容易地将那些默默死去、无法统计和下落不明的女性与同情"可怜的、伤心欲绝的杀人犯"的文章，与声称"由于妻子拒绝做爱才会致使好男人迫不得已强奸她们"的报道，与为了报复不愿和他们上床的几十名女性而谋杀她们的杀手联系到一起。因为，难道不是所有男人都真正享有上帝赋予他们的性爱权利吗？

有些人认为，这些群体不值得大肆宣传，因为讨论他们就是在提升他们的地位，并使其合理化。倘若放在几年前，我可能会赞同这种观点。

在过去的八年里，我几乎每周都会在英国的各个学校里与年轻人讨论性别歧视的话题。然而，在过去两年间，男孩们的反应却开始陡然发生转变。他们会很生气，对讨论性别歧视话题十分排斥。他们告诉我，在一个政治正确已经变得疯狂的社会里，男性才是真正的受害者，白人男性受到迫害，许多女性在关于强奸的问题上撒谎。从苏格兰乡村到伦敦市中心，我开始从这些地方的学校里听到与之相同的论点。当我意识到这些素未谋面的男孩在用完全相同的语言、引用同样的虚假数据来支持他们的声明时，我手臂上的汗毛都竖了起来，我感到毛骨悚然。大约在同一时间，我听到一些言论片段——在我参与女权活动时，我常在网络厌女的情景中见到相同的短语——被体面的政客和主流媒体新闻权威反反复复、逐字逐句地引述着。我可以看到这些网络信息和社群的力量，它开始渗透并影响那些此前从未听闻过他们的人的日常生活。我意识到，以前仅局限于互联网上最隐秘的角落的观点正在获得新生，横行于众目睽睽之下。

因此，我不再认为剥夺这些群体的"宣传氧气"是最行之有效的行动方案，因为如果我们认为他们并不是出色的宣传者，并没有像野火一样传播他们的信息，那我们就是在自欺欺人。而我们对待这种现象的小心翼翼的沉默，我们对此的视而不见，也都在助长着这类信息的传播。因此，我认为这类信息不应被人们所忽视。这不是因为那些散播仇恨和播撒分裂思想的人值得拥有一场"公平的听证会"，也不是通过暗示这是一场有效的辩论，来使极端偏见的言论变得合法化，而是因为，如果我们未能做好直面问题的准备，便无法直面这些群体所构成的真正威胁。因为，这些群体如今已经把他们的魔爪深深扎进了全国各地十几岁男孩的身体里，如果这些男孩的父母甚至不知道这一问题的存在，他们就无法为自己的儿子而战。因为，让"男性圈"继续笼罩在阴影之下，会助长另外一种合理性——让他们可以在形势不利的情况下置身事外。事实证明，在其头目被证明与其所伪装的样子大相径庭时，这些群体可以给自己披上正当抱怨的外衣，佯装成被疏远的受害者。

因此，我花了一年的时间在这些社群中"潜水"，想要搞清楚这一切究竟是如何发生的，并试图揭露一种强大的、被仇恨所助长的力量。目前，少数了解这种力量的人低估了它，而其他人则完全不知道它的存在。尽管我们尚未承认仇恨运动的存在，但我想要揭露关于仇恨运动的现实并寻根问底：是什么把男孩和成年男性吸纳到这种意识形态中来的？它是如何传播的？需要怎样做才能战胜它？

这本书接下来的一些内容阅读起来会非常不容易。我知道，揭开关于这些社群的真相会令人感到不舒服。我知道，其中一些话语形象和暴力的性质会令人感到震惊。我想过改写或删去其中最恶劣的部分，但最终还是保留了下来，因为这就是我们所身处的世界。这是任何敢于抬起头来为实现变革而战的人所必须面对的现实。这也是少女们日常生活的背景。而这一问题的部分原因在于似乎没有人理解问题有多糟糕；而另一部分原因则在于每当我们试图讨论这一话题的时候，总是会使用委婉语和暗语，在话题边缘闪烁其词。我可以上英国广播公司第四台（Radio 4）讨论在网上被虐待的事实，但我不能真正大声说出我所面临的问题。我们集体的敏感神经，使其成为一个非常难以解决的问题。我们必须鼓起足够的勇气才能面对它。所以，我不会在这本书里刻意回避。我没有修正、缓和或改写从网上论坛摘取的引文，而是有意地让它们以其原始的形式呈现出来。

　　当然，这些内容从表面上看并非都是恐怖主义、谋杀、暴力，甚至是厌女的内容。倘若事实果真如此，我们理解起来就容易多了。这些内容必须以更为巧妙的方式呈现，因为它能如此疯狂地、惊人地取得成功的唯一方法，它能如此巧妙地伪装到几乎无法被发现的唯一方法，就在于它的动脉从暴力仇恨的黑色心脏向外蔓延，穿过网络途径，穿过社交媒体平台，分裂成越来越细的毛细血管，渗透到各种聊天室，通过留言板伸展出来，试探性地嗅着空气，从潮湿的互联网领域跳将出来，滑落到线下，穿透我们的酒吧，在街角滑行，在厨房桌子的木腿上巧妙地打着转儿，窥视着权力的走廊，溜进机构和工作场所，在脱口秀和新闻编辑室中舒展开蜷曲的藤蔓，越来越深地扎下根来，直到它们成为我们共同意识的组成部分。这意味着，当嫩芽萌发、花朵绽放、果实初结时，它们的味道不会让我们感到厌恶，它们的颜色也不会让我们感到惊讶，因为它们早已为我们所熟悉、所熟知，而它们的根系则潜伏在最隐秘的角落，令相同的毒液滴落到整个血管网络中。

第一章

厌恶女性的男性

"她们活该被强奸，所以我根本不关心强奸给她们造成的痛苦。"

——来自某个非自愿独身论坛上的评论

大多数人没有听说过"非自愿独身者"（incel）。那些问我在写作本书时到底在做什么的普通人，可能会皱起眉头，感到非常困惑，然后询问我到底在写什么。有人认为这个单词代表的是一种电池，也有人惊讶于我竟然会对微生物学感兴趣。在大街上与非自愿独身者擦肩而过的人们，甚至大多都不知道有这类人存在。

因此，当非自愿独身者偶尔出现在新闻报道或谈话中时，他们很轻易地就被视为网络上的怪胎，而不会引起过多注意。那些关于他们的评价听起来如此离奇，如此极端，如此令人难以置信，甚至引人发笑，所以也就很容易被人们所忽略。这是完全错误的。

非自愿独身社群是所谓"男性圈"中最为暴力的角落。这也是一个致力于极端仇恨女性的社群。它积极招募一些可能有某些具体问题和弱点的成员，并告诉他们——他们遭受的所有不幸皆因女性而起。在过去十年中，有人打着非自愿独身社群的名义谋杀或伤害了100多人，其中大多数受害者为女性。然而，很多人甚至对这个社群从未耳闻。

在开始写作本书之前的一年，亚历克斯也从来没听说过这个社群。亚历克斯是一个幻想破灭的年轻白人男性。他并不是一名顽固不化的厌女主义者，他只是个在网上冲浪的无聊小伙。这样一个无聊的家伙，对人们在新闻上谈论性骚扰和性别薪酬差距有着模糊的认知，并为此感到不安，觉得这对他来说可能不太友好。亚历克斯今年24岁，从未谈过女朋友。他没有多少钱，常常感到沮丧和孤独。人们在抱怨女性的需求，而他作为一个本应"享受特权的"白人男性，生活却过得并不那么美好，这似乎有些不公平。亚历克斯根本就没感觉到自己受到了优待。所以，当有人说他享受了特权时，他就会非常生气。他整夜整夜地浏览油管（YouTube）视频和健身网站，寻求一些改善自己外貌的建议。他在专门讨论电子游戏的在线论坛上讨论让自己变好看的策略。在我开始接触非自愿独身社群之前，他从未接触过这个社群。然而，亚历克斯是我为自己虚构的身份，而网上像亚历克斯这样的真人则数不胜数。

有一天，我顶着亚历克斯的身份，在一个普通留言板上看到了一段非自愿独身者的对话。其他男性竟和自己一样感到空虚和沮丧，这种观点吸引了亚历克斯。他喜欢成为众人中的一员，而不是孤家寡人。他有机会讨论他觉得在其他任何地方都不能表达的感受，因此感到很轻松。所以，他访问了一些在他偶然看到的对话中所提及的社群。

当亚历克斯最初加入一个非自愿独身论坛时，他对此还知之甚少，只知道这是一个由很多因为单身而过得不开心的男性组成的社群。亚历克斯也属于这类男性。他发布了几条相当温和的自我介绍信息，提供了关于他的年龄、单身状况和对女性的失望之类的基本情况。不到一天的时间，他就被灌输了"真相"，被告知这个世界对他这样的男性很不利。有人建议他不如去自杀，因为他的生活永远都会一成不变，根本不值得活下去。在回应他的帖子时，有人甚至贴上了色情和极端的图片。其他用户很快就告诉他，他的整个存在一直以来都是一个谎言：社会欺骗了他，让他相信男性是掌控者，而他们实际上处于食物链的底端。真正享有特权的是女性，她们手里掌握着所有的牌，所有的好处都给到了她们。男性才是真正的受害者。最重要的是，他一次又一次地被告知，女人都是魔鬼。

亚历克斯最初感到困惑，继而感到很着迷，而后又感到很气愤。他怎么活了二十多年却对这个世界一无所知呢？但当亚历克斯审视自己的切身经历时，这一切都开始能解释得通了。这的确很吸引他；在此之前，他一直把自己描绘成一个平庸无奇的男性。然而此刻，他意识到自己是一名幸存者。作为弱势群体中的一员，与邪恶势力对抗，亚历克斯可以成为一名蒙受不白之冤、正在复仇雪耻的英雄。这个版本的自己比他之前经历的现实更加令人心驰神往。

在那之后，亚历克斯并没有过多发表评论，而是一直在潜水。与在线平台上数以百万计的其他人一样，他的账号处于隐身状态，他只是浏览内容，看别人发言，吸收各种信息。他看到了一条题为"我为什么支持强奸合法化"的主题帖，这条帖子列出了六大要点。起初，他对帖子上的信息感到困惑，甚至有些不知所措，但这些信息都很有说服力。它们运用现实和历史上的案例作为支撑。这太令人神往了：在这个世界上，没有什么是他的错，他是一个受尽委屈的殉道者，而不是社会把他描绘成的那种享有特权的失败者。最为重要的一点是，这是一个社群。是的，有些推文内容确实非常极端，有些回复尖酸刻薄而又充满敌意。但是，在这里他们像同胞一样对待他。在这里，他们是他的手足兄弟，这与他们所描绘的那个仇恨男性的世界截然不同。他是他们当中的一员，彼此有着共同信仰的事业，有着要与之战斗的敌人。随着时间的推移，他越来越发现女性才是真正的敌人。每当他心生质疑时，他阅读到的信息便提醒他，他被以女性为中心的阴谋蓄意蒙蔽了双眼，而这些阴谋一心想要让男性都保持温顺和被动。他一直都在饱受欺骗，才致使自己遭到压迫和歧视。这里有数以千计的男性都对此深信不疑。他很快成为越来越多论坛的成员，加入脸书（Facebook）群组和私人聊天室，在油管上观看了一个又一个视频，了解到越来越多的东西。他每天都会浏览到数百条这样的信息："我讨厌所有的女人。她们是地球上的渣滓。如果你是个女人，刚好在读这篇文章，那么，我恨你这个该死的婊子。"又或者，"女人们是令人作呕的邪恶寄生虫"。随着他浏览的内容越来越多，这类信息似乎就变得越来越不极端了。最终，他对这种观点习以为常。我透过他的眼睛观望着这一切，身体感到不适。

早在20世纪90年代中叶，各种约会软件、脸书，甚至连我的空间（MySpace）都尚未面世，就有一位名叫阿兰娜（Alana）的加拿大年轻女子创建了一个简易版的网站。

阿兰娜当时年龄25岁上下，正在努力寻觅着爱情。"孤独的处女"这样的玩笑深深地伤害了她，而她相信，绝不止自己一个人有着这种受伤的感受。于是，她发起了一个邮件列表，并且开始在"阿兰娜的非自愿独身计划"网站推送文章。

随着时间的推移，这个项目发展成为一个得到普遍支持的小型网络社群，男男女女在这里分享他们的各种恐惧、挫折和不悦。

渐渐地，阿兰娜在约会方面越走越顺，之后便慢慢远离了这个由她创建的社群，不再关注她此前在情场上的种种失意。

二十年之后，这个被阿兰娜称为"invcels"（由"involuntarily celibate"缩略而成，意为"非自愿独身者"）的小小计划已经演变成了一种她完全无法辨认的事物。这个最初的小型支持团体已经摇身一变，成为一个如同噩梦一般的世界，栖息着众多厌恶女性的男性——至少它的很大一部分内容已经佐证了这一点。阿兰娜后来告诉一位《卫报》记者："这种感觉就如同自己是一位搞清楚核聚变原理的科学家，但后来却发现这个原理被用作一种战争武器。"

这个社群如今被人们称为"incels"，是一个由网站、博客、论坛、播客、油管频道和聊天室组成的庞大网络。这场运动的发展在一定程度上与互联网的广泛普及的轨迹相吻合，但在过去五到十年中，也出现了显著的扩张。与此同时，进步女权主义运动的流行度和知名度也有了类似的提高，这种情况尤其发生在欧洲和北美地区。这种如"九头蛇妖"般具有强大增殖能力的非自愿独身亚文化，几乎像邪教一样发展出了极度厌女的意识形态，而且已经催生出一种具体详尽但往往充满妄想的暴力反女权主义的世界观。

新成员会通过各种方式找到非自愿独身社群。有些人在寻找应对生活问题或孤独感的答案时偶然发现了它。有些人则从互联网的其他领域，如更为通用的留言板或网站，找到通往它的路径。有些用户则是在算法的推动下，即使他们并没有刻意去寻找，油管等视频平台会向其推荐非自愿独身社群的相关内容。有些人是通过更邪恶的手段被吸引进来的，这些手段通过私人游戏聊天室或青少年男孩经常访问的论坛上的信息滋生而来。稍后我们将更详细地介绍其中的一些路径。然而，不论你以何种方式找到非自愿独身社群，你加入进来最初要做的都是服用"红色药丸"，这一点与许多其他"男性圈"社群如出一辙。

"红色药丸"这个术语借用自邪典电影《黑客帝国》，原本指的是主角尼奥（Neo）可以选择服用蓝色药丸，使他能够继续像往常一样看待周围的世界，或者服用红色药丸——它会突然改变他的视角，使他能够看见"母体"，从而意识到自己的世界中没有任何东西像他想象的那样。颇具讽刺意味的是，写完这本书后，我觉得自己有点像是吃了一颗红色药丸。一旦你知道外面有成千上万的人在鄙视女性，以至于他们之中的许多人认为我们都应该被灭绝，你就永远无法继续保持懵懂无知的状态。

非自愿独身者借用红色药丸的隐喻来描述当被蒙在一个男人脸上的布脱落时，他突然意识到自己一生都在被谎言欺骗的觉醒时刻。以前他被迫相信，这个世界以对他有利的方式运作，但它实际上对他极为不利。从我们的政府到更广阔的社会，一切安排都是为了抬高女性，打压男性。而真相则是，男性特权的神话被一场声势浩大的女权主义阴谋所维系着。非自愿独身者将这个仇恨男性的世界体系称为"女性统治制度"。这是一种巧妙的制度，旨在让男性（即社会压迫的真正受害者）在不知不觉中处于从属地位。

"红色药丸"的隐喻是一种强大且充满戏剧性的意识形态传达方式，对于那些内心怀有怨恨或愤懑的人具有最直接的吸引力。如果你丢掉了工作，还有什么比一种全新的世界观更具吸引力呢？在这种世界观中，这一切都不是你的错：你只是被女性和少数族裔剥夺了权利的受害者。被人甩了，抑或是离婚了？那个撒谎的贱人参与了一场针对你和像你一样的男性的更大规模的攻击。你在情场上似乎并不走运，那你是否会因此而感到气愤？但这并不是你的错，全是她的错。准确地说，所有"她"，所有女人，都难辞其咎。

　　这其中有一些是个体的抱怨，但许多抱怨以更为广泛的形式形成了积弊，对成年男性和男孩的影响尤为深远。蓬勃发展的女权运动往往被人们视为一种威胁。我们当今社会对平等的关注被反女权主义者故意解释和诬蔑为对所有男性的批判，而这本书所研究的社群则传播了这样一种观点，宣称男性无法再以可接受的方式表现得像一个男人。对于很多"好"男人和"好"男孩而言，这会让他们觉得自己遭遇了不公正的对待并受到了攻击，引发了一种防御性的"膝跳反射"。此外，当你处于自我防御心理时，你最想做的就是跑去一个地方，在这里有人告诉你这并不是你的错。男性圈甚至更进一步，它完全颠覆了特权阶层和受害者的叙事。男性圈告诉男性，他们正在受苦，并对女性进行指责。

　　当然，很多男性确实在饱受折磨，而且愈演愈烈。男性自杀率是女性自杀率的三倍左右；男性在精神健康问题上得到支持的可能性大大低于女性；此外，男性尤其受到失业和工伤等问题的沉重打击，因为这个世界教导他们，男性的责任就是成为保护者和养家糊口的人，这是他们应当扮演的角色。

　　在这里，我们看到了男性圈本身的症结所在——它的复杂性和令人痛心的讽刺意味。我们会发现，这个庞大的社群网络不仅包含了为男性解决问题的善意群体，也包括蓄意地、系统性地鼓吹针对女性的身体暴力和性暴力的群体。从天真无邪的青少年到强奸的倡导者，从脆弱的隐居者到暴力的厌女者，从非暴力的理论家到悲伤的父亲，从网络骚扰者到线下跟踪者，从口头鼓吹者到身体施暴者，处处皆有男性圈的追随者。显然，并非每个参与过这个圈子的个体都应当被贴上同样的标签，或是被同等地对待；事实上，确实有很大一部分成年男性和男孩迫切需要得到支持。因此，自相矛盾的是，处于男性圈一端的群体应对另一端的群体所承受的最严重的伤害负责。那些最竭力巩固僵硬且父权至上的性别刻板印象的人，正在扼杀那些最需要摆脱这种观念的人。

对非自愿独身社群的浅层分析试图暗示，阶级是促使新成员加入这一共同志业的最重要因素：主要是那些被抛弃不顾的可怜白人男孩。其他分析则表明，这是对劳动力市场变化的具体回应，因为体力工作越来越稀缺，越来越多的女性被雇用，并担任更有权势的职位。但是，当我沉浸在这些圈子的对话里和留言板上时，我可以明显发现，社群成员的社会经济背景太过多样化，完全无法证实其中任何一种分析。这些群体的成员包括蓝领工人，他们因为移民在工作和性方面"取代了"他们而感到愤怒，也包括享有特权的私立学校毕业生，他们对自己在政治食物链顶端的"正当"地位受到挑战而感到愤怒。

他们的共同点似乎是都渴望自己有所归属，而这种需求无疑会被一个善于传递部落凝聚力的社群所满足。还有什么方法比借用一个原始故事能更好地吸收新人并抵御批评呢？这个故事立马将所有追随者都定位为英雄和注定要失败的梦想家，而所有批评或不信仰这个理念的人要么无知到令人感到可怜，要么便是压迫制度本身的一部分。（事实上，《黑客帝国》三部曲是由两个跨性别女性创作的，电影中厉害的女性角色会反抗任何非自愿独身社群的厌女意识形态，这种讽刺显然在非自愿独身者这里消失不见了。）

服用红色药丸的基本原则是我们将在本书中探讨的几乎所有主要男性圈群体的根源，这些群体包括搭讪艺术家、所谓"男性权利活动家"和"米格道"。但这只是出发点，从这一点出发，不同的社群采取了截然不同的路线。就非自愿独身者而言，他们主要关注的是对性爱的狂热痴迷，以及被"拒绝"行使性爱权利时的愤怒。是的，这是一个由成千上万个男性组成的社群，他们声称这个世界（尤其是女性个体）剥夺了他们做爱的重要人权。令人惊讶的是，他们花费数不清的时间在成千上万组聊天中，讨论着他们少得可怜的性生活，并发表长篇大论，抱怨女人是怎样一种邪恶的、为人类所不齿的容器。这些男性似乎从来都没有意识到，他们对女性的仇恨可能与他们在情场上缺乏成功的经历有关。事实上，许多非自愿独身论坛甚至禁止暗示这样的结论。相反，他们认为自己是悲惨的无辜受害者，并且据此生动地刻画出一个对他们不利且不可逆转的残酷社会形象。

研究互联网社群社交互动的蒂姆·斯奎雷尔（Tim Squirrell）表示：

> 你在浏览非自愿独身论坛时，最先注意到的便是绝望与愤怒的情绪交织。这些人发自内心地憎恨和怜悯自己，但同时又近乎自相矛盾地感受到合情合理的愤怒，辩称自己看清了这个世界的真实面目，哪怕他们身处这个世界的最底层。他们认为自己是正确的，这种绝对的确信感与他们认为对自己所遭受的痛苦的理解是正确的相辅相成，这种感觉如同一杯强劲而奇妙的鸡尾酒，调和在了一起。

访问任何一个非自愿独身网站，你都会很快被灌输这种世界观，被迫相信无趣而又自恋、贪婪而又淫乱的女人是我们的敌人。

据他们说，女人们总是渴望性爱，但她们只会选择和最有吸引力的男人上床。非自愿独身者痴迷于他们所谓"二八定律",相信最具吸引力的前20%的男人享有我们这个社会里80%的性爱机会。他们哀叹"性爱市场"等级森严,完全由女性掌控。他们认为,当女人选择性伴侣时,外表远远超过性格或其他任何属性。任何一个男人如果天生就不够幸运,长得丑、个子矮、秃头、非白种人、脸上有雀斑或有其他一系列被认为不完美的地方,都注定要终身饱受不公平的性挫折。

年轻女性也被指责与极具魅力的男性发生性关系,然后找不那么有魅力的男性安定下来。她们并不真正爱他们,却无情地利用他们作为一种经济支持的手段,让他们做"接盘侠"。这些男人(有时候也被称为"贝塔绿帽男")很可怜,因为他们被迫把所有的钱都花在一个贞操已被夺去的女人身上。这个女人已经被人挥霍殆尽,玩弄剩下,在性爱方面毫无价值,即便她偶尔也会同丈夫睡觉。非自愿独身者将这种所谓女性的性爱策略称为"让阿尔法男玩弄完,找贝塔男花钱接盘"。

非自愿独身者自认的身体缺陷,可以用十分具体的术语来描述,甚至由此催生了大量的亚文化,涵盖了"heightcel"(身材矮小到女人无法接受的程度)、"gingercel"(头发颜色过于红褐)、"baldcel"(不可逆转的秃头)、"skullcel"(糟糕的面部骨骼结构),甚至是"wristcel"(手腕周长不足6.5英寸)。非自愿独身者也遵循某些特定的种族主义刻板印象,使用"currycel"(咖喱)、"blackcel"(黑人)、"ricecel"(米饭)和"ethnicel"(族裔)之类的术语来代指那些认为其亚裔、非裔或印度裔血统会对其爱情前景产生负面影响的男性。

一位漫不经心的观察者可能会推测,后面这几个术语暗示着非自愿独身社群内的某种交叉视角,这是一种对更广泛的偏执群体中的种族歧视现象细致入微的理解,微妙程度令人惊叹。然而,在现实中(尽管有少量少数族裔非自愿独身者描述了一些在他们看来因为自己的肤色而被拒绝的与女性的互动），这些通常是由白人社群成员使用的标签，刻画出了关于有色人种男性劣等性的种族主义假设，这些假设完全符合非自愿独身者和范围更广的男性圈意识形态中更为广泛的种族主义元素。例如，许多非自愿独身者的愤怒聚焦在与非白人男性鲁莽约会的白人女性身上，因为许多非自愿独身者认为非白人男性比自己低等。事实上，该社群的大多数人似乎主要由受过良好教育的白人中产阶级直男组成。

朴次茅斯大学主讲犯罪学和网络犯罪的高级讲师丽莎·苏吉拉（Lisa Sugiura）博士解释说：

> 我们有必要回顾一下男性圈的历史和起源。如果直接回溯20世纪90年代的新闻组，并思考使用这些新闻组的人群的人口统计数据，你会发现，他们主要是受过教育、精通技术的白人男性。此外，有人认为男性圈是属于他们的空间，他们对这个空间拥有所有权。当我们思考男性圈以及他们的尖刻言论时——他们"正在宣示着对他们合法持有的东西的所有权"——这又成了另一件值得思考的事情，而且这种人口统计学数据并没有真正发生过改变。从种族和性别方面来看，这与我们多年前看到的情况很相似——实际上他们都是西方白人男性；从国别来看，主要是在发达国家，尤其是美国、加拿大、澳大利亚和英国等国。我从研究数据中得出结论，男性圈与另类右翼存在联系；男性圈推崇白人至上主义，而且对非裔和亚裔男性也有非常贬低的言辞，由此你可以看出，这是一个白人占主导地位的空间。

第一章　厌恶女性的男性

这个空间里也几乎清一色地全是男性。所以，按照非自愿独身者的说法，性市场的性别偏见如此扭曲，以至于在我们的社会中，几乎任何女性，无论她们在身体上多么没有吸引力，都总能找到想要与她们发生性关系的人。因此，非自愿独身者的逻辑表明，女性几乎不可能成为非自愿独身者，这就导致了如今的非自愿独身社群几乎完全由男性主导。（"非自愿独身者"这个词原本是由一位双性恋女性发明的，这个事实悲哀地提醒着我们，后来的非自愿独身信仰已经变得多么狭隘可笑。）

苏吉拉博士提到的男性圈和所谓另类右翼之间的紧密联系，对于理解这两个群体而言至关重要。"另类右翼"（Alt-right）这一定义模糊的术语指的是一个由松散联系的运动、领导人、在线社区和通常被认为代表着极右翼、白人民族主义或白人至上主义观点的群体所组成的网络。许多与这个词有关的群体被南方贫困法律中心（the Southern Poverty Law Center，美国一家领先的非营利法律援助组织）称为"仇恨群体"。他们中的许多成员都参加了2017年在弗吉尼亚州夏洛茨维尔举行的臭名昭著的"团结右翼"集会。白人至上主义者在这场集会中手持燃烧的火炬和纳粹标志游行，高呼反犹主义和种族主义口号。这场集会最终引发了一场暴力事件：一个名叫小詹姆斯·亚历克斯·菲尔兹（James Alex Fields Jr.）的人自称是白人至上主义者，并蓄意开车撞向一群反抗议者，致使一位名为希瑟·海耶（Heather Heyer）的年轻女子当场丧命，并导致近40人受伤。

另类右翼与男性圈一样，代表了一些不同群体的联合。直到最近，这些群体还被认为是极端的边缘运动，但在某种程度上，它们已经在这一标签的保护伞下媾和在一起。与男性圈一样，另类右翼运动将众多不同的社群集结到一起，这些社群当中有很多最初起源于网络社群。"另类右翼"一词在诸如4chan（一个英文匿名论坛网站，用户通常在网站上发布匿名消息，从而促成长篇、详细的对话）之类的互联网留言板和论坛上慢慢流行起来。与男性圈类似，另类右翼热衷于利用"讽刺"、嘲讽和蓄意挑衅的烟幕弹来掩盖其刻薄、暴力和偏执的意识形态。南方贫困法律中心描述了各种"混乱"的在线论坛如何让白人民族主义思想——"最引人注目的观点就是白人身份正受到多元文化主义和政治正确的攻击"——"在令人眼花缭乱的有毒讽刺之下蓬勃发展"。此外，就像男性圈一样，另类右翼选择了一个特权群体（白人），并向他们兜售这种令其内心得到安抚的观点，即他们才是真正面临着歧视的人，这种歧视是由那些实际上面临着偏见的群体（有色人种和移民）一手造成的，而这些有色人种和移民则被他们描绘成真正的压迫者。

关于另类右翼，尤其是它与特朗普总统的崛起的关系，已经有很多文章论及。然而，贯穿整个运动根深蒂固的厌女观点及这些观点在运动的许多基本原则中所发挥的作用，却往往为人们所忽视，并未被报道出来。评论文章往往对非自愿独身运动中的种族主义元素避而不谈，只认为它是一个完全厌女、痴迷于性爱的社群。同样，书写其中任意一个群体相关话题的人，很少关注这些群体极端且时而具有暴力的异性恋霸权框架的世界观。这种世界观建立在如下理念的基础之上，即所有男性都是（或应该是）异性恋，所有女性都纯粹作为性爱容器而存在，要么去满足男性，要么去生育（白人）孩子。这种世界观可能有不同的表达方式（从将LGBT人群完全排除在非自愿独身社群之外，到很多另类右翼论坛鼓吹把男同性恋群体从高楼抛下去），但这是该群体的一个重要特征，远比它的普遍缩略表达所呈现的信息更为重要。男性圈社群和白人至上主义的根源在于一个共同的理念，即男性的核心而又神圣的目的就是做爱、生育和统治。因此,权力和控制是这两种意识形态的绝对核心要素,其关键在于异性恋的、符合男子气概刻板印象的、无所不能的白人男性形象的理念。具有讽刺意味的是,这种理念既代表了一种令人窒息且绝望的社会标准,驱使许多男性加入这些社群,也代表了灌输给他们的以越来越极端的措施来诉诸的所谓解决方案。因此,在这两种情况中,现实都远比浅层报道所呈现出来的情况更复杂,而缺乏交叉视角会导致人们无法认识到这两个在线社群之间相互渗透和共生的复杂关系。

我们不妨举个简单的例子,来说明这在实践中是什么样子。当小菲尔兹开车冲进夏洛茨维尔的人群,残忍地杀害反抗议者希瑟·海耶时,他一遍又一遍地念叨着同样的一句话:"马上实行白人伊斯兰教法。"[1] 虽然它最初被一个白人至上主义者制作成梗图,但"白人伊斯兰教法"一词却在另类右翼网站上流行开来。这个口号在一个单一的概念中融合了另类右翼的种族主义、伊斯兰恐惧症、反犹主义、厌女主义和异性恋霸权等价值观。简而言之,"白人伊斯兰教法"的论点是白人男性应该效法伊斯兰教奴役女性的做法,采用他们自己理解的伊斯兰教法版本,其目的在于剥夺白人女性的性自主权,(通过残忍的强奸和奴役)迫使她们成为"婴儿工厂"。这将使白人至上主义者能够确保他们种族的"纯洁性",并为他们的事业招募足够多的新成员,以推翻入侵的移民大军和他们认为主宰我们社会的由犹太势力控制一切的、腐败不堪的暴政。"我们的男人需要后宫,而这些后宫成员需要成为婴儿工厂。"创作这个梗图的白人至上主义者萨科·汪达尔(Sacco Vandal)写道。[2]

针对有色人种女性的暴力和虐待与这种厌女的教义密切相关;另类右翼的白人至上主义者不仅幻想着强迫白人女性去繁殖其民族国家的未来公民,他们还幻想剥夺其他种族女性的生殖自主权,强迫她们堕胎。

如果这一切听起来都非常荒谬，那么设想一下这种情形：一名男子在某天夜里与其他数百人一起游行示威，高喊着相关的口号，准备以这种意识形态的名义进行一场大规模暴力行为和谋杀。即使这最初只是一个令人恶心的笑话，但对于许多另类右翼思想的追随者而言，这已经变得极其严肃。

当你和任何人谈论男性圈或另类右翼时，他们往往会告诉你不要把它们太当回事。但是，难道没有人在向那些看不出讽刺意味或者没有领会到所谓幽默的网民讲述这些吗？去问一下希瑟·海耶的父母，看他们是否认为这只是一个没有任何伤害性的笑话？

这并不是说另类右翼和男性圈总是一致的，或者其中一个群体的成员必然与另一个群体有关联。但是，如果不能认识到二者之间的复杂联系，或者如果忽视男性圈中固有的种族主义和另类右翼中根深蒂固的厌女主义，便无法对它们进行全面的描述。

例如，有两名青少年因为在网上发布鼓励恐怖袭击的宣传而获罪，于2019年6月在伦敦被捕入狱。各大媒体头条将他们称为"新纳粹"或"另类右翼极端分子"，却没有任何新闻标题提到仇视女性的极端主义。然而，他们的网络运动却一再煽动强奸，来作为对女性的一种惩罚。他们对哈里王子和梅根·马克尔（Meghan Markle）的婚姻耿耿于怀，发文称哈里王子是"种族叛徒"，还说与非白人男性约会的白人女性应该被绞死。检察官告诉法庭，其中一名男孩运营着一个"极端暴力和激进厌女"的博客账号，在博客上鼓励强奸、折磨和谋杀女性。[3]新闻标题竟然对此只字未提。

斯奎雷尔指出，许多其他在线社群（通常包括另类右翼人物在内）

往往会嘲笑和厌恶非自愿独身者，把他们描绘成软弱又可悲的失败者。他表示，尽管如此，这两个群体密集使用的词汇存在许多交集，有很多相似之处："在过去几年里，另类右翼采用的许多词汇实际上都来自非自愿独身社群。即便后者并没有融入政治领域，但在文化上已经形成了巨大的影响力。"

事实上，非自愿独身社群使用的行话非常广泛，当一个不了解情况的局外人偶然发现这个社群数百万条主题帖中的一条时，他可能根本无法看懂对话的内容。当我和亚历克斯第一次探索非自愿独身者的世界时，我不得不在一个论坛上找到一个可以参考的词汇表，逐字逐句地破译我正在阅读的帖子。每揭开一个新的术语，我的心就会进一步下沉。我开始意识到，非自愿独身者必须创造属于他们自己的语言，因为根本没有现成的词语来表达出他们日常生活中使用的许多概念的极端性。例如，"Roastie"（意为"烤牛排"）指的是有过多性经验的女性，暗示过多的性经历已经使她的阴唇变形破损，就如同烤熟的牛排。"Foid"是"female humanoid"（意为"雌性类人生物"）的缩略词，非自愿独身者用这个词来指代女性，毕竟"女性"本身具有过多的人文意味。"Rapecel"（意为"强奸型非自愿独身者"，它在网上经常被使用到令人作呕的程度，甚至催生了自己的论坛和讨论组）指的是一个单靠强奸来"解决"自己性挫折的人。创造一个单独的词来对此进行描述，就从某种意义上使其看起来像一个正常的，甚至世俗的概念。这个专属术语增强了追随者对他们眼中既优越又紧密团结的共同体的归属感，这种归属感带给他们一种秘而不宣的刺激，从而提升了该群体对潜在新成员的吸引力。

我伪装成孤独的亚历克斯，在非自愿独身论坛上逛了一年，最令我感到悲伤和不安的是，这些帖子到最后以如此不同的方式影响了我。在最初的几天和几周里，我经常夜不能寐地躺在床上，被我读过的那些生动而令人厌恶的内容所困扰。当我煞费苦心地破译那些早期的帖子时，我十分迟疑，明白我正在破译行话背后蕴藏的暴力含义。但是，随着时间的推移，我查阅词汇表的次数越来越少。看到女性被称为"Foid"，我慢慢觉得司空见惯，我也几乎不会察觉那些煽动发起厌女大屠杀的言论，对有关强奸的帖子也不屑多看一眼，因为这些内容比比皆是。终于有一天，我读到了一篇文章。文章中说为了避免被戴绿帽子，要对一个"Foid"施以她应得的暴力。此时，我意识到我真正明白了这种表述中的每一个字眼。总之，我对此已经习以为常。或者说，亚历克斯已经习以为常。

对非自愿独身社群和其他男性圈社群有过研究的苏吉拉博士警告说，一致的世界观和共同的语言，可能对持有极端偏见但又无法在线下面对面对话中表达这些偏见的人具有强烈的吸引力。她指出，这些形式的仇恨早在互联网出现之前就已经存在了，但是：

> 各种网络社群和虚拟平台为这些想法的形成、扎根和传播提供了途径。如果人们确实持有这些想法，而且他们觉得自己不可以当面谈论这些想法，那么他们现在已经找到了一种新的沟通方式。其他志同道合的人可以提供支持和验证，促进了这些想法的传播。这只是一场曾在先前分崩离析的仇恨运动，但技术让它们走到一起，结合起来，蓬勃发展，找到更多的人加入进来——这也是这场运动招募新人和变得激进的一部分原因。通过这项技术，这些想法能够以指数级的规模增长。

几乎所有非自愿独身者都以女权主义阴谋论，以及对男性怀有敌意的、被深度操纵的性市场作为他们的出发点。然而，在决定解决这种情况的最佳方案时，他们分成了不同的派系。有些人认为，通过疯狂努力改善他们的外表，有可能克服他们的独身生活（"晋升"），或者至少改善他们的处境。这种观点在该社群里被称为"样貌最大化"，而且这种做法催生了大量的论坛，致力于分享有关样貌改善的各类建议。网站上流传着成千上万条帖子，在这些帖子中，男性发布自己的照片，并彼此请求给这些照片打分（10分制），寻求让自己的外表达到最佳状态的建议，或者询问："没戏了吗？"

直言不讳的诚实、残酷无情的嘲弄、饱含同情的支持在这些回帖中奇妙地交织着。这些回复既有如兄弟手足般鼓舞士气的言辞和条分缕析的建议，又有尖酸刻薄的侮辱和规劝放弃的建议。一些非自愿独身者似乎把他们的网络世界视为一个真正的社群，面对共同的斗争而团结在一起。另一些人则认为这是一个给其他男性造成最大伤害的机会，或许可以以此来缓解自身的痛苦。这又一次提醒了我，这个社群并不是一个同质化的群体。

在这个群体中，有不少人注重体育锻炼，将它作为一种提升容貌的方式（追求这种选择的男性被称为"gymcel"，但也存在许多极端的趋势，并拥有相当数量的追随者，提倡包括"Mewing"训练法（一种他们相信可以改变面部骨骼结构、让下颌线更有吸引力的下巴练习法）、整形手术、颅骨植入和阴茎拉伸在内的所有可行的做法。这类极端的措施提醒人们，一些自认为是非自愿独身者的男性是多么绝望和自我厌恶。这些措施也清楚地反映出，这些男性认为自己在外部世界中的选择是多么受限。

隐秘的角落

有一个非自愿独身群体（如果一份论坛内部调查数据可信的话，这一群体目前是人数较多的群体，占该论坛用户数量的90%）通常名叫"黑色药丸服用者"或"黑色药丸"。这群人抱有更具失败主义色彩的观点，认为自己在社会出身和基因层面获得的运气已经板上钉钉，无法更改，他们固有的缺陷注定了他们将过着彻底失败和独身的生活，任何自我改进的尝试都不可能打破这种局面。这些群体狂暴地怒斥非自愿独身者之外社会（他们称之为"常态的人"）的不公平、具有吸引力的男人（"查德男"）的自私、漂亮女人（"史黛西女"）的肤浅，以及虽然不太有吸引力但仍能吸引性伴侣的女人（"贝姬女"）的滥交。这些男性经常发表讨论自杀的长篇大论，在他们的帖子上加上标签，注明这些材料可能会鼓动读者结束自己的生命。他们使用特定的术语来作为自杀的简写，并经常相互怂恿对方这样做。显然，在许多案例中，他们都是一些迫切需要帮助的男性。

在这类帖子里，你能真切地感受到这个社群的矛盾：脆弱且不快乐的男性与决心尽可能制造破坏的男性厮混在一起。你看到那些迫切需要心理健康支持的人，不知怎的就被卷入了厌女情绪的旋涡，遭到了那些从网络仇恨中获得乐趣的男性对他们进行的刻薄讽刺和奚落嘲笑，并煽动他们去自残。

当一名用户在非自愿独身论坛上发帖询问"为确保足够的杀伤力，朝自己开枪的最佳位置"时，他收到了大约70条回复，绝大多数回复都在催促他快点实施行动，并给出了冷酷无情的技术性建议。

也许最令人不安的是那里频繁出现的暴力厌女帖子，内容从强奸和谋杀女性的生动幻想，到论坛用户相互煽动进行"非自愿独身叛乱"、"贝塔起义"或"报复日"，不一而足。这是一种病态的幻想，在这种幻想中，非自愿独身男性通过向折磨他们的女人和不公平垄断"性市场"的"查德男"发起血腥屠杀，来惩罚这个世界。一个用户写道："所有女人都应该被我们彻底仇恨。"

非自愿独身者的逻辑似乎揭示了一个无可救药的矛盾：女性因为和男性上床而受到辱骂，同时又因为拒绝这样做而受到辱骂。例如，一个用户将女性描述为"贪婪、自私、邪恶、疯狂的荡妇，她们阻止努力工作的体面男性实现他们的生物学目的"。

但是，如果透过非自愿独身者最基本观点的视角来看，事情脉络会变得更为清晰。简而言之，他们的论点是这样的：如果女性的性自主权使她们能够邪恶而暴虐地控制男性的生活，那么女性的解放就是所有男性痛苦的根源。因此，直接有效的补救办法便是剥夺女性的自由和独立，使用特定的性手段（例如，强奸和性奴役）来达成这一目的。换句话说，问题的根源不在于女性发生性关系，而在于女性拥有选择和谁发生性关系的权利。

一旦理解了这一点，许多反复出现的非自愿独身者观点就会变得异常清晰，令人不寒而栗。无数博客、论坛讨论和油管视频都一次又一次地阐明了这一点。

首先，有一种观念认为女性是非人类的物体：她们要么太邪恶，要么太愚蠢，是不配对自己的生命和身体做出决定的亚人类。这种观念完全有悖于如下观点：女性是能够承受痛苦、悲伤，享受性快感或做出理性决定的人。这种将女性非人化的观点是为非自愿独身者的其他幻想（比如强制性的性再分配、将妇女作为性奴隶或大规模屠杀妇女和女孩）进行辩护的必要条件。

一个标题为"女性应当被视为人类吗？"的帖子引发了篇幅冗长的

争论，其中大部分回复得出的结论是，她们不应该被视为人类。这是一个常见的话题领域。另一个网友写道："女人们没有知觉，所有女人都是妓女。"在一个关于女性是否应该拥有合法权利的帖子中，一个用户写道："我几乎不认为她们是一个个活生生的躯体，更不用说享有人权了。"

具有讽刺意味的是，我内心挣扎着阅读大量关于"女性是机器人且毫无感情"的帖子，感到惊恐万分。我们被无差别地和性爱机器人混为一谈，许多非自愿独身者认为这样就可以终结他们的问题。一个论坛成员写道："我们可以合法地殴打和折磨她们。我超级兴奋。"

其次，这种认为女性是空虚的性容器，没有性自主权的观念，自然会导致对性暴力的狂热迷恋，包括性侵幻想和对强奸的公开倡导，也涵盖关于强奸是否应该合法化的冗长而令人毛骨悚然的随意争论。吹嘘实施或计划实施性攻击的帖子并不少见，而得到的回复总是清一色的鼓励，而不是谴责。

在一个论坛上，一名男子对一名女子拳打脚踢的视频引发了网友的热议，其中一个网友沮丧地抱怨视频中没有音频："我想听到她的尖叫声。"一名用户写道，他很想"强奸一个婊子，这样我的帖子就会收到10页的回复"。另一名用户说，他"决定成为一名强奸型非自愿独身者"，向其他用户征求"想法、建议和经验"。他的同伴用鼓励的语气回应："去发疯吧！……你会发现如果你作案得当就不可能被抓住……如果你强奸得手了，你有98.95%的概率不被抓到。"

在一场关于强奸合法化的"平静"辩论中，大多数用户都表示赞成，只有个别人表示反对，因为他们认为强奸合法化会让他们失去强奸带来的乐趣。一名论坛成员写道："强奸是很自然的事，荡妇不应该对让什么鸡巴进入她们的身体拥有发言权，反正她们的骚穴已经插过那么多鸡巴了。"其他认为强奸应该被"合理化"的论点包括：因为女人拒绝为男人提供性服务，男人才迫不得已去强奸女人，所以女人才是罪魁祸首。于是，强奸犯就洗脱了责任。这是一种典型的非自愿独身者逻辑，颠倒了受害者和犯罪者的位置。

一个用户认为，只有当受害者是寡妇、未婚处女或修女时，强奸才应该是非法的。他认为："强奸荡妇应当受到赞扬，这是形成良好社会的一种既健康又卫生的举措。"毕竟，"在当今社会，基本上每一起强奸都是对荡妇的强奸"。

另一个典型的帖子这样写道："要不是大多数美国妇女反对将卖淫嫖娼作为男人的性宣泄出口，我可能会更关心强奸造成的痛苦程度。因为她们活该被强奸，所以我无法关心强奸给她们带来的痛苦。"

这听起来像是一种被曲解的高尚道德准则，但事实并非如此。这只不过是另一种层面的厌女性质的胡扯，旨在为大多数女性都应被强奸的邪恶论点提供认同感。

在其他非自愿独身网站上，用户争论着什么样的女人是理想的性奴隶，供男性实现家庭奴役、强奸和强迫怀孕的目的。

不过，发表这类声明之人在非自愿独身网站上不仅毫无悔意，而且平平无奇。它们只是直白、平淡无奇的事实陈述。几乎没有证据表明，参与非自愿独身社群的任何男性害怕因为这类帖子而受到指责。有时，网站会有规定，声称不允许某些形式的仇恨言论，但这些规则不可避免地会被忽视。有时，用户可能会被屏蔽或禁止发帖，但用户若胆敢暗示非自愿独身者不是无辜的受害者，那么他被屏蔽或禁言的概率，将远远高于因发帖暗示女性应该被强奸而被屏蔽或禁言的概率。有时，非自愿独身论坛可能会被托管论坛的公司下线或封禁，但它们很快就能找到新的路径重新上线。在我仔细研究这些论坛的所有时间里，我没有看到任何证据表明存在着对这些站点的有效外部监管或监控。

当然，我们在这里谈论的是互联网，讨论的是一个与网络喷子有着复杂联系和重叠的群体，他们声称自己的主要目的是尽可能使用最极端、最能激发社会仇恨的言论来引起震惊，激起人们的反应。（我们稍后会详细地讨论网络喷子的话题。）在成千上万条极度厌女和暴力的信息中，既有真正热切希望煽动此类行为的人，也有一些人出于气愤或以一种虐待狂式的幽默选择在网上发布信息，但无意在线下进行真正的伤害，这两者之间的分界线在哪里，我们可能无从得知。这并不是说后者本身是无害的，而是说如果我们希望有效解决这一问题，就必须意识到情况的复杂性。

我并不是说我们应该对这些论坛实施严厉的全面禁令，或者应该逮捕或监禁每一个为这些论坛做出"贡献"的人。但是，正如我稍后将详细探讨的那样，这里很显然存在一些非法煽动现实生活暴力的行为，这些行为能够在绝对不受惩罚的情况下蓬勃发展。

非自愿独身群体内部存在着既定的等级制度，"较弱"的成员被认为过于自我怜悯，或者那些不太熟稔非自愿独身知识的成员会被更受认可的群体成员无情地剔除。在一些论坛中，等级由用户发布的帖子数量决定；在其他论坛中，用户的评论可能会得到同行的"好评"。在每个社群中，都有几个为其他用户所熟知的传奇人物，他们深受其他用户的崇拜和尊敬。这些男性把每天中最好的光阴都花费在这些论坛上，他们如同社群的长者或领袖，突然现身来解决纠纷，对经验不足的用户发表评判。他们迅速无情地斥责那些似乎没有正确遵守非自愿独身意识形态的论坛成员。

斯奎雷尔指出，非自愿独身社群包含许多容易受影响的年轻成员。他认为："他们当中的大多数人最终都会长大并离开这个社群。"但是，弱势的少数群体有被更根深蒂固的群体成员所激化的潜在风险。"年龄较长的成员通常更为极端：他们已经长时间体验这种挫败感，而且认为自己的情况几乎没有改善的机会。"他强调"鼓励人们仅仅是出于'LoL'（意为'开怀大笑'的网络用语）的目的去表达一些越来越极端的言论"并"厌恶那些用来描述情绪脆弱的表达"，以及这种文化风气所带来的风险，他还补充道：

> ［这种文化］强调，嘲弄和责备的外化是人们应对负面情绪应当采取的手段。发帖者总是可以声称他们所说的话是在讽刺或是开玩笑，或者只是为了激起回应。但是，当这些帖子和发帖人足够多时，人们就无法区分这些人到底是郑重其事，还是只是在哗众取宠。

从易受影响的社群年轻成员和新成员的视角来看，尤其令人感到不寒而栗的是，发帖者的暴躁咆哮与依赖伪科学或统计数字的长篇伪学术辩论携手并进。在这些辩论中，经常光顾这些论坛的男性会提出详细的论据，以使他们的施虐狂幻想合理化。这些帖子带有招募新成员的意味，旨在说服和转化其他人，使其加入这一共同事业。这些帖子可能包括古典神话的歪曲版本，或对古希腊文化残缺不全的片面引用，从而为本质上是在劝诫强奸和虐待的行为赋予一种模糊的学术分量感。所谓"二八定律"本身就是对帕累托原则的一种粗暴曲解（帕累托原则是以

隐秘的角落

19世纪一位意大利经济学家的名字命名的，他注意到意大利大约80%的土地仅为20%的人口所拥有）。

例如，一名发帖者告诉其他论坛用户，在古希腊各城邦，强奸只会被处以罚款，其发帖目的是以此支持强奸应当受到更轻微惩罚的观点。其观点将过去的文明与一种伟大感和高贵感自动联系起来，展现出它对古代社会规则和刻板印象更为广泛的怀旧式向往。这种趋势不仅在非自愿独身社群和更广泛的男性圈中盛行，而且还与另类右翼和白人民族主义者建立起进一步的联系。

另一名非自愿独身论坛的成员发文对强奸和奴役女性进行了热情洋溢的辩护：

> 争夺女性奴隶一直是人类历史上的一个正常现象，当人们相互争斗时，胜利的一方会夺取女性奴隶并将她们分配给战士。作为一名非自愿独身者，如果你在历史上参军，你会因此得到奖赏，你会袭击城镇和村庄，为自己夺取女性奴隶并与她们一起生儿育女。历史上曾有非自愿独身者的一席之地，罗马帝国或任何其他帝国的非自愿独身者都比今天的我们拥有更好的选择。

早在2003年，利用"历史"论据来支持非自愿独身观点的趋势就已经十分明朗。一名用户曾在一个现已关闭的网站上写道，"在女性没有工作的年代，女性的性自主权是不错的"，

> 大自然赋予了她们大量的社会优势和性优势，以弥补她们在资源方面的不足。现在她们拥有了资源和性权力，事情就失去了平

衡。我们需要阻止女性上大学或从男性那里获得可以养家糊口的工作。然而我们的监狱里关满了无法养家糊口的男人。关于强奸的法律应当被废除。女性人为地限制了育龄女性的供应。强奸才是解决之道。社会因为缺乏女性和工作机会而发生战争。女性们已经成为社会的一大威胁，必须把她们放回她们应处的位置上。

由此你可以看到，女性在劳动力市场上侵占男性空间的观点是如何成为一些非自愿独身者的驱动因素的，并且这种观点与"强奸是解决方案"的奇怪逻辑交织在一起。

这种世界观可能听起来很荒谬，却是非自愿独身者竭力坚持的一种意识形态。这不仅仅是由一系列男性可以随意倾泻亵渎和辱骂言论的网站。这也是一场运动，其追随者如同邪教成员一般表现出极大的忠诚和热情。非自愿独身者并非只是在寻求一处可以分享强奸幻想和暴力的帖子的地方，他们致力于构建和传播一套完整的信仰体系，用来支持和鼓励这类思想。

当我伪装成亚历克斯，游走在这些社区的阴暗深处时，我意识到，我们甚至不能简单地将其概括为：一些成员是脆弱的受害者，另一些是极端厌女主义者。他们很可能同时拥有两种身份，这种情况甚至十分普遍。某天深夜，我坐在床上，在黑暗中浏览某个大型非自愿独身论坛上新发表的一篇帖子。一名男子用生动而又令人动容的细节描述了其日常生活的艰辛——独自一人照顾严重残疾的父母，没有朋友或大家庭的支持，时常弄得自己满身都是尿液和粪便。他进一步回首往事，描述了童年时期遭受的虐待，造成了他永久性的毁容，而父母因为害怕被逮捕而掩盖了这个情况，没有为他们的儿子寻求医疗帮助。我为他感到心痛。

我觉得，我可以理解是什么驱使他加入这个可以提供在线支持并带给他归属感的社群，也能理解他因何感到近乎绝望的孤独。

几分钟后，我又看到他在另一个不同的讨论中发表的观点："如果我获得双方同意的性爱，我并不感觉自己像一个真男人。强奸是获得性快感和繁衍后代的首要方法，而雌性类人生物深知这一点，因此她们也更喜欢被强奸。"

这并不是一种"受害者被意识形态的盲目拥护者所掠夺"的简单明了的情形。非自愿独身者可能既是一名受害者，同时也是一名意识形态的盲目拥护者。

当你在听说过这些网络社群的少数人当中，提出对其尖酸恶毒和厌女性质的担忧时，你可能会听到三种不同的论点来消除你的恐惧。每一种论点都很常见，而且每一种论点都削弱了"这些网络社群会构成真正的线下威胁"的观点。第一种论点认为，这些团体的规模极小，由极少数抱有极端的和不寻常的观点的人组成，与任何其他极端的脱离实际的边缘互联网社群并无二致。第二种论点在逻辑上沿用了第一种论点，认为这些群体的成员很可能与社会极大地脱节，因此造成的线下冲击或影响就会非常小。在前两种假设的基础上，第三种论点则认为，这些群体不构成真正的、具体的威胁，我们应该忽略他们的存在，或者对他们抱以同情。

以上每一种假设都是错误的，而组合在一起它们便会引发对现实的危险的自满情绪。

我们几乎不可能对非自愿独身社群的规模进行很精确的计算。目前并不存在关于所有这些不同的网站、论坛和分组的官方数据，也没有任何方法可以具体确定其用户存在多大程度的重叠。但我们或许可以自信地扬言,这场运动的规模远远超出了"只是几个怪胎"的轻敌理论所暗示的情况。哪怕我们查阅最受欢迎的非自愿独身网站的会员数量、活跃用户数量和帖子数量,这类做法得到的结果也只不过是冰山一角(浏览和阅读论坛并不一定要成为会员或注册用户,所以这些网站可能拥有更高的浏览数据),却也让我们对这些网站的规模有了一个大致的概念。

在撰写本书时,某个最受欢迎的非自愿独身网站拥有超过35万个主题帖、300余万条跟帖和9 000名会员。另外一个网站则拥有8 500名会员、将近200万条跟帖和87 000个主题帖。这个网站是由一个更早的网站于2018年年中迁移到新域名的。当时它有大约6 000名成员和45 000个主题贴,这在一定程度上说明了这些社区规模的增长之快。

红迪(Reddit,一个流行的互联网论坛,开设了用于讨论特定问题的专门页面或"红迪子版块")是非自愿独身社群的早期滋生地之一,不过许多成员现在已经迁移到其他网站和论坛。该网站最活跃的一个子版块因煽动对女性的暴力行为而在2017年11月被关停,当时它拥有4万名订阅用户。关停风波皆因一名用户在该子版块上发布了一条主题帖,询问如何实施强奸而不被逮捕。然而,其他非自愿独身社群则继续活跃在红迪上,其中包括一个拥有10万名订阅用户的子版块。脸书上最大的非自愿独身者群组有约2 000名成员,每月新增约700条帖子。另外一个大型非自愿独身论坛列出了10 000个不同的帖主和73万条主题帖。一个专注于讨论如何改善男性外貌的非自愿独身者网站拥有605名会员、83 000条跟帖和5 000个主题帖。还有一个网站(大致类似于现在已经不存在的非自愿独身网站PUAHate),由于其自称专注于"猛烈抨击搭讪艺术社群",目前拥有近10 000名会员和超过100万条主题帖。

　　基于这些数字,并考虑到不同网站和论坛之间可能存在一些成员交叉重叠的事实,非自愿独身社群的规模保守估计仍有数万名注册成员,这一数据甚至还没有将那些经常光顾这些网站而没有正式注册的潜水者和观察者考虑在内。上述这些只是这个社群中最广为人知的聚集地,而这个社群还包括无数较小的博客、讨论组和网页。当然,我们谈论的是极少数男性,但这已经不是一个很小的数字了,而这一社群也并不是一个由几十个边缘人组成的孤立群体。

　　当我与研究非自愿独身者和其他男性圈群体的、来自战略对话研究所项目经理雅各布·戴维（Jacob Davey）会面时,他强调这是一场"跨国"运动。虽然他认为最大的非自愿独身社群在美国,但据他估计,仅在英国,男性圈群体（包括本书中探讨的其他群体以及非自愿独身群体）的规模就可能高达10 000人。有证据进一步表明,将这一运动轻视为由少数怪胎组成的小群体是错误的。

　　接下来,让我们审视一下坚持认为这些男性和他们的观点不会造成线下冲击或影响的观点。

　　2018年3月,一个名为"Incelocalypse"的网站被下线。在此之前,活动人士和记者向其托管公司DreamHost举报了网站上的一些内容,包括鼓吹强奸和明目张胆地描述儿童色情的主题帖。该网站的宣传语赫然出现在其主页顶部的横幅上："今天,我们要让'祸水妞'（jailbait）成为供我们强奸的奴隶。"非自愿独身者尤其迷恋处女和少女,经常会用"祸水妞"来形容她们。

　　论坛上的部分用户（包括该论坛化名为"岭雀属"的创建者/管理员在内）自我定义为"强奸型非自愿独身者"。"岭雀属"发起过题为"即使有女性自愿与你发生性关系,你还是会想要强奸她"和"现在父女乱伦比以前更有意义"的主题帖,以及"酸液攻击是伟大的平衡器"的帖子,他还建议女性应该了解一下"因相貌丑陋而变得残废"的感觉。

Incelocalysis网站甚至还为恋童癖设立了私聊社群。

这些群体的成员,尤其是像"岭雀属"这样更加热心或痴迷的用户,通常被人们唾弃为疯狂的、孤立的失败者,他们很少参与公共生活,更没有能力去影响公共生活。"岭雀属"还写过一篇题为"'如何让自己感到有权去强奸'('别忘了:女权主义才是问题所在,而强奸是解决方案')"的3 300个单词的文章。

不过后来,"岭雀属"的真名内森·拉尔森(Nathan Larson)被曝光了出来。他是一名来自弗吉尼亚州、现年37岁的会计和国会议员候选人。

在接受《赫芬顿邮报》采访时,拉尔森承认自己是Incelocalypse网站的所有者,也承认关于父女乱伦的那些文章均出自其手笔。他并没有与自己在网上写的东西撇清关系,而是告诉媒体:"很多人厌倦了政治正确并为其所束缚。人们更希望看到,有一个没什么可失去的局外人,愿意说出很多人内心的想法。"换句话说,他认为自己的观点可能帮助他吸引选票。除了称赞阿道夫·希特勒为英雄外,拉尔森还在他的政治竞选活动中明确支持非自愿独身者,声称"强迫他们纳税,用于学校、福利,以及为其他男人的孩子提供支持"对他们而言是不公平的。他还呼吁废除《防止对妇女施暴法案》,因为"我们需要转向一种将女性归类为财产的制度,她们首先是她们父亲的财产,后来是她们丈夫的财产"。这位未来的政客在网上发布的其他帖子还包括"应该允许男人掐死他的妻子，作为对她未经允许私自剪短头发或其他严重违抗命令行为的惩罚"。当被问及潜在选民可能如何回应他的观点时，拉尔森似乎因特朗普的成功而倍受鼓舞，他表示："很多不赞同特朗普之流的人……仍可能会投票给他们，只是因为建制派不喜欢他们。"[4]

在一个由成千上万名男性组成的社群中，当然会有失业或自愿从社会中抽身出来的人。媒体对非自愿独身者的报道非常少，却经常以这些人为中心，把他们描绘成社会的弃儿和隐士。但其中也有许多人从事着有收益的职业，在我们的社会中拥有工作和影响力，甚至像拉尔森一样，正在竞选公职。

2018年6月，美国科技企业投资者、红迪前首席执行官鲍康如（Ellen Pao）在《连线》杂志上发表的一篇文章中警告道，"非自愿独身者通常在科技行业和工程领域工作"，使他们能够"利用科技平台和工作场所的社群传播他们的想法，招募新人并培训他们在公司中执行这些想法"。鲍康如写道："技术在这些仇恨群体中扮演着核心角色，它既是一种职业，也是一种武器。"她补充说，她"每天"都会收到科技公司员工和高管的报告，告诉她这些群体是如何渗透到这个行业的。她还援引了非自愿独身者自己发在网上的帖子作为佐证，并指出："在非自愿独身论坛上，他们为自己的技术贡献感到自豪；他们开玩笑说，如果没有他们来维护网络基础设施，世界就会崩溃，而且如果没有他们，他们所在的公司就会倒闭。"

然而，非自愿独身者在线下的影响力并不仅仅局限于他们的人身存在和工作，他们甚至存在于政治等影响我们日常生活的领域。无论是线上还是线下，他们的观点和词汇都在渗透和影响着其他社群和意识形态群体，我们对此亦有强烈的感受。在这些群体中存在着一种"涓滴效应",即某些神话或偏见一开始只是非自愿独身网站上的一粒种子,通过另类右翼或男性权利活动家的网络孵化和培育,最终渗透到主流社会的广泛意识中——这一过程可以通过本书的后续章节进行追踪。因此,我们不能以他们的想法从未见光为由,否定非自愿独身群体的影响力。

接下来,我们来看一下非自愿独身者最后的、可能也是最为常见的辩护:他们只是在网上发泄不满的失意男性,言论自由是至高无上的,网站和论坛上的厌女观点并不会在线下造成真正的伤害。

2014年5月23日,22岁的埃利奥特·罗杰(Elliot Rodger)驱车前往位于加州大学圣巴巴拉分校的校园附近的阿尔法·菲(Alpha Phi)姐妹会会所并敲响了会所的大门。当无人应答时,他开始向附近的女学生开枪。罗杰枪杀了三名姐妹会的女性,造成其中两人——22岁的凯瑟琳·布里安·库珀(Katherine Breann Cooper)和19岁的维罗妮卡·伊丽莎白·韦斯(Veronika Elizabeth Weiss)——死亡,另外一人受伤。随后,一场持续时间更长的杀戮狂潮紧随而至,罗杰一边射杀受害者,一边蓄意开车撞向他们,致使6人丧命,14人受伤。

这并不是他随机或一时冲动做出的决定。在驱车前往姐妹会会所之前,罗杰在油管上传了一段题为"埃利奥特·罗杰的报复"的视频。

"大家好,我是埃利奥特·罗杰。"他以此作为视频的开头,随后宣布,"明天是报复日,我将在这一天展开复仇。"他接着阐述了他对女性的种种不满并描述了他的计划,作为对她们拒绝与他发生性关系的惩罚。"我一直被迫忍受着孤独、回绝和无法满足的欲望,这一切都是因为女孩们从来没有为我所吸引。她们把感情、性和爱都给了其他男人,却从来没有给过我。"罗杰的语气在悲观和愤怒之间摇摆不定——"我到现在还是个处男。这一直以来都太折磨人了……我不得不在孤独中腐烂，这不公平。"——但当他直接对女性讲话时，语气就变得更加阴暗。他从未认真考虑自己或自己的行为在其处境中可能扮演的角色——这是非自愿独身意识形态的经典标志：

"我不知道你们这些女孩为什么不会被我吸引，但我会因此惩罚你们所有人。这是一种不公，一种犯罪，我不知道你们觉得我身上缺少了什么。我是一个完美的男人，而你们对那些令人厌恶的男人投怀送抱，却不肯委身于我这个至高无上的绅士。"

"在报复日这天，"罗杰笑着宣称道，"我会因此惩罚你们所有人。"他继续说道：

> 我要进入加州大学圣巴巴拉分校最火爆的女生联谊会，我要杀掉在那里见到的每一个被宠坏的、自以为是的金发荡妇。我曾极其渴望得到这些女孩。我曾邀请她们进行性方面的友好交流，她们却都拒绝了我，瞧不起我，把我当成低人一等的男人，而她们却对那些令人作呕的畜生投怀送抱。

罗杰将自己的暴力行为与厌女主义直接联系起来，并将其定位为确保自己作为男性领袖（阿尔法男）地位的一种手段。"我以屠杀你们所有人为乐。你们最终会看到，事实上，我才是更高等的男人，是真正的男性领袖。"他再一次放声大笑。

尽管油管删除了罗杰的原视频，但各种副本已经被多次上传到该网站。截至我撰写本书时，其中的一个视频已被观看超过150万次，点赞近1万次。

罗杰在结束他的杀戮后把枪对准了自己，还留下了一份10.7万个单词的宣言，通过电子邮件发给了家庭成员、之前的朋友和熟人。他将其命名为《我扭曲的世界：埃利奥特·罗杰的故事》。在这份宣言中，他将自己的大部分不幸和孤独归因于"雌性人类无法看到我身上的价值"。

在罗杰死后，有人透露，他曾在非自愿独身者经常光顾的论坛上发布大量帖子。罗杰在宣言中将该网站描述为"一个满是像我一样性饥渴的男性的论坛，他们都和我一样"。令人不寒而栗的是，他详细介绍了自己在网上激进化的经历，尽管他自己并没有认识到这一点：

> 他们当中的许多人，对于女性会被什么所吸引有着自己的理论，他们当中的许多人和我一样仇恨女人……阅读网站上的帖子，证实了我关于女人们有多邪恶和堕落的许多理论……这表明了这整个世界因为女性的邪恶而变得暗淡和残酷。

罗杰在网上的发帖展示了经典的非自愿独身者的意识形态。他在一个帖子中写道："女人们的思想还没有完全进化。"他在 PUAHate 网站上写道："终有一天，非自愿独身者会意识到他们真正的力量和数量，并推翻这种充满压迫的女权主义制度。开始设想一个'女人们畏惧你'的世界吧。"

从他的宣言中可以看出，他很明显受到了各大非自愿独身网站上常见论点的深刻影响。他写道：

> 性行为背后的终极恶人是人类女性。她们是性行为的主要煽动者。她们控制着哪些男人能得到性爱机会，哪些男人得不到。女人是有缺陷的生物，我在她们手中受到的虐待让我意识到这个可悲

的事实。她们大脑的思维方式有一些非常扭曲和错误的地方。她们像野兽一样思考，事实上她们就是野兽。

罗杰在网上变得越来越激进，最终堕入极端主义的非自愿独身意识形态，直接导致他在线下进行大规模的厌女暴力行为。

不久之后，在多伦多的一家小书店里，一位名叫阿兰娜的女性在一本杂志上读到一篇关于罗杰疯狂杀人的文章。她这时才惊恐地意识到，自己在15年前创办的这个社群到底发生了什么。

罗杰既不是第一个，也不是最后一个以显明的厌女动机犯下大规模暴力行为的人，他也不是其中唯一一个直接参与非自愿独身社群和其他男性圈社群的人。事实上，警方对圣巴巴拉大屠杀的报告显示，当他们调查罗杰的笔记本电脑时，他们发现罗杰的搜索历史包含与乔治·索迪尼（George Sodini）相关的材料。

2009年8月4日，48岁的系统分析师乔治·索迪尼来到宾夕法尼亚州科利尔镇洛杉矶健身中心的一个女子有氧运动课程班。他关掉了健身房里的灯，拿出两把枪开始疯狂射击，造成3名女性死亡，9人受伤。

事件发生后，人们发现索迪尼曾是搭讪艺术社群的成员，而该社区是一个与非自愿独身者直接相关的团体，也是男性圈的一部分。据美国广播公司新闻节目报道："警方在索迪尼留在现场的包里发现了两张打印出来的便条，其内容均反映了他因女人而产生的极度沮丧和抑郁的情绪。"

在枪击案发生前的九个月里，索迪尼一直在更新一篇博客，其开篇便问道："为什么要这么做？为什么要这么对待年轻女孩？请阅读下面的内容。我一直在写日志，记录我的想法和行动。"这篇博客表明了索迪尼对女性的极度厌恶，他也哀叹自己自1984年以来就没有谈过女朋友，在1990年以后就再也没有发生过性关系。和罗杰一样，索迪尼迷恋那些选择与其他男人上床但拒绝跟他上床的年轻而富有魅力的女性，包括那些被黑人男子吸引的"年轻白人婊子"。他根据自己单身的时长，以及他自己"粗略估计的理想单身女性数量"，用男性圈社群典型的扭曲逻辑推断出一个极其怪诞而又夸张的结论："3 000万个女性拒绝了我……我一点也不亏欠那些什么都想要的令人垂涎的女性。"

罗杰大屠杀案发生后不到一个月，英国少年本·莫伊尼汉（Ben Moynihan）开始了长达一个月的持刀杀人行为。2014年6月至7月，他在朴次茅斯三次企图谋杀3名不同的女性。在被认定有罪后，莫伊尼汉写的日记浮出水面，他在日记中写道："我主要打算通过谋杀女性来进行报复，因为是她们让我过上这样的生活，我还是个处男……我攻击女性，是因为长大成人令我认为她们是人类中的弱者。"[5]莫伊尼汉准确地展示出非自愿独身意识形态的矛盾之处，他写道："我认为每个女孩都是某种类型的荡妇，现在她们对男人吹毛求疵，她们不给像我们这样的男孩任何机会。"在袭击发生期间，莫伊尼汉还给警方写了一封信，信中写道："所有女人都该去死，希望下次我能把她们的眼球挖出来。"莫伊尼汉的电脑上还有一段与罗杰密切呼应的视频，他在视频中宣称："我还是个处男，每个人都在我之前破了处，这就是为什么你会成为我选定的目标。"莫伊尼汉被判刑时，法官说："你电脑里的内容令人毛骨悚然，也同样令人感到不安。"进一步的细节却没有公开发布。[6]然而，几乎没有任何英国媒体的报道将莫伊尼汉和罗杰联系起来，即便这两起案件的发生时间仅相隔数周。

2015年10月1日，26岁的学生克里斯·哈珀-默瑟（Chris Harper-Mercer）进入了乌姆普夸社区学院的一间教室，迫使学生们走到教室中央。随后，他枪杀了9人，其中也包括他本人。第9名受害者在送到医院后抢救无效死亡，另有8名学生受伤。

哈珀-默瑟留下了一份声明，哀叹自己是一个没有女朋友的处男。他还称罗杰是他心目中的"精英人物"，是"与众神同在"的人，并补充道：

> 我希望其他人都能听到我的呼唤并付诸行动。我曾经和你一样，是个被社会拒绝的失败者。当女孩宁愿和阿尔法黑人男性暴徒厮混在一起时，我们都认为这个世界出了问题。像我这样的好男人孤身一人，而邪恶的黑人男性却得到了战利品，他们就像是掠夺阴道的海盗。这不公平！

他还警告称："像我一样的人还会有……我们是你们的儿子，你们的兄弟，我们无处不在。"

不愿透露姓名的执法官员告诉《今日美国》，哈珀-默瑟"似乎参与了一个名叫'贝塔男孩'的关联松散的网络社群"，这个名字非常贴切地反映了"贝塔男性"和"贝塔起义"等非自愿独身术语，也呈现出他们对"正常人"群体进行暴力屠杀的幻想。

2016年7月31日，在加拿大埃德蒙顿市中心的一条小巷里，保安谢尔顿·本特利（Sheldon Bentley）遇到一名正在睡觉的流浪汉，他当场猛踩流浪汉的肚子，将其杀害。在预审报告中，本特利试图辩称，他的行为部分源于四年"非自愿独身"状态所带来的挫折和压力。[7]

2017年12月7日，21岁的加油站工人威廉·艾奇森（William Atchison）伪装成学生，进入新墨西哥州阿兹特克高中。他掏出手枪，在射杀两名学生之后自杀。据《每日野兽》报道，艾奇森在网上有着广泛的影响力，他所使用的一个网名包含罗杰的名字。根据南方贫困法律中心的一份报告，艾奇森曾在帖子中称赞了"至高无上的绅士"罗杰。

2018年2月14日，曾就读于佛罗里达州帕克兰的马乔里·斯通曼·道格拉斯高中的19岁青年尼古拉斯·克鲁兹（Nikolas Cruz），在校内持枪朝人开火，造成17人死亡，另有17人受伤。枪击案引发了一场反对大规模枪击案和枪支暴力的大规模学生运动。在一段谈论罗杰宣言的油管视频中，克鲁兹发表评论："埃利奥特·罗杰不会被人们遗忘。"后来有消息称，克鲁兹曾在学校跟踪过一名年轻女子。据称，他在同一名女性分手后，曾多次威胁和骚扰她。

2018年4月23日，25岁的软件开发者阿列克·米纳西恩（Alek Minassian）驾驶着一辆租来的货车，穿过加拿大多伦多市北郊的中心区域，蓄意超速行驶冲向行人，造成10死16伤。袭击发生前不久，一个脸书账户上传了一条动态，后来被证实为米纳西恩所发。动态写道："步兵二等兵（新兵）米纳西恩，编号00010，希望与4chan中士通话。C23249161。非自愿独身者的反叛斗争已经打响！我们将推翻所有'查德男'和'史黛西女'！所有人都向至高无上的绅士埃利奥特·罗杰致敬！"米纳西恩袭击案的大多数受害者为女性，8名女性和2名男性在袭击中丧生。警方随后发布了一段米纳西恩被捕后接受采访的视频，他在视频中特别强调自己是一名非自愿独身者，称自己在网上走向激进化，以意识形态的名义采取行动，对人们展开报复。米纳西恩详细讲述了女性在感情方面拒绝他的细节，他说："我认为自己是一个至高无上的绅士［与该群体对罗杰的称呼相吻合］。我很生气，因为她们把爱情和爱慕都献给了可恶的野兽。"他补充道："我知道网上还有几个人也有同感。"与罗杰一样,米纳西恩将自己的袭击描述为"报复日"行动。当警察问他对被他谋杀的10人有何感想时,米纳西恩回答说:"我觉得我完成了自己的使命。"[8]

2018年11月2日,40岁的斯科特·贝尔勒(Scott Beierle)进入佛罗里达州塔拉哈西"高温瑜伽馆"的一个工作室,向6名女性开枪,造成2人死亡。凶手随后自杀。枪击案发生后,美版今日头条"BuzzFeed"揭露了贝尔勒的油管频道,其中充斥着厌女主义和种族主义的愤怒。他发布了一系列将女性描述为"荡妇"和"妓女"的视频,他也在视频中讨论了女性的"集体背叛"。与许多非自愿独身者一样,他怒斥跨种族关系中的女性背叛了"血统"。他在一段名为"我的厌女症的重生"的视频里提到,一个女孩放了他鸽子,"我原本可以把她的脑袋拧下来"。在另一段名为"青春期男性的困境"的视频中,贝尔勒提到了罗杰,声称自己正面对"埃利奥特·罗杰的处境,什么都得不到,没有爱,什么都没有",是"无尽的荒原,滋生了这种渴望和沮丧"。

2019年,科罗拉多州丹佛市27岁的克里斯托弗·克利里(Christopher Cleary)在犹他州被捕。当天,该地区计划举行几场女性游行。[9]据有关部门表示,克利里在他的脸书页面上写道:

> 我27岁,从来没谈过女朋友,我是一个处男。所以,我计划很快在一个公共场所实施枪击,制造下一起大规模的枪杀案。因为,我已经准备好去死。我将尽可能杀死我见到的女孩,惩罚这些拒绝过我的女孩,给我自己讨一个公道。

2019年6月17日,一名身穿战术装备、携带一支步枪和多个弹匣的男子在得克萨斯州达拉斯市被警方击毙,此时的他还没有来得及实施一场似有预谋的枪击。枪手名叫布莱恩·伊萨克·克莱德(Brian Isaack Clyde),时年22岁,在与警方发生交火之前,他不断地朝着法院大门开枪。克莱德在其脸书页面上对即将发生的袭击直接做出过警告。他的账号上充斥着各种与非自愿独身者相关的引用和梗图。

2020年2月24日,一名17岁男孩带着一把砍刀进入多伦多的一家按摩院,用它谋杀了24岁的阿什利·诺埃尔·阿尔扎加(Ashley Noell Arzaga)并刺伤了另外一名女子。警方发现的证据表明,这名因年龄无法被披露姓名的嫌疑人是在受到非自愿独身社群的启发后采取行动的。警方确信,非自愿独身者对女性的仇恨是这起谋杀案的主要动机,因此将最初的一级谋杀指控升级为恐怖主义指控。令人震惊的是,这是已知的唯一一个由当局将非自愿独身者袭击视为恐怖主义犯罪的例子。这与加拿大当局对米纳西恩的处理形成了鲜明对比,在后者中,有类似的明显迹象表明凶手的极端主义动机。

2020年6月,23岁的科尔·卡里尼(Cole Carini)在弗吉尼亚州的一家医疗中心接受治疗。他伤势很严重,一只手被截断,还有多处弹片伤口。他声称这是由割草机事故造成的。但当局在卡里尼的家中发现了制造炸弹的设备和血迹,表明他是被自制爆炸装置炸伤的。在他的房子里有一张手写的便条,上面写着:

> 他漫不经心地穿过购物中心,夹克里藏着致命物品……他正在这样做,并且确信一定要这样做……即便他死了,这份声明也是值得的!……他现在走近了性感的啦啦队员所在的舞台……他决定,我不会退缩,我不会害怕后果,无论如何,我要成为英雄。他

心想，我要像埃利奥特·罗杰那样发表一份声明。

这些男性并不是第一批基于明目张胆的厌女思想进行（或企图进行）屠杀的人。而且，将虐待女性与大规模屠杀之间的联系拟人化的也不只有他们，我稍后将对此进行更为详细的探讨。但这份名单上的凶手一共导致50人死亡，68人受伤。他们当中（除莫伊尼汉外）的所有人都与本书中讨论的厌女男性网络社群存在着某种直接联系。莫伊尼汉的互联网历史无法公开查到，然而，法官的评论则表明两者之间的确存在联系。

这些证据有力地驳斥了我们无须担忧非自愿独身者的观点。这是一场激进的极端主义运动，有着至少成千上万名成员，故意传播着助长仇恨的厌女主义和男权至上主义的教义，并积极鼓动暴力强奸和谋杀女性。这场运动吸引着那些寻找关于亲密关系答案的年轻人，向成员灌输教条式的意识形态和完全自创的词汇，并为那些打着它的名号杀人的罪犯开脱罪责。最重要的是，这场运动催生了大量制造大规模杀人案的杀人犯，他们打着这个名义犯下了理应被描述为恐怖主义行为的罪行。坦率地说，听说过这场运动的人少之又少，这是最令人愤慨之处。

固执己见是阻止我们认真对待这一威胁的最大障碍。由于固执，我们倾向于认为网络世界和现实世界是相互独立的不同领域，两者之间存在一条坚不可摧的分界线。这种假设认为，网上的东西是虚拟的、不真实的，而且毫无疑问是无害的。但是，有些人已经将非自愿独身信仰铭记于心，在网上变得越来越激进，并用真实的子弹和刀片将激进思想付诸行动。他们在线下造成的影响，以毁灭性的结果证明上述假设与事实相去甚远。

但这远远不是大多数人不把非自愿独身者当回事,甚至不知道他们的存在的唯一原因。毕竟,我们迅速地认识到其他形式的网络激进运动(比如,极端分子以一套歪曲事实、充满偏见的信仰,引诱年轻的皈依者采取暴力行为)造成的威胁并采取行动应对。个中缘由在于,这场运动是关于女性的,而我们甚至不把线下对女性的暴力行为当回事,就更不用说在互联网上了。在互联网上,暴力很容易被洗白成调侃、玩笑和讽刺。当网络激进运动导致一名穆斯林袭击者驾车撞向白人行人时,媒体报道和政治评论员立即会提醒我们注意其中的联系,"恐怖主义"一词迅速占据头版,凶手的意识形态和网络足迹被曝光出来,让所有人都能看到。当男性打着厌女主义的名义行凶杀人时,情况就另当别论了。这些袭击并未得到充分报道,即便对此有所了解的人也很少知道袭击背后的既定意图。而与此同时,非自愿独身社群在悄悄壮大,招募新人,陶醉于他们的胜利。

在罗杰犯下大规模杀人案后,媒体的报道呈复杂态势。虽然一些媒体报道了罗杰与非自愿独身群体的关系,或承认谋杀案背后明确传达出厌女意图,但许多媒体淡化或完全忽略了这一联系。很少有人了解那些憎恨女性的男性所实施杀戮背后的极端主义意图,但如果你去看一看这些杀戮是如何被呈现给公众的,就不会对此感到惊讶了。"加州驾车枪击案:埃利奥特·罗杰在圣巴巴拉分校附近杀死6人"——这是罗杰大规模杀人案发生后的一个代表性标题。"包括枪手在内的7人在加州大规模枪击案中身亡"。"加州大规模杀人案中精神失常男子连杀7人"。即使标题或副标题明确引用罗杰的宣言或视频内容,表明记者知道他的极端厌女主义思想,这些内容也往往被完全忽略,新闻也转而去报道其他内容。其中一个例子写道,《饥饿游戏》导演22岁的儿子发誓"彻底消灭那些拥有更好生活的人"。报纸文章援引圣巴巴拉县警长比尔·布朗（Bill Brown）的话称，枪击事件是"一名疯子干的"，罗杰"精神严重失常"。即使在事件发生后的新闻报道中，主流媒体还引用了罗杰父亲的律师艾伦·希夫曼（Alan Shifman）的话——当警方几周前对罗杰进行问话时，他们"发现他是一个'非常有礼貌、善良和优秀的人'"。

有几家媒体明确质疑或驳斥了这起谋杀案中存在性别歧视的说法，比如《福布斯》的一篇文章称，这一观点"严重简化，过于草率地做出判断"，并补充说，罗杰无差别地讨厌"男人和女人"。许多媒体报道了罗杰的精神疾病，当然，这也可能在他的行为中发挥了重要作用。虽然接受过精神治疗，但他并未被正式诊断患有特定的精神疾病。然而，争论却主要集中在罗杰打死、打伤了多名男性和女性的事实上，或被放在了枪支管制上。

《时代周刊》的文章承认我们的社会中存在厌女情绪，但淡化了这种观念可能对罗杰产生的潜在影响。文章写道："大规模杀人案的凶犯感受到的孤立感，使他们不太可能对社会趋势做出反应。"这极具讽刺意味，因为在线下感受到的孤立是促使很多男性加入非自愿独身者等在线社群的最大原因之一。与其他许多作者一样，这位作者试图将这篇文章的重点放在罪犯的精神健康问题上，将大规模杀人案的凶犯概括为"愤怒的、怨恨的、精神错乱的个体"。与此形成鲜明对比的是，穆斯林恐怖分子很少被称为"精神病患者"。

如果要将罗杰的行为刻意描述为没有明确受到极端主义厌女情绪的驱使，就需要刻意误读或遗漏他留下的大部分证据。因此，令人不安的是，维斯塔岛警方的报告摘要也很少提到厌女主义——这相当不寻常，因为报告中引用了罗杰的日记条目和他的宣言，这些内容本身充斥着厌女主义的意图：

> 我将成为神，惩罚女人乃至全人类的堕落……我不能杀死地球上的每一个女人，但我可以给予她们毁灭性的一击，动摇她们邪恶的内心。我将攻击那些富有我所厌恶的女性特点的女孩。

在购买第一把手枪时，罗杰写道："在我拿起手枪后，我把它带回了房间，感觉到了一种新的力量。我现在全副武装了。婊子们，现在谁才是头号男子汉？"

是的，罗杰还杀害了他的男性室友——许多新闻媒体利用这一事实来暗示他的意图不可能只有纯粹的性别歧视——但他自己描述了自己这样做的原因："第一阶段将代表着我对所有享受过快乐性生活的男人（而我却不得不忍受痛苦）的报复。只要我让他们像我一样受尽折磨，一切都会变得公平。我最终会追平比分。"

是的，罗杰后来针对的人也包括男性群体在内，但他再次明确地将其框定在他对女性不与他发生性关系的愤怒中："我会特别针对长得好看的人，以及所有的情侣……那些女孩怎么敢把她们的爱和性都给其他男人，而不给我？"

这种关注模式也适用于对其他大规模杀人案的报道，而且在这些案件中，凶手也曾明确表现出他们的极端主义厌女动机。当米纳西恩以"非自愿独身者起义"的名义杀害10人，撞伤16人时，新闻标题则是"多伦多货车司机在'纯粹屠杀'中杀死至少10人"，并援引当局的话："他们认为司机的行为似乎是蓄意的，但似乎不是恐怖主义行为。'这座城市很安全。'多伦多警察局长马克·桑德斯说。"他是在警察采访米纳西恩后发表的上述言论，而米纳西恩在采访中明确向他们讲述了自己在网络上的激进化过程以及袭击背后的恶劣动机。

媒体对哈珀-默瑟宣言的报道一再将其描述为种族主义暴行（是的，种族主义当然是其特征，就像许多非自愿独身者宣言也有此特征一样），却没有提及厌女主义。媒体普遍将他在宣言中的文字描述为"支持种族和社会仇恨"的言论。

如果我们甚至不能指出，这些杀戮的背后具有非常明显的厌女动机这一事实，我们该如何与这场可怕的暴力浪潮作斗争呢？

最终，在多伦多货车袭击事件发生后，一些媒体开始将米纳西恩对罗杰的提及和杀人背后的厌女意图直接联系起来，使得网上出现了一系列关于男性圈和非自愿独身者的解读文章。但即便如此，这些报道也往往局限于左翼网络媒体，许多主流报纸的报道即便有所涉及，也都只是简短提及。即便如此，揭露厌女因素还是存在阻力。《国家邮报》的一篇文章指责道，指出联系的人下结论"为时过早"，"适得其反"。文章甚至声称："如果袭击是基于受害者的性别，那这次袭击或许就没有那么可怕。"

当然，有些人很可能会辩称，任何人数众多的群体中都可能存在异类和极端分子。一个人的暴力行为不一定代表整个群体，也不应被认为是受到了社群成员的直接影响。事实上，在上述大多数案件中，可能还有其他因素在某种程度上促成了杀人者的行为，包括精神健康问题、儿童时期受到的虐待或家庭功能的失效。但毋庸置疑的是，绝大多数面临心理健康问题、经历过童年虐待或家庭破裂的人从未实施过大规模暴力行为。这些因素都无法解释犯罪者为什么以男性人群为主，而所有性别的人都可能遇到这种情况。

如果要说，考虑到这些杀人犯在这些社群上留下的内容在事件发生之后被处理，所以他们及其行为可以完全同他们经常光顾或提及的在线社群撇清关系，那么这种观点很难让人接受。在各个非自愿独身者网站和论坛上，我们经常可以看到杀人凶手的名字被称赞、推崇和尊敬。他们受到邪教般的虔诚崇拜，社群成员反复积极鼓励其他人效仿他们。"非自愿独身者革命势不可挡……"一篇帖子写道，"终将会有一场清算。"

维斯塔岛大规模杀人案发生之后，很快就有人创建了一个名为"埃利奥特·罗杰粉丝"的红迪子版块，不过它很快就被红迪封禁了。在罗杰本人经常访问的PUAHate论坛上，赞扬其行为的评论将他描述为"英雄"和"非自愿独身者的国王"，用"晚安，亲爱的王子"来哀悼他的死亡，并欢呼"非自愿独身者成为主流，非自愿独身者愤怒了，非自愿恐怖主义是合法的"。当罗杰与论坛的关联开始显现时，该网站被关闭了。

但这并没有阻止其他非自愿独身社群将罗杰视为偶像，以至于他们用他的名字来指代为该事业献身的殉难者。"Go ER"（效仿埃利奥特·罗杰）是一个常用的术语，用来表示执行非自愿独身者大屠杀。罗杰姓名首字母的缩写经常包含在其他单词中，具有相同的推论。在许多帖子中，论坛成员被鼓励成为"hERoes"（埃利奥特·罗杰式英雄）。一个关于罗杰的典型帖子是这样的："他为梦想而生，他作为战士而死。"随着时间的推移，对罗杰的赞美并没有减少。如果说有什么不同的话，那就是类似邪教的崇拜增多了。一名用户写道："非自愿独身者们站起来吧，我们将取代'查德男'，我们将成为至高无上的统治者，所有人都向埃利奥特·罗杰致敬。"其他帖子则称他为"先知"和"殉道者"。油管上的一段视频主要由罗杰的柔焦图像组成,其形象在柔和的背景音乐中时而淡入时而淡出,获得了近5万次观看和295个点赞。

罗杰并不是唯一一个在各种非自愿独身论坛上饱受尊敬的大规模杀人案凶手。马乔里·斯通曼·道格拉斯枪击案发生后,媒体报道指出克鲁兹可能一直在跟踪一名拒绝他的女孩。随着这一报道在媒体上流传开来,Incelocalypse留言板上的成员对这一案件进行了讨论。一名用户写道:"这个婊子活该,我很高兴,他把她们都杀了。"另一名用户表示赞同:"很好。愚蠢的荡妇要么因为拒绝男人而活该被强奸,要么就该直接被杀。"我在这些论坛上做了几个月的研究,下面这个可能是我所见过的最赤裸裸的非人化厌女情绪的例子。在该案例中,一名用户写道:"我真希望这个可怜的伙计在杀人前先强奸那个女孩,这样她就会知道被她拒绝的男孩还在她的身体里。"

非自愿独身社群的许多成员也迅速欢迎并接纳了米纳西恩,将他奉为新的英雄,称他已经获得了"非自愿独身圣徒"的称号。一名网友写道:"如果受害者是18岁至35岁的年轻女性,我会为每一位受害者准备一瓶啤酒来庆祝。""阿列克·米纳西恩,我们要传颂他,谈论他为我们的事业所做的牺牲,崇拜他,因为他为我们的未来献出了生命。"另一个人补充道。

与此同时,关于哈珀-默瑟的梗图展示了他拿着一支枪的照片并附上了表达钦佩之情的文字说明:"默瑟毫不留情(No Mercy from Mercer)。"在本特利将残忍杀害一名流浪汉的行为归咎于自己的非自愿独身状态后,论坛用户讨论了这起案件,兴奋到近乎狂热。评论包括:"兄弟们,你们能感觉到吗?**是时候了**";"是时候效仿埃利奥特·罗杰,对她们下手了";"他为什么不能对雌性类人生物下手?";"他应该对一个女人这么做";"我对此感到兴奋有错吗?""**是时候发动贝塔男革命,效仿埃利奥特·罗杰了**"。

即使发生了与非自愿独身者没有明显联系的大规模杀人案,非自愿独身圈子也会集体为之兴奋,猜测行凶者可能是他们中的一员,在赞扬凶手、批评他的方法和建议他如何增加受害者数量或确保更多的受害者是女性之间奔走不息。

在写这本书的期间,我一遍又一遍看到,这种对暴力行为的美化在实时发生着,这令我感到非常厌恶。当我默默观察一个非自愿独身论坛时,一名戴着兜帽的枪手袭击了巴西的一所学校,造成6名儿童和2名工作人员死亡,另有数人受伤。该论坛的成员迅速分享了一段视频和一些照片,据称拍到了学校内的尸体。他们说这起杀人案"太他妈棒啦",希望所有受害者都是"雌性类人生物"。其中一名成员称视频"令人捧腹",而且还表示听到女人的尖叫声令他感到多么美妙。

鉴于这些情况只是反映各非自愿独身社群中普遍趋势的一部分例子,而且它们还专门增设网页"致敬"非自愿独身杀手,故而我们很难相信这些暴力男性的行为与整个非自愿独身社群之间没有联系。

事实上,在哈珀-默瑟枪击案发生的前一天,一名匿名论坛用户在网上发布了详细的袭击计划,他写道:"你们中有些人很不错。如果你在西北部,明天不要去上学。"虽然目前还未证实这个匿名账号是否与哈珀-默瑟有关,但有强有力的证据表明,这有可能是凶手在平静地向网友通报其谋杀意图。其他社群成员的反应令人不寒而栗。一名用户建议最初的发帖人"可能最好瞄准一所女子学校",并就可以使用的最佳武器提供了建议。另一名用户则提供了战术建议,其中包括"我建议你最好在腰带上挂一把刀,作为最后不得已的手段"。一条回复简洁地写道:"让我们为你骄傲吧。"另一个人则补充道:"替我们把她们都杀了。"

无论该账户是否真的为哈珀-默瑟所有,鉴于其他成员对其声称即将犯下行为的反应方式,如果再断言并非所有非自愿独身社群的男性都应该被一概而论地抹黑,恐怕就很难令人信服了。如果有任何一个参与帖子的人向执法部门报告了这种威胁,就有可能挽救8条生命。因此,我们很难完全接受这种"社群对其个别成员的行为完全不承担责任"的观点。然而,这种观点却是一种老生常谈。当一名论坛用户意识到罗杰是维斯塔岛大规模杀人案的幕后黑手并建议将他发在网上的帖子通知警方时,另一名发帖者回复道:"不要这样做。无论发生什么都不要管。我们什么都没做,所以如果发生了就让它发生吧。"

鉴于男性圈本身对女性的笼统概括甚为泛滥——"所有的女人都是那样的"(All women are like that)这句话在非自愿独身论坛上几乎随处可见,以至于有了专门用来表示它的首字母缩略词"AWALT",散落于成千上万的帖子中——非自愿独身者若主张他们自己不应被一概而论,就会显得非常讽刺。

尽管如此,非自愿独身社群的许多成员乃是真正悲伤、孤独或抑郁的男性,他们在寻求解答和支持,这一点也确然不假。例如,他们的用户名从"丑陋的讨厌鬼"到"丑爆了",再到"肥胖的处男",五花八门。

许多帖子的内容只是一种寻求帮助的呼喊。一个题为"有时我觉得自己是个怪胎"的帖子指出,社会上对雄壮有力、占主导地位的男子气概的刻板印象可能会让男性更加缺乏信心,羞耻感更强烈:"做爱是做男人的一部分,也是做人的一部分。有时我觉得自己甚至不是人类,因为我很少跟女人上床。"还有一群用户因为他们很少洗头发或洗衣服而产生了共鸣,因为他们的自尊心太低,不认为这样做有什么意义。另外一名男子写道,他没有"roped"(用来表示"上吊自杀"的非自愿独身者术语)的唯一原因是他不想破坏家人过圣诞节的气氛。

一名非自愿独身者制作了一段油管视频,向同伴们描述了他被一名性工作者夺走童贞的经历,他轻声说道:"被人泡的感觉真是太好了……即使这不是真的……第一次有这种感觉真是太好了。"他补充道:"这不仅仅是关于性。我想借此学习亲密关系。"

还有一小部分非自愿独身社群成员试图积极反对这一潮流。"埃利奥特·罗杰是个杀人犯。他是个坏人。暴力永远是错误的。"一位用户在论坛上回复称赞罗杰为英雄的帖子时写道。

在20世纪90年代末,最早的非自愿独身社群的成员将他们的网站描述为混合性别论坛,并在这里分享约会建议和应对策略,公开发布问题。即使在今天,社群中也有一些小角落保留着阿兰娜最初设想的那种特质。脸书上就有一个"女性支持小组",包含800多名成员,为那些自我定义为非自愿独身者的女性提供了一个安全的空间,还有一个名为"没有怨恨的非自愿独身者"的红迪子版块,以促成"积极且乐于助人的社群"而自豪。但与其他所谓非自愿独身圈子相比,它们的影响力就有些相形见绌了。

在我以亚历克斯的身份浏览这些网站的经历中,最令我沮丧的部分是看到一些脆弱或痛苦的男性(其中许多都是年轻男孩,他们经历了青春期激素焦虑的典型困扰,并寻求一些指导来帮助他们渡过难关)发的帖子,然后眼睁睁地看着这些成年男性和男孩在伪科学和虚假统计数据的促成下,与深度歪曲和厌女的观点发生灾难性碰撞,而这可能正是他们最容易受到这些观点影响的时刻。

隐秘的角落

在网上涌现的一小批关于非自愿独身群体的文章中，该群体被描述成两个泾渭分明、两极分化的团体；在大规模杀人案发生之后尤是如此。它要么充斥着阴暗暴力和厌女主义，危险地宣扬着针对女性的暴力；要么被描述为一个被曲解的、处于不利地位的孤独男性群体，因与极少数可能存在于任何运动中的害群之马联系在一起而被到处抹黑。事实却是，这两种报道都是真实的，但似乎并没有人面对这一事实。他们长期接触最极端意识形态的暴力言论，他们慢慢变得麻木，而这也影响了其他成员。而且，这种组合可能是最危险也最具爆炸性的情况。

不幸的是，一旦年轻人依附于一个赋予他们归属感和认同感的社群，这对他们就会产生一种难以摒弃的强大吸引力，尤其是当他们在思想和网络言论方面变得更加激进的时候，更是如此。正如斯奎雷尔所解释的那样：

> 他们最终用非自愿独身者的身份来**定义**自己，这意味着如果超脱非自愿独身者的身份，他们将失去他们眼中唯一能为他们提供支持的社群。他们发表过的言论过于极端，覆水难收，也很难摆脱。从所有的意图和目的来看，他们不只是一个群体，更像是一个邪教。

苏吉拉博士也对激进化的风险提出了警告，并对这类社群对男孩造成的潜在伤害深表担忧：

> 这些正在被传播和扩散的信息，以及他们的话术……他们试图以此招募新人，试图让人们转向他们的思维方式和意识形态。

这很容易让人联想到"诱骗"——也就是所谓被"喂下红色药丸"——他们有一套完整的词汇，用来形容他们眼中社会对白人直男所做的一切。

在某些方面，真正的天真（以及逐渐的适应）可能会阻止年轻人认识到他们正在参与的社群的真相——杰克·彼得森（Jack Peterson）的经历就是这种风险的缩影。在多伦多货车袭击事件后，这位年轻的美国人意外地成为国际媒体关注的焦点。

2010年，当彼得森第一次开始浏览互联网留言板4chan时，他还只有11岁。在之后几年的时间里，他逐渐沉浸在网络文化中，发现了一系列不同的社群和观点。直到2016年，他通过红迪偶然进入了非自愿独身社群，感觉自己找到了一个能理解他的群体。他在一通较长的电话交谈中告诉我："当我读到'非自愿独身者'这个词时，我意识到它用在我身上很合适。"他解释说，他对这些歧视女性的言论并不感到震惊，因为他已经花了六年时间逐渐沉浸在类似的网站中：

> 我认为，在参与这类社群这么长时间之后，你对这种歧视女性的言论已经麻木了，因为这只是你在网上阅读的常规内容的一部分，虽然不上这类网站的人可能会对非自愿独身社群感到震惊。但对我来说，这并不是什么值得大惊小怪的事。

彼得森相信自己无意中进入了一个理解和支持他的社群，并对他在那里遇到的暴力言论习以为常。当多伦多货车袭击事件发生时，彼得森感到震惊，他意识到凶手米纳西恩曾是非自愿独身社群的成员。当看到一些媒体开始将杀人案与非自愿独身者拥护的网络哲学联系起来时，彼得森愤怒地站出来捍卫他的社群。之后，他突然发现媒体机构争先恐后地来采访他。对于一个内心孤独、饱受孤立、自尊心很低的年轻人来说，这是一次令人兴奋而又难以承受的经历。当然，正如彼得森今天用一种懊悔的语气所说的那样，现实却是，"我是唯一一个愚蠢到走到聚光灯下的人"。

于是，彼得森的话被频繁引用并在互联网文章和博客中广泛传播。他谴责了这场屠杀，但也指责媒体"歪曲了非自愿独身群体"，声称"成为非自愿独身者与暴力或厌女主义无关"。彼得森坚持认为，媒体强调的大多数极端帖子都只是讽刺和黑色幽默。相反，他谈到了同志情谊、相互支持和共同体意识。因此，接下来发生的事情令人颇为震惊。

辱骂和愤怒如雨点般落在彼得森身上。但是同他预期的相反，这些辱骂和愤怒并非来自主流媒体或看过采访的公众，而是来自非自愿独身群体本身。他们感到非常愤怒，因为彼得森歪曲了他们的观点，破坏了他们当中许多人声称的对女性的真正仇恨。"非自愿独身群体大都对我感到生气，因为他们声称他们所说的不是黑色幽默，而是真诚的感受……所以他们很气愤，因为我淡化了他们的信息。"

彼得森说，这"绝对不是我所期望的"。他开始看到许多人发帖称赞米纳西恩，称"信息传播出去是一件好事"，这也不是他期望看到的。与此同时，当彼得森试图为非自愿独身者辩护，使其免受尖酸刻薄的厌女思潮指控时，非自愿独身者愤怒的集体抵制行动仍在继续。"他们一直在说：'不，媒体对我们的描述百分之一百准确，你错了。'"

对于彼得森而言，这件事最终倒是有了一个圆满的结局。这段经历让他从与网络社群的舒适关系中解脱出来，媒体、女权主义者和公众支持他的回应令他感到惊讶,这促使他勇敢地进行了多年来从未体验过的社交互动。突然间,他过去六年间一直被灌输去畏惧和谩骂的群体——女权主义者、女性和正常人——竟然给予他更为温暖的接纳,甚至比一直被他当成家的非自愿独身社群更温暖。在很短的时间内,彼得森就彻底脱离了这个圈子。

在此期间,年仅20岁的彼得森害羞地承认,他"在男女关系方面取得了一些成功",总体上自我感觉良好。但他的经历并不常见,而且也显露出一些风险:缺乏经验的年轻人被吸引到一个成为他们避风港湾的社群,却没有真正意识到他们加入的到底是一个什么样的社群。如果彼得森的故事不是发生了令人惊讶的转折,他所经历的逐渐麻木的过程可能会让他在"兔子洞"里越陷越深。

他若有所思地说:"我现在觉得,远离该群体最大的收获就是,我可以像街上的正常人一样看待它……当你不是每天都看到这种东西时,你可以回过头去看它,然后……"他停顿了一下,"是的,就可以很清晰地看到非自愿独身群体偏离正常的道路到底有多远。"

对于非自愿独身群体的大多数成员而言,他们的经历很可能处于罗杰或米纳西恩线下暴力行为的爆发和彼得森实现救赎时刻之间的某个模糊的中间地带。有厌女倾向的人很可能会巩固其倾向;从未考虑过关于男性固有"性权利"的性别歧视观念的人将被引入这种观念;试探性地进行某些现实生活行为的人可能会在他人的鼓励下变得更加大胆。

从某种程度上讲,这可能是非自愿独身社群对我们社会构成的最大威胁之一。如果这个圈子正在渐渐推动成千上万的成员和追随者的行为,这些行为可能不会成为头条或头版新闻,甚至根本不会被关联到非自愿独身论坛,但这些行为仍然是由那些在充满仇恨的网站上孵化出来的想法或冲动催生而来，其后果将会如何？

一名男子在一个非自愿独身论坛上写道，当他晚上走在一个女人身后时，他看到女人转过头来看着他，这显然是一次平淡无奇的经历。

然而，马上有人回复："你应该强奸她。"

另一名论坛成员写道："我喜欢下班后在停车场里跟在女人后面走。纯粹的恐惧让我的勃起坚挺。"

用户们一次又一次地写下，非自愿独身群体的成员身份给他们对于女性的想法和态度产生了哪些影响，他们发现自己对女性的极度厌恶和暴力冲动在这里受到了同伴的赞扬，被当作很正常的事，被他们所理解。

一名用户在一个论坛上问道："你的非自愿独身者身份是否曾让你产生过奇怪而阴暗的性幻想？"他阐述道："当我意识到雌性类人生物厌恶我，而我谈恋爱的机会几乎为零时，我就开始产生阴暗而暴力的幻想。穿着连裤袜、被掐住脖子并在恐惧中尿失禁的女人……会让我感到很兴奋。"

另一名用户也表示，自从成为非自愿独身社群的一员后，他的性欲发生了巨大的变化，幻想着雌性类人生物"被掐住脖子，被狂扇耳光"。还有一名用户加入了这一话题："雌性类人生物应该哭着求饶。"还有一名用户写道："现在我所有的性幻想本质上都是充满敌意和掠夺成性的……我只把性理解为一种暴力形式。"

当我花了几个小时仔细阅读这些帖子时，我意识到当男性日复一日地沉浸在非自愿独身论坛中时，这会产生多么大的线下影响。我开始记录，在男性讲述的关于在日常生活中体现非自愿独身思想的故事中，有多少与我每年收到的成千上万个被骚扰、侵犯和辱骂的女性的故事相呼应，相匹配。

如果我们提出的关于非自愿独身者的问题，仅仅涉及他们实施大规模暴力行为的可能性，那么我们就没能抓住要点。然而，我们目前甚至根本没能提出任何问题；这才是最大的问题。

第二章

掠食女性的男性

"不是就是不是——直到它变成了是。"

——前搭讪大师达鲁什·瓦利扎德("鲁什V")

"你的父亲是个小偷吗?因为他把星星从天上偷走,放入了你的眼睛。"

"你有没有葡萄干儿?要不要做我的小心肝儿?"

我所认识的女性,在她们人生的某个节点,都会在酒吧里经历一两次这类来自陌生人的老套搭讪,结果往往以尴尬的笑声收场,却很少有浪漫的邂逅。在我自己的回忆中,最为难忘也最令人感到乏味的经历大抵是这样的:"你刚刚是不是放屁了?你看,你把我都吹走了。"我当然扒下了他的衣服,跟他上了床。一周后,我们结了婚(开玩笑)。

当听到"搭讪"这个术语的时候,大多数人都会自动想到这种可笑的例子。一个滑稽的家伙,用十分油腻的笑话来掩饰自己的羞怯;或是一个略为低俗的花花公子,以为他那充满自信的俏皮话足以让他魅力四射,难以抗拒。(想一想《老友记》里的乔伊。)所以,首先需要解释的是,当我们谈论"搭讪艺术家"(pua,全称为pickup artist)时,我们

第二章 掠食女性的男性

不是在谈论无处不在的搞笑段子。我并不是要阻止男人去接近女人、称赞她们，或找她们出去约会。

我所说的是一个正在蓬勃发展的国际产业。据媒体报道，这个产业的市场估值一度高达1亿美元。乍一看，这个领域与非自愿独身者可能八竿子也打不着：它不仅占据了巨大的线上空间，在现实世界也有着很强的存在感。从训练营，到书籍，再到私人教练，处处都能看到它的身影。该领域打着被公众接受的幌子，得以在普通人的视线中比非自愿独身者更加肆无忌惮地运作着，受到那些"厚颜无耻的花花公子"流行文化的刻板印象的保护。另外，非自愿独身者对拥有性生活不抱任何希望，而搭讪艺术家则在乐此不疲地追求性生活。然而，这两个群体的共同之处远比表面上看起来的要复杂得多。这两个群体都依赖将男性和女性拆分成狭隘且高度刻板化的类别。两者都将异性恋视为男性成就的顶峰，并将女性描绘成仅仅是为男性提供性快感的物品，就如同某种色情老虎机一样。不同之处在于，非自愿独身者认为这些老虎机是被操纵的，只向少数早已预定好的、社会地位优越的精英出售，而其他男性注定要向机器里投入无穷无尽的硬币，但最终一无所获，抑或完全被拒绝使用。对于一些非自愿独身者而言，摧毁尽可能多的机器，便成了显而易见的解决办法。另一方面，搭讪艺术家则认为花费足够高的价钱，就有可能了解按键和操纵杆的精确秘密组合，从而不管客户是谁，都可以诱使机器每次都能中奖。这两种世界观都严重依赖于"女性没有人性、个性或灵魂"这样的观念。与非自愿独身者及其他男性圈群体一样，搭讪艺术家也有他们自己的词典，包括大量的首字母缩略词，圈外人可能会对此感到困惑。另外，这两个人群都有着惊人的男性性权利感。一家知名搭讪艺术训练网站甚至大声叫嚣："唤醒你作为一个男人的能量，享受与女人在一起的成功，这是你与生俱来的权利。"

我们正在谈论的是一个利用男性最可怕的恐惧，利用他们的弱点，训练他们进行骚扰、跟踪甚至性侵犯的行业。这些所谓搭讪"大师"以性格羞怯、不太擅长浪漫的男性为目标，将他们招揽为自己的门徒，为性接触的整个过程提供详尽具体的指导，内容涵盖从谈话的细节到做爱的身体行为等方方面面。问题在于，他们的许多建议必定是极度厌女的；而在最坏的情况下，这些建议甚至可以被称为一部性暴力手册。一些公开承认实施强奸或主张将发生在私人财产上的强奸合法化的男性成为搭讪界最大牌的"摇滚明星"。这些"专家"收取数千英镑的费用，将他们的"智慧"传递给其他男性。最令人不寒而栗的是，他们的课程通常都会被一抢而空。

带引号的"艺术"一词可以在很大程度上对其进行概括。事实上，搭讪艺术只能被描述为一种矛盾修饰法。然而，这门所谓"艺术"及其自封的大师已经成为一种近乎宗教般的存在，拥有数以百万计的追随者，使门徒在其祭坛前俯身朝拜，汗流浃背地阅读它的操作手册。而且在许多情况下，门徒在包括训练营和研讨会在内的各种花哨事情上花费大量金钱，而这些训练营和研讨会散播着所谓改变人生的建议。

其终极目标在于，如何从一个"典型的失意蠢货"（AFC，相当于非自愿独身者术语中的"贝塔"）进化成为一名"大师级搭讪艺术家"（MPUA）或"搭讪大师"（PUG）。答案是通过无数练习、教导和技巧磨炼，提升他们的"游戏技法"（调情技巧），最终达成这一目标。这主要包括穿着华丽的服装或佩戴珠宝来吸引注意力（"炫耀"），进行"巡视探险"（试图接近女性），避开那些"该死的丑女孩"（FUG）

和"战争猪"（"丑女人"），瞄准HB（"性感宝贝、硬核身材或性感兔女郎"——通常以一个10分制的评分作为后缀），避免来自"团队中的阿尔法男"（AMOG）和"阻碍自己和别人做爱的人"（朋友）的竞争，并使用诸如"消极贬损"（给她一个反唇相讥的恭维，让她感到不安全）或FTC（制造虚假的时间限制，迫使她做出快速反应）之类的技巧。这样做的目的在于达成"亲近"（一个成功的结果，从"数字亲近"到"亲吻亲近"再到"做爱亲近"）。但是，为了实现这一点，你必须破除她的"婊子盾牌"（试图把你挡开）并消除她应用"通用女性借口档案"（UFEA）的可能性。

是不是有些困惑？别担心，你会掌握窍门的。你越习惯于用首字母缩略词来称呼女性，你就越容易忘记她们也是人类。

许多术语从字面上将女性描述为猎物，这并非巧合。流行的搭讪技巧包括"诱钓拉松"谈话技巧（BHRR），即引诱、上钩、收线、释放。在搭讪场景中，最常用来描述女性的词是"目标"。诱骗她发生性关系的行为被称为"游戏"。当社群成员撰写"现场报告"（在线分享他们的经验）时，这种语言营造出一种奇怪的冷漠和临床的语调，一个典型的例子是："我在咖啡店搭讪了两个妞儿——我们姑且将她们称为7分的性感金发女郎（HB7）和9分的性感碧眼女郎（HB9）。"如果这一切听起来很像狩猎，那是因为这就是在描述狩猎。

当我渗透到这个社群里时，最令人不安的部分在于，我缓慢且不舒服地意识到我已经与这个社群的成员进行了接触。突然间，我会想起那个戴着奇怪帽子的令人毛骨悚然的家伙，光天化日之下在大街上执意要追求我，拒绝接受"不"的回答，用充满性意味的"恭维"来轰炸我，但这些恭维感觉更像是一种攻击而不是对话。我记得自己不断加快的心率，记得当我试图计算出最近的安全地点时快速的心算，记得当我要求他离我远点时努力保持的谨慎中立的面部表情。我保持着礼貌，一直礼貌地应对，因为担心他可能会变得更恶劣，情况可能会升级到我无法控制的地步。我本能地说着什么，甚至最终交出我的电话号码，这样做只是为了早点脱身。当骚扰者后来持续不断地给我打电话和发信息，在我要求他停止这种做法后仍在继续时，那种令人沮丧的感觉我至今记得。

对于我认识的大多数女性来说，这并不是一种不同寻常的经历。这种经历会让你感到害怕、受虐、疲惫，缺乏安全感。我可能每天会收到多达100条来自世界各地的女性发来的"日常性别歧视项目"条目和电子邮件，她们对在公共场所与性骚扰进行着的无休止的、令人精疲力竭的斗争感到厌恶至极（或害怕至极）。因此，当她们突然发现在一个巨大的网络世界，男性正在积极地接受这些技巧的培训时，无疑会感到非常沮丧。但这也是真实的情况。

搭讪艺术社群中的男性被反复灌输，要将女性视为取乐的对象、亟待解决的问题、需要努力驯服的孩子或需要训练的狗。必须克服女性造成不便的阻力，才能获得对她的掌握和控制。这必然要求将整个女性群体幼稚化和非人性化，鼓励男性将她们视为反复无常的、愚蠢的人。"我不在乎女人说她们想要什么，我不在乎女人认为她们想要什么，我关心的是女人们有什么样的反应。"搭讪艺术大师罗斯·杰弗里斯（Ross Jeffries）在一段教学视频中如是说。尼尔·施特劳斯（Neil Strauss）曾在"搭讪艺术圣经"《把妹圣经》（*The Game*，一部卖出数百万册的畅销书）中称女人"浑身都是洞：听我说话的耳朵，一张可以对我说话的嘴巴，还有一个可以通过收缩使我达到性高潮的阴道"。

许多搭讪艺术行话都利用了人们越来越熟悉的男性圈技巧：借助

伪科学和心理呓语，为包装得当的厌女主义提供一个令人过目难忘、听起来很有学术根据的基础。在这种情况下，它将其作为一种有趣的、可接受的、最终万无一失的性爱配方出售给男性。一个提供售价数千美元训练营课程的搭讪大师，以自己通过刻苦学习和全身心投入而实现的转变为例，推广自己的搭讪技能。他声称，这种转变"最终在细胞层面上实现了深刻的身份变化"。而且，只需几千美元，它也可以改变你的细胞！

不同的网站和权威人士推荐的建议和技巧所涵盖的范围很广，从致力于塑造男性形象和增强自信的自我提升技巧，到将自己置入女性周边环境的令人感到轻度厌恶的指导，再到对性侵犯的直接鼓励和详细指导，不一而足。

显然，就像在非自愿独身社群一样，搭讪艺术也存在一个不断滑动的尺度。如果只是阅读诸如加里·冈恩（Gary Gunn）这类搭讪大师的"吸舌技巧"，你就很容易为一大批搭讪爱好者感到一丝丝遗憾，他们显然只是缺乏安全感的、害羞的男人，希望得到一些建议来帮助自己克服面对女人时的紧张情绪。当我们遇到有魅力的女性时，感到焦虑和不知所措是很正常的。他告诉追随者："这通常表现为，我们比平时说话更快，音调有可能会更高。这时候我们就可以使用吸舌技巧，闭上嘴巴，在嘴里吮吸自己的舌头，这样可以遏制我们说话的念头。"

但令人沮丧的是，当许多脆弱的年轻人接近这些所谓"专家"，真心希望改善他们与异性的关系时，他们却发现自己进入了一个充满侮辱、否定和非人化的令人困惑的世界。举个例子，一个搭讪大师坚持认为，男人应该"在女孩每说10个词时就打断她"，这样做只是为了打破她的平衡，削弱她的信心。

搭讪艺术技巧变化多端，从听起来很专业的"进挪升高"（通常在未经女性同意的前提下，寻找借口与女性进行身体接触，并试图不断加强接触以使其更具性意味）到"以穴居人的方式行事"（富有进攻性地加强身体接触）。一家搭讪网站建议："一些以穴居人的方式行事的例子包括抓住女孩的腰，把她拉向你，或者在卧室里抱起女孩，把她扔到床上。"所有这些都以"阿尔法男"的要求为框架，旨在建立对女性的指挥和控制。立志成为搭讪艺术家的人被教导将女性与其朋友"隔离"的重要性，这种话术通常会让人联想到，饥饿的狮子会将最弱的瞪羚与羊群分开。我立马想起了一个"日常性别歧视项目"的条目，其中一名学长对一名女生新生说："我会像对待海豚一样对待你，把你从群体中隔离出来，直到你屈服于我。"一个网站建议道："如果她反抗，就以不搭理她惩罚她一秒钟，然后重复指令。"这给人的印象犹如一种针对特别难驯服的拉布拉多犬的训练技巧。该网站还推荐了一种"小窍门"，通过"霸道地用力拉扯"女性的头发来占据上风。只会吸吮舌头的男生瞬时间变得更有吸引力了。

在更具破坏性的搭讪术语中，包含着通常被称为"反荡妇防御"（ASD）和"最后一刻的抵抗"（LMR）的概念。它们（当然伴随着大量伪科学的生物学推理）教导人们，一个决定不想与男性发生性关系的女性，并不是在做出理性或有效的个人选择，而是在无助地回应生物本能。搭讪大师坚持认为，她的身体接受过训练，会本能地感到恐慌，避免发生性行为，以免在分娩过程中死亡或被孩子的父亲遗弃。他们宁愿相信这种理由，也不愿承认一个女性可能只是对你不感兴趣（大多数搭讪艺术家都根本不承认这种可能性的存在）。只需要一些技巧，就可以规避女性的"抵抗"（这种抵抗通常被认为是"象征性的"或"假意的"），就可以迫使她们发生性关系。"克服最后一刻的抵抗"是搭讪论坛、研讨会和训练营中最常见、最流行的话题之一。这听起来还是无害的、迷人的玩笑吗？

一个热门论坛上的用户就如何"攻克"一个女孩对肢体接触的抗拒，互相给出了建议，并补充道："穴居人想要什么就拿什么。"论坛上常常分享的一个技巧是，如何在未经允许的情况下，在公共场合直接对女孩动手动脚，因为"你得要制服你想追求的女人"。一名论坛用户吹嘘道："我有很多次都直接给女的来个过肩摔。"

其他主题帖关注的是在性行为中操纵或胁迫女性的最佳方式：在一个题为"如何说服小妞儿咽下去"的帖子中，用户交换了关于精液对女性健康有益的虚假新闻报道，希望利用这些信息向性伴侣施加压力，让她们吞下自己的精液或接受"射在脸上"。其他人则建议采用更直接的方法，直接越过征求女性同意这一步，比如"'忘记'及时拔出来，直接往里面暴射"。另一名用户建议："捏住她的嘴巴和鼻子。就像喂狗吃药时不得不做的那样。"这里又拿训狗来打比方了。

这是一个声称致力于浪漫关系的社群，而且其成员经常声称自己与非自愿独身群体保持着距离，然而这里依旧昭然充斥着大量暴力和厌女的内容。

一篇关于"和怀孕女孩上床"的帖子讨论了欺骗女性，让她以为你会为她未出生的孩子提供保障，以此操纵她与你发生性关系，然后再也不联系她的方法。根据一名论坛成员的说法，与孕妇"做游戏"的"好处"包括孕妇"情感脆弱"，因此更容易被操纵。另一名论坛用户"开玩笑"说："有一次我上了一个怀孕的小妞儿，一周后她的孩子出生了，眼睛被捅青了。"

很多帖子还鼓励男性在其他生活领域使用搭讪艺术技巧,比如它们会提倡在工作场所抓住女性的臀部,在从她们身边经过时把阴茎顶上去摩擦。

尽管搭讪艺术家是非自愿独身者链条上的一环,但因为他们呈现出迷人的、有趣的或无害的表象,往往在媒体上得到更多的关注。因此,那些在两个群体之间无缝衔接的观点,以及那些可能永远不会从非自愿独身论坛的深处得见天日的想法,会突然通过搭讪艺术家言论的方式出现在主流话语中。例如,在接受《独立报》采访时,一个搭讪艺术家解释说,避免被强奸是女性的责任,因为男性从生理上无法在性交过程中停止,"所有的睾丸激素都在他们的系统中涌动"。因此,他大言不惭地指出:"审慎的做法是,女性不应该陷入让普通男人都无法自制的境地,因为作为一种动物,他们的整个生存都依赖于成功的交配。"[1]

该社群中常见的搭讪都会建议对女性进行压制和控制,要拒绝接受"不"的回答,主动忽视或规避她们的抵抗。"保持支配地位的最佳方式是什么?"一个典型的论坛帖子写道,"未经允许就开始身体接触。"一位搭讪大师在博客中写道:"展示支配和权力会让她变得兴奋。"自#MeToo运动兴起以来,关于性同意的试探性对话终于开始渗透到主流意识中,而上述的整个叙述却与之背道而驰。如果我们认为我们正在取得进步,那么不妨看看这些论坛,看看其中成千上万的观点、评论和帖子,你会意识到,现实充其量是"前进了一步,又后退好几步"。

搭讪艺术家的做法通常表现得像是在提供女性真正想要和需要的东西,几乎是在为她们提供慈善服务(不论她们能否理解这一事实)。一个著名的搭讪大师在他的网站上写道:"想一想这种可能性,你再往前推动一点点,也许这就是她所需要的……一次很棒的硬核性交——和一个男性连接——这可能就是她所需要的。"他还建议，不要理会女性对你的攻势的拒绝，要把你的攻势包装成是为了她好而做出的宽宏大量的姿态："我认为，不屈服于女性的'下意识'反应是件好事。我正在为她创造一个空间，让她有新的选择，可以更自由地做出回应，采取不同的行事方式。"此人真是个绅士。

上述内容并非经过精心挑选的、内容极端的论坛帖子，它们能够代表更广泛的搭讪类型。在这个国际性的社群中，名气最大的男性拥有成千上万的粉丝和追随者，出版过多部畅销书，开发过各种预售一空的"课程"，而他们却在积极兜售最暴力的、最厌女的信息。

例如，自称"约会建议领域国际领袖"的朱利安·布兰克（Julien Blanc）于2014年在油管上发布了一段名为"白人男性在东京肏亚洲女人（以及达成这件事的美妙方法）"的视频。在视频中，布兰克为一屋子的男性上课，他告诉观众，"在东京，如果你是一名白人男性，你可以做任何你想做的事情"，他建议男性在接近女性的时候冲她们大喊"皮卡丘"、"宝可梦"或"拓麻歌子"之类的内容。他吹嘘自己有能力在东京街头"撒欢"，"摸女人"，把她们的脸塞进自己的裤裆里。（"只需要抓住女孩的头"，"砰"的一声按在鸡鸡上。对，就是把头按在鸡鸡上，然后大喊'皮卡丘'。"）随后，他向他们展示了他在街上把女性的脸强塞进裤裆的视频片段。[2]

搭讪社群在很大程度上与男性圈一样，呈现出严重的种族主义刻板印象，尤其是对不同国家的女性"类型"做出笼统概括，暗示她们都符合贬低人格的刻板印象。（某个欧洲国家的女性在性方面是狂热的；亚洲女性对白人男性很顺从；如此这般。）例如，一个著名搭讪大师的网站就提供了一份《美国男人引诱东方女人指南》。在声明自己不是种族主义者之后，他又承诺这本书可以教男性打造"心甘情愿的、温顺顺从的东方小姐后宫"，让"自己的生活多姿多彩，可以为所欲为"。《指南》涉及的主题包括"不能错过的东方女性搭讪法，她们会像吃糖果（或幸运饼干！）那样狼吞虎咽"和"如何利用你对美国文化的卓越知识，在她眼中表现成像上帝一样的超人，一个令她被迫服从、服务和满足的人！！（哈！在美国女孩身上也试试吧！）"。但谢天谢地，这竟然不是种族歧视。

这些观点与其他观点夹杂在一起，从搭讪大师那里慢慢渗透出来，清晰地反映在他们更广泛的追随者中。在一条赞扬与"穆斯林女孩"发生性关系的益处的搭讪论坛帖子中，一名用户吹嘘说，她们"从十几岁起就在文化上被训练成厨师/好管家"，还将她们与"欧洲女孩和她们淫荡的性行为"作对比。考虑到这名用户在论坛上写了许多篇幅很长的关于同尽可能多的女性上床的帖子，这番表态似乎有些虚伪。但他对穆斯林女性最大的赞扬是他认为穆斯林女孩不能说"不"，因为"拒绝与丈夫发生性关系……在伊斯兰传统/文化中被认为是非法的"。这条帖子很快就陷入了伊斯兰恐惧症和种族主义，令人联想到一些非自愿独身论坛上的偏见。一些用户警告发帖者，如果他与穆斯林女性上床，他将成为恐怖分子。一位用户写道："我想要白人或亚洲小姐儿。我不想和任何穆斯林有任何瓜葛，不管她性不性感。"

该社群对LGBT人群（女同性恋、男同性恋、双性恋、跨性别等性少数群体）充满敌意——例如，某个论坛的规则随意地规定："拒绝任何女孩、同性恋或跨性别者加入论坛。他们的意见或评论在这里不受欢迎。"搭讪大师对女同性恋者（她们经常被描绘成还没有被合适的男人"上过"，因此他们积极鼓励异性恋男性去骚扰她们）和双性恋女性（她们被描绘成有异国情调的、性贪婪的生物，其存在的主要原因是为异性恋男性的性生活增添情趣）表现出恶劣且充满偏见的刻板印象。一些搭讪大师甚至利用这些刻板印象，将自己标榜为与这样的女性上床的专家。其中一人承诺教会追随者"如何让一个双性恋女性急切地招揽其他人一起为你侍寝"，以及"如何肯定对双性恋好奇的女性做实验的欲望，并将探索这些欲望以外的任何东西都定性成她必须放弃的可怕约束"。

"搭讪"这一概念的出现远远早于互联网，它与厌女主义的密切关系亦是如此。事实上，"搭讪"的意思是以发生性关系为目的而形成的泛泛之交。这个概念在第二次世界大战期间通过宣传海报在美国流行开来，旨在通过阻止军队中的随意性行为或寻访性工作者的现象来解决军队中的性病问题。"上膛了？"一张海报上写道，"不要在搭讪方面冒险！"在这张海报上，一群迷人的年轻女子聚集在一把枪的图片下。另一张海报上是一名脸上有酒窝、浅笑如花的漂亮年轻女子，三名身穿制服的男子满是赞赏地看着她。图片上印着一句警告："她可能看起来很干净，但炮友、'美好时光'女孩、妓女会传播梅毒和淋病。如果你得了性病，你就不能打败轴心国。"

即使在早期，"搭讪"这个词也与厌女的假设联系在一起。一张海报上写道："一个愿意臣服于男人的女孩很可能已经和另一个男人发生了关系。她很可能身染疾病。"另一张海报上，在一张深色头发、浓妆艳抹、戴着贝雷帽、抽着烟的女郎照片下面赫然写着"她可能会带来无尽的麻烦"。

在20世纪60年代和70年代，随着避孕、反主流文化和性革命的兴起，"搭讪艺术家"这个词在被心理学家使用时失去了许多邪恶的色彩。心理学家意识到将自助与治疗技术相结合，特别是与帮助读者获得性成功的诱人承诺相结合，可以获得潜在的益处。1967年，心理学家艾伯特·埃利斯（Albert Ellis）和罗杰·康威（Roger Conway）出版了《情色诱惑的艺术》(The Art of Erotic Seduction)一书，紧接着埃里克·韦伯（Eric Weber）在1970年出版了《如何泡妞》(How to Pick Up Girls)。与这一运动的当下版本相比，这些早期的指南似乎相对温和：例如，埃利斯是认知行为疗法兴起背后的主要力量之一，他描述了自己为克服长期以来的害羞和对公开演讲的畏惧（尤其是当有女性在身边的时候）所做的努力。

当然，帮助人们建立自信，甚至支持那些对建立关系感到紧张的人，让他们学习一些搭讪的技巧，这本身并没有错。这也同样适用于另一些现代社群的成员，他们有的是帮助别人树立信心的"信心教练"，有的则为他人提供尊重和自愿的关系支持。韦伯以一种听起来古怪而天真的方式阐述了他创作那本书的渊源，他说自己在面对"我一直认为我应该娶的女孩"时很"害羞"。然而，他的这本书仅通过《阁楼》杂志上的一则邮购广告就实现了1万美元的销售额，其内容却远远算不上健康向上，而是从不止一个方面预示了现代搭讪行业的主流趋势。

在回忆起他在大街上遇到一位迷人（"十分秀色可餐"）的女子时，他写道："你只消多看几眼她那修长的大腿，她那浑圆的双胸，她那高高翘起的结实臀部。一瞬间，你甚至考虑过要强奸她。"

在整本书中，他推广了深度贯穿现代男性圈的本质主义的和异性恋规范的生物学和性别观念，他写道：

> 不管你知道与否，当你搭讪女孩时，你已经拥有了一个很大的优势。那就是你是个男人……作为一个男人，你有权利，有特权

随时接近一个女人。但女人们——她们必须坐在那里等候我们的到来。

他在描述一位"朋友"的经历时甚至预言了当下使用"消极贬损"技巧的热潮和为了吸引女性而故意虐待她们的趋势。这位朋友在大街上因一名女子无视他的求爱而愤怒地斥责她,结果用喋喋不休成功"突破了她的防线"。

这本书卖出了300多万册,被翻译成20多种语言。即使到了今天,这本书仍然可以在亚马逊上购买。

在20世纪70年代和80年代,搭讪艺术逐渐风靡起来,涌现出一批独立撰稿人和所谓"教师",此外还有一本发行时间很短的杂志《泡妞时代》和一部1987年上映的由小罗伯特·唐尼(Robert Downey Jr.)和莫利·林沃德(Molly Ringwald)主演的电影《泡妞专家》(*The Pickup Artist*)。[顺便说一句,《洛杉矶时报》2017年的一篇文章爆料称,这部电影的导演詹姆斯·托贝克(James Toback)被38名女性指控性骚扰或性侵犯——随后又有357名女性联系《洛杉矶时报》,举报他对她们进行性骚扰,时间跨度长达40年。托贝克否认了所有的指控,他也没有遭到起诉,这在很大程度上是因为大多数案件都已经过了诉讼时效。[3]]

但我们有根据认为,恰恰是前面提到的罗斯·杰弗里斯这位失败的喜剧作家,创造了我们所认为的现代搭讪社群。杰弗里斯自1987年开始开办搭讪工作坊,教授搭讪课程[同年,前心理治疗师R.唐·斯蒂尔(R. Don Steele)出版了《35岁以上男性如何与年轻女性约会》(*How to Date Young Women: For Men over 35*)一书]。他还出版了一本

隐秘的角落

名为《如何睡到你想睡的女人》(*How to Get the Women You Desire into Bed*)的书，创造了他所谓"快速诱惑"技巧，声称这种技巧借鉴了神经语言程序学。他在其网站上夸夸其谈，宣称他的方法将神经语言程序学与"埃里克森式的隐蔽催眠、西瓦心灵术、胡纳疗法、巫术等"结合在一起，有效地教授男性如何催眠女性，让女性被他们所吸引。随着杰弗里斯越来越成功，知名度越来越高，他开始提供七种语言的函授学校课程，并收取3 000美元的课程费用，他向男性保证："你把不到妹，我收不到费。"

截至我写这本书的时候，杰弗里斯在网上出售的产品包括他的原创书籍和他的"豪华速度诱惑函授课程"（以179.40美元的优惠价出售），以及大量其他的内容，比如一本名叫《寻找、控制和诱惑你梦想中的女人》的指南。这本指南售价仅为19.95美元，承诺教会男人如何"操纵和控制你的所有女人""在每一场游戏中击败她们""在女人中打造出一种'顺从的状态'"，以及"当你想在后宫里给'小鲜肉'腾出空间时，怎么把她惹毛并把她剔除出去"。

搭讪艺术的真相是：它声称要与异性建立联系，给出的建议却异常注重在男性和他们接近的女性之间设置障碍。搭讪艺术不教导追随者对女性的感受和需求持开放态度，而是教导他们去忽视和否认这些感受和需求。所有的焦点都集中在满足男性的需求上，以牺牲女性的选择为代价，而不是去追求互相愉悦。搭讪艺术的学徒被鼓励去发现任何一名女性并强迫她做出改变，而不是去寻找一个自己喜欢的女人。

例如，一套售价207美元的视频承诺教会男性"诱导你想要的女人发生永久性的行为改变，使你能根据你所要求、需求和梦想的性爱规范塑造她们"。随着价格的上涨，课程中心理学呓语的使用频率也随之增加：一套总价值350美元的视频承诺揭示"符号分离"和"对立面并置"以及"催眠状态术"等神秘技巧。这一切听起来都很有技术性，但你看完课程就会发现，杰弗里斯的所谓心理学专业知识指的是，建议男性在谈话中使用"below me"（意为"在我之下"）和"succeed"（意为"成功"），以便在潜意识层面欺骗女性发生性关系，因为它们听起来类似于"blow me"（意为"给我口交"）和"suck seed"（意为"吸我的'种子'"）。

尽管如此，杰弗里斯还是获得了极大的成功。他参加了《费尔医生》（*Dr Phil*）、《每日秀》（*The Daily Show*）等备受瞩目的电视真人秀节目，也为汤姆·克鲁斯（Tom Cruise）在电影《木兰花》（*Magnolia*）中的角色提供了灵感。在他的书出版40年后，杰弗里斯的旧网站上还在继续兜售他的原创商品。他还有个新网站，提供包装精美的在线快速诱惑课程，承诺"快速且成功地泡到女人"。

随着搭讪技巧这个词进入主流，一个由在线论坛、聊天室、网站、博客和电子邮件列表组成的生态系统开始涌现出来。这便是现代搭讪社群的开端。2005年，记者尼尔·施特劳斯推出了前文提到的《把妹圣经》一书，搭讪社群首次以醒目的方式渗透到公共意识中。这本书的营销定位是一部卧底"曝光"作品（副标题自豪地吹嘘"透视搭讪艺术家的秘密社团"），而施特劳斯本人在这一时期已经颇有盛名，是一位真正经验丰富的成员。这本书记录了他在导师"谜男"（Mystery，真名叫"艾瑞克·冯·马可维克"）的指导下转变成一位真正的搭讪艺术家，代号"型男"（Style）。他也在书中介绍了他成为搭讪大师的历程：他和其他搭讪大师在一个名为"好莱坞计划"的豪宅基地建立起了自己的基地，与社群里的其他成员分享所谓专业知识。这本书用黑色皮革包装，配有金色刷边的书页和红色缎面书签，故意使其看起来就像《圣经》一样。此书售出了500多万册，把搭讪艺术带入公众的想象，并向大量男性介绍书中宣扬的性别歧视原则。

这本书中的一位搭讪大师说，"你就他妈的只管推动，推动，不停地推动，这就不可能不奏效"，意在描述一种纯粹通过坚持不懈来消磨女性抵抗的技巧。（"我要把她们揍趴下。"）施特劳斯在讲述另一位搭讪大师的"策略"时写道："我曾看着一个女人第一次来到他家，他把她按在墙上，用手抓住她的脖子，然后在吻她之前放开她，让她感到既恐惧又兴奋，肾上腺素水平飙升。"这类材料中有一些内容让人强烈地联想到非自愿独身者的观点，即所有女性都会在暗地里幻想着被强奸。

施特劳斯接着写了两本后续书籍，包括《真相：一本关于关系的令人不适的书》(*The Truth: An Uncomfortable Book About Relationships*)。这本书毫不意外地揭示了他在退出"诱惑社群"后试图建立和维持有意义的关系时所面临的困难。他后来用"既物化女性又可怕的"来形容《把妹圣经》中出现的一些技巧：

> 我深深地融入那个社群，并被它所迷惑，以至于完全迷失了自我……如果你当时跟我谈论这个社群，我可能会为这些技巧辩护，认为它们是学习求爱的一种方式。如果你今天问我关于它的看法，我会告诉你，任何涉及操纵或需要产生特定结果的事情都必然不是健康的。

2007年，随着美国有线电视台VH1真人秀电视连续剧《把妹达人》(*The Pickup Artist*)的上映，搭讪艺术进一步声名鹊起。该剧讲述了男性参赛者在冯·马可维克的指导下,参加搭讪艺术的竞争。演出结束后,冯·马可维克创办了自己的搭讪艺术公司"求爱艺术"(Venusian Arts),并在随后的十年时间里四处旅行和"教学"。2018年10月,他回到好莱坞,推出各种课程和辅导项目,价格从997美元的在线培训到近5 000美元的训练营和10 000美元的三天包住宿课程不等。在那里,新成员学习打理外表和时尚技巧,接近女性,说服她们交出电话号码并引导她们进入卧室,无所不包。在撰写本书时,他的上课地点从拉斯维加斯延伸到赫尔辛基,而且次年全年都有课程可供预订,几乎一半的课程已经售出,这表明搭讪艺术仍在蓬勃发展。

随着实践的普及和知名度的增长,搭讪艺术社群和行业都在迅速壮大。互联网上的搭讪论坛呈现爆炸式增长。与此同时,搭讪艺术的现实生活空间也在增加,世界各地的男性可以在这里见面、讨论和磨炼自己的技巧。这些地下会面团体被称为"兽穴",通过网络秘密协调。一份网上的目录列出了当前全球近200个此类组织,每个组织都有自己的介绍和联系人,从迪拜到土耳其,从以色列到印度,从韩国到斯洛文尼亚,从新加坡到南非,途经罗马尼亚、秘鲁、菲律宾、墨西哥和日本,到处都有。这份目录与男性圈的热点地区大体吻合——澳大利亚、加拿大、美国和英国的聚集点数量明显更多,不过,法国和西班牙等几个欧洲国家的聚集点数量也不少。

2014年,化名"泰勒·德顿"(Tyler Durden)的著名搭讪大师欧文·库克(Owen Cook)放出了一段录音,让人们不寒而栗地看清了所谓搭讪训练营的真相。有视频显示,库克在一门课程上向一大群男性讲述了他与一名女子的邂逅,这名女子在前一天晚上和他一起过了夜。库克说:

> 她是一名脱衣舞女……我他妈恨那个臭婊子。臭婊子……她就是个十足的荡妇，妓女荡妇。我把她干得屁滚尿流，兄弟们……我最后一次干她也是在早上，她正在洗澡，我认为她不想再做爱，但我还是把她甩到床上，插入她的身体，我甚至都差点插不进去，因为她完全没有心情。我当时的心情大概是："去他妈的！我再也不会再见到这个婊子了。我不在乎。"所以，我就硬塞进去，她那里又紧又干，然后我就开始和她做爱。大概情况就是："我还是速战速决吧，因为她根本不想要。"[4]

这次显然无异于强奸的遭遇，就这样被自吹自擂地定位成一个值得学习的时刻，而学习搭讪技巧的"学生"为获取这种"内部秘密"的特权要支付数千美元。作为生活在这个世上的一名女性，我们很可能会在某个时间点接触到每周都参加这些课程的数千名男性中的一个，这样的前景想想就令人感到不寒而栗。

另外一个臭名昭著的搭讪艺术家达鲁什·瓦利扎德（Daryush Valizadeh）化名"鲁什V"，并在同名网站上发表了一篇题为"如何阻止强奸"的博客文章。他在文章中指出，导致强奸的真正原因在于那些"对自身安全完全漠不关心的女人"。他补充道，之所以会出现许多强奸指控，是因为女性"因自己不完全记得的性接触而感到尴尬、悲伤或内疚"，或者密谋将她们"前一夜的情人"送进监狱或开除大学学籍。他认为，解决强奸问题的办法在于"使发生在私人财产上的强奸合法化"，并重申："我建议，在非公共场合暴力劫持妇女的行为不应受到法律的惩罚。"他还解释说，强奸法应当予以保留，"适用于那些在街巷中和慢跑小道上随意挑选强奸受害者的下流的精神错乱的男人……然而，其他所有类型的强奸,尤其是发生在住宅里或私产中的强奸,应当是完全合法的"。瓦利扎德后来声称,这篇文章只是一场"讽刺性的思想实验",但它揭示了一种非常真实的情况,即男性圈中产生的理念会产生巨大的线下影响。因为强奸法应该只适用于"下流的、精神错乱的男性"这一理念直接迎合了社会对强奸犯的刻板印象,即他们是极端的、暴力的陌生人,蜷缩在阴影中,随时准备对他们不认识的女性发起攻击。这也加剧了一个已经很严重的问题:许多年轻男性没有以更加审慎的方式来看待强奸,没有认识到确保性伴侣同意的重要性,也没有意识到,如果一名女性在最后一刻或在性亲密过程中改变主意,而他却没有停下来,这仍然构成强奸。当然,对于以不惜一切代价让女人上床为唯一目的的社群来说,这种刻板印象是有利的。

瓦利扎德在自己的作品受到批评时试图与之保持距离,并用男性圈经典的"戏谑"或讽刺为借口来为自己的作品辩护,然而他并非搭讪社群中唯一一个这么做的人。

布兰克在自己对亚洲女性的评论引发公众的强烈抵制后,现身CNN的节目。在那里他获得了一个巨大的平台,试图将他的视频开脱为"一次可怕的幽默尝试",并声称他的建议被断章取义。尽管国际社会对他感到愤怒,甚至还有几个国家对其采取了驱逐出境或拒签等措施,然而事件发生后,布兰克还是继续在搭讪行业内非常成功地经营着。

这种强烈的抵制情绪导致一些知名的搭讪博客和网站发表文章,哀叹搭讪艺术的死亡,以及政治正确的疯狂已经使男性蒙羞并陷入沉默。搭讪艺术家与非自愿独身者一样,把自己塑造成被世界剥夺自由和幸福的真正受害者。然而事实却是,即使是成为众矢之的的著名搭讪艺家，也都还在继续执业，他们中的许多人仍在经营着盈利性的公司并定期开办价格昂贵的训练营。他们保持着巨大的网络关注量，不断地影响着大量的成年男性和男孩。而且在许多情况下，他们甚至从社会的强烈抵制所带来的媒体曝光中获益。（瓦利扎德在网站上谈及对其主张强奸合法化的文章的大量回应："客观地说，那篇文章获得了巨大的成功，堪称一场千载难逢的完美风暴。写作者做梦都想获得这样的曝光率。"）瓦利扎德在社交媒体上拥有10万名以上的关注者。在我撰写本书时，他正在兜售即将到来的巡演门票，在美国各地都有训练营和峰会。每个席位的售价高达3 950美元。

　　这些顶流人物的遭遇与搭讪艺术家将自己描绘成受迫害的英雄团体的企图形成了滑稽的对比，后者声称自己被"女权纳粹"攻击，被迫隐藏到地下并最终走向毁灭。瓦利扎德在一个网站上写道："我相信你们中的许多人都明白，我们正处于即将席卷整个社会的审查浪潮的早期阶段。像我这样的无赖首先会被封禁，然后任何胆敢分享真相的人都会受到惩罚。就我个人而言，我相信我会被千刀万剐，死得很惨，但在那之前，你可以继续在这里关注我的作品。"随后，他列出了自己在许多主流网站、论坛、音频渠道和社交媒体平台上的账号，这些平台可以让他宣传作品并兜售产品，从而继续自己的职业生涯。

　　瓦利扎德的选词生动形象。他把自己称为"无赖"，非常刻意地利用了搭讪领域中可以为人所接受的公众形象："迷人的流氓"人设。对于一个曾经主张强奸合法化的人而言，这是一张方便的面具。

　　不管这场运动的意见领袖是否会受到审查或受到法律诉讼，重要的是要认识到，这种暴力的厌女情绪，包括倡导强奸和性侵犯，并不局限于少数所谓搭讪大师。事实上，这些厌女情绪反映在专门的交友论坛上,并在这些论坛上广泛传播,这表明它们也已渗透到了更广泛的社群。一名用户在某个论坛上写道:"如果她们拒绝了我,我还会跟往常一样去猥亵她们。"他稍后解释道:"我侵犯她们,因为她们活该,我拿回了属于我的东西。除了我需要的东西,其他的我都不在乎……如果我给一个女的打10分(满分10分),她要是拒绝我,我就强奸她。"

在另外一个论坛上,一名用户在"交配报告"中写道:"在我把阳具放进去的时候,她开始抗拒,半进入时她表达了拒绝。我可以辨别出来这是一种被强奸的幻想,所以我按住了她的两只胳膊,继续进行。"

我们可以看到,非自愿独身者的观点(例如,女人偷偷地幻想着被强奸)开始在男性圈的各个社群中像蠕虫一般潜移默化地穿行而过,突然出现在人们的真实生活中。在上述场景中,试图与强奸犯抗争的这名女性可能从未听说过非自愿独身者或搭讪艺术家这类人群,但他们却以能够想象到的最深刻的方式影响了她的生活。

那些过分沉迷于搭讪意识形态的男性最终可能会在现实生活中对女性实施攻击,如果说这听起来有些夸张,那么证据表明并没有夸张。2016年,在三名自称搭讪艺术家的男性对一名女子作案后,这名成为其作案目标的女子在网上追踪到了他们,并在搭讪网站上发现了他们发布的详细描述她被强奸经历的"交配报告"。[5]之后,这三名男子因此被判入狱。其中两人是一家名为"高效搭讪"的公司[据报道由正宗社交力学(Real Social Dynamics)的学员所持有和经营]里的所谓导师,而第三人则是他们的学生。[6]其中一名男子名为杰森·伯林(Jason Berlin),他在辩称"近期被诊断出患有孤独症谱系障碍,这让他意识不到自己的行为是错误的"之后,获得了两年减刑。[7]这名男子的精神病医生认为,他的情感和社交能力低下,是易受极端厌女情绪的灾难性影响的脆弱目标的典型案例。但对他的两名"导师"的定罪则证明,就参与这些社群的许多男性来说,他们的虐待行为是蓄意和冷酷无情的。法官在宣判其中一个搭讪大师时表示,18年来,他从未见过如此"卑鄙和残忍"的被告。

虽然这些案件很少登上头条,但它们却频繁出现在搭讪论坛上。当用户在另一个话题中发帖,寻求关于说服一个处女同时与他和他的朋友睡觉的建议时,另一个男人直接建议"强奸它"*。然而,在另一个主题帖里,一名男子抱怨他的女朋友没心情跟他做爱:"她说,我坚持要做,令她感到很厌恶……我变得既沮丧,又饥渴,我可能会强奸她。"几小时后,他更新了动态:"完事。我把她干哭了。"这种对于向社群汇报,迎合人群的强调,只会促进这种暴力的升级,因为成员之间会互相怂恿,争先恐后地争夺彼此的关注和敬重。

此外,拥有这些网站的组织通常不会删除或处理此类内容。而事实上,在很多情况下,这类内容还会受到鼓励。在之前引用《独立报》文章的一个例子中,正宗社交力学论坛上的一名用户发起了一个名为"通过说谎进入女人阴道"的帖子,向其他用户倡导,一旦他们引诱女人回到他们的住所,他们就不应该"害怕用身体去强迫她做任何事以及对她说'不'或'闭嘴'"。他补充道:"要无视她说的话,用身体强迫她。"另一名用户回复道:"没错,当你完事之后,只管抓起她所有的衣服朝她甩过去,然后冲她大喊'滚出去,臭婊子'。因为女人们对我们所做的一切,她们活该被如此对待。"写这篇文章的记者指出,一个正宗社交力学的教练评论了这条帖子,对这种情绪非但没有反对,反而大加鼓

---

* 原文即"rape it"。——本书脚注皆为译注,下同

励。他写道："我爱这些回复。"

虽然一些论坛有明确规定,不得透露女性的名字或身份,但在这些论坛上,男性炫耀性征服的照片仍然屡见不鲜。这些照片通常是在脱光衣服、睡着或无意识的状态下拍摄的,供社群里的成员消遣,而且显然并未征得女性同意。这些图片有时也被推送出来,作为性成功的"证据"。一些男性还上传露骨的视频,视频中的这些女性似乎不知道自己被拍摄,也不太可能会同意分享视频。

有证据表明,搭讪文化尤其已经渗透到大学和校园社区中。在俄亥俄州立大学,一名学生在红迪上发帖,警告其他人说有一个男人曾六次拦住她,用陈词滥调的搭讪话术骚扰她,对她表达"拒绝"的回复充耳不闻。这场对话迅速得到了359个回应,还有几十名女学生留言说,她们曾被符合相同描述的男性接近、肢体接触、抚摸、猥亵、堵到角落或骚扰。在这名男子(他不是该校学生)被禁止进入校园之前,有消息说他自称搭讪艺术家,在网上吹嘘自己的功绩,包括在女性不知情或未经她们同意的情况下发布自己"征服"她们的视频,其中一些是用他公寓里的隐藏式摄像头拍摄的。一名学生在红迪上写道,这名男子还与其他当地的搭讪艺术家一起,在脸书上建立了一个秘密小组,分享关于当地年轻女性的"偷拍"(同样是未经她们同意拍摄的),然后把这些照片分入不同的相册,建议其他人以哪些学生为下手目标,又要避开哪些学生。

在被禁止进入学校后,这个名叫肖恩·拉森(Sean Larson)的男子在自己的脸书页面上回应道:"哈哈,你们似乎不明白。你阻止不了一个玩家……学校不是唯一有妓女的地方。"

尽管其中一部分男性鼓吹性暴力,另一部分男性则吹嘘自己犯下了性暴力，尽管他们在网络论坛上公开记录非法行为，哪怕这些都昭然若揭，但搭讪艺术家仿佛是进入了一个司法真空地带。的确，在他们的言论激起公众的强烈反对后，有少数搭讪艺术大师被个别国家禁止入境，但他们中的许多人仍继续在其他国家愉快地推销他们的"产品"。事实上，在撰写本书的过程中，我仔细探究了数百个游走在违法边缘或公然违法的案例，只发现了两例执法部门与搭讪论坛和利用这些论坛夸耀性暴力的男性进行交涉的情况。

这一现状给年轻的搭讪艺术信徒明明白白地上了一课：你可以非法对待女性，而无须受到惩罚。你可以在房顶上把自己的所作所为大声呼喊出来。没人真的在乎。

事实上，很多搭讪网站和公司直接以年轻男性和学生为目标群体，承诺向门外汉和没有经验的人提供知识、建议和能量。尤其令人难过的是，许多年轻男性在谷歌上搜索如何结识女孩的技巧，或者紧张地寻求调情建议后，可能会带着良好的意愿进入搭讪社群。

我们很容易想象，一个略显笨拙的学生，几乎没有与女性交往的经验，在试探性地进行谷歌搜索后，偶然发现了这样的网站。比方说，他浏览了几个相当主流的搭讪网站，因此得到了毫不含糊的建议："第一次约会规则No.1：男人说了算。句号。"也有一些人教导他，想要改善恋爱关系，男人就必须"更加自信并掌握局面"；他应当告诉女人"该去哪里"，"该穿什么衣服"，并确保她的身体"刚刚用蜡脱了毛"。一个开始对此感到不安的新手，很快就会被告知"所有女人都想要一个强大的阿尔法男"，并颇具权威性地告知他，正如一家搭讪网站直言不讳地说，性是"关于紧急、焦虑和紧张的，而不是关于舒适、熟悉或融洽的"。"努力让女孩感到舒适和信任"是"与诱惑相悖"的做法。

许多人天真地认为，这种态度在几十年前就被摒弃了。然而在这里，我们看到新一代的男性正在接受着关于虐待女性的技巧训练。

当然，如果我们在学校积极教导年轻人，帮助他们了解健康的亲密关系和性同意，这类糟糕的建议可能就不会产生如此灾难性的影响：至少男孩们会有其他的参考系，并以此权衡这些建议。但目前市面上提供的亲密关系教育和性教育非常糟糕，最近的一项研究发现，只有四分之一的年轻人在学校接受过关于性同意的教育。这就造成了一个真空，可能会被虚伪的建议和愤怒所填补。

互联网允许人们广泛接触这些想法，有如此众多的网站、论坛和留言板（比如所谓"非自愿独身圈"），都在宣扬同样的性别歧视意识形态，人们容易很快就对它们所描绘的扭曲关系形象变得麻木。

人们也很容易接触到庞大的搭讪行业，这要归功于过去十年左右涌现出的大量品牌和企业，它们利用搭讪行业的成功大赚了一笔。与许多其他秘密的地下男性圈活动相比，这些品牌和企业往往在表面上是很体面的大型公司，在很大程度上对外公开。

正宗社交力学是规模最大的此类公司之一（委婉地称自己为"约会行业的国际黄金标准"），其网站拥有14.2万名会员，脸书共有7.2万个点赞，推特拥有18万名粉丝，油管频道拥有超过10万名订阅用户。在撰写本书时，仅正宗社交力学一家公司就在其网站上拥有近200个可供预订的全球训练营，价格从1 000美元到3 000美元不等。该公司由尼克·霍（Nick Kho，作为搭讪艺术家时名为"Papa"，意为"爸爸"）和上文提到的库克共同创立，这两人的名字都在斯特劳斯《把妹圣经》一书中出现过。搭讪大师杰夫·艾伦（Jeff Allen）是正宗社交力学的"执行教练"。该公司网站称，艾伦在"过去12年中几乎每个周末都不曾休息,在北美、澳洲、非洲和欧洲的100多个城市"举办搭讪讲座。艾伦小有名气,曾吹嘘自己有一辆"强奸货车",并会让拒绝他的女性吃"一堆鸡巴"。[8]在2019年之前,布兰克一直都是正宗社交力学的"执行教练",是该网站所谓"正宗社交力学公司的超级明星",他"去过每一片大陆,做讲授如何搭讪女孩的直播节目,他将自己拍摄的现场视频片段与客户分享"。这是用一种相当委婉的方式,去描述一个成年人拍下了自己用大叫"皮卡丘"来性侵陌生人的方式——但是,美化与包装并不会改变其犯罪的实质。

单单这一家公司的网站,就已经可以提供无穷无尽的课程选择。在世界各地的大多数主要城市,几乎在任何一个周末,人们都可以报名参加一门价格高昂的"游戏"女性的"艺术"课程,该课程很可能由一名具有鼓吹或实施性暴力背景的男子来讲授。在多伦多,只需1 999美元,就能"把你变成女人们的主人"。在悉尼,只需497美元就能揭示"任何女人在忙着工作或购物时也能倾心于你"的秘密。在特拉维夫,2 500美元就能"快速见效"。在伦敦,培训你在公共场合、"在学校或工作场所"搭讪的课程费用在500英镑到5 000英镑不等。所谓"僚机",即陪同搭讪艺术家,帮助他们"完成交易"的人,也加入到了这一行动的行列,人们可以在国际上雇用"专业僚机"服务,价格从几百美元到几千美元不等。

换言之,我们可以肯定地说,每年都有相当多的男性通过教别人如何更频繁、更有效地骚扰女性而赚到一笔笔巨款。

此外,还有许多网站、博客和社交媒体账户从搭讪艺术中获利并对其大肆推广。在我写作这本书的时候,油管频道Honest Signalz("诚实信号")为"不断进步的男性提供搭讪、幽默和自我发展"的指导,该频道拥有近1 400万次点击量和10万名订阅者。在该频道的一个视频中("如何与女孩发生性关系"),这名搭讪大师鼓励观众想办法在互动中加入身体接触和与性行为相关的对话。例如,他对一名女性说:"我觉得大多数女孩都喜欢在做爱时被掐住喉咙,对吗?不仅掐住喉咙,还要扯头发。"让我再提醒一下读者,这个家伙的视频已经被观看了近1 400万次。

除此之外,搭讪艺术家还有很多论坛。男性们在这些论坛上聚集在一起,接受大师的智慧,分享他们自己的经验。"引诱"版块是红迪网站最大的搭讪社群之一,拥有44.6万名订阅者。在另一个拥有18.3万名会员和近百万篇帖子的论坛上,男性们互相提供建议、技术指导、实地报告和技巧分享,以及安排现实生活中的会面。"鲁什V"论坛有近2万名注册会员,发布了近200万条帖子。另一个类似的网站有近30万条帖子和2万名会员,在我访问的时候,共有2 700个用户同时在线。某个英国最大的搭讪艺术家论坛坐拥45 100名成员,发布了7.5万余条帖子。

所以,与非自愿独身者一样,搭讪社群的规模远比你想象的要庞大得多。这并不是由一些被孤立的失败者组成的一潭小小的互联网死水。这个社群很大,弥漫到线上和线下。

对一些男性而言,他们之所以决定参与到搭讪艺术中来,很可能受到了媒体对这个群体的同情甚至赞赏的影响。只要看看热播电视剧《老爸老妈的浪漫史》(*How I Met Your Mother*)中的角色巴尼·斯廷森(Barney Stinson),你就会发现,"迷人的流氓"或"厚颜无耻的花花公子"的搭讪大师形象已经深入人心。斯廷森是该剧深受观众喜爱的核心成员之一,被认为是该剧的突破性角色,评论家认为该剧的成功在很大程度上要归功于他。斯廷森以"剧本"、"兄弟法则"以及试图哄骗、欺骗和操纵女性发生性关系而闻名。他故意将猎艳目标锁定在有"恋父情结"的女性身上，认为她们可能特别脆弱。该节目每集都吸引了数千万观众，斩获30项艾美奖提名，产生了巨大的文化影响，催生了无数的网络文章，如《巴尼·斯廷森搭讪女孩的秘诀》和《每个兄弟都应该知道的巴尼·斯廷森7部戏》。

英国版的巴尼·斯廷森可能要数喜剧演员丹尼尔·奥雷利（Daniel O'Reilly）塑造的角色"戴普·拉夫斯"（Dapper Laughs）。当奥雷利在网上成名后，英国独立电视台（ITV）委托制作了一部名为《戴普·拉夫斯：寻找性伴侣》的系列剧。奥雷利在剧中使用了"就让她见识见识你的阴茎吧。如果她哭了，她只是在装出很难得手的样子"等经典搭讪话术，还提供了一些关于如何"与你的性伴侣做爱"的小技巧。和许多搭讪艺术家一样，他的剧中表演在"戏谑"、"调情"、骚扰和攻击之间划了一条模糊的界线。他引用了节目中的一些话："如果她看着我，摆弄自己的头发，那么到夜晚过去，她就需要一辆轮椅了。"此外，奥雷利的言论也利用了经典的非自愿独身者和更广泛的男性圈的论点，比如，他在推特上声称"只有当她比你更有吸引力时，才算是性骚扰"——这与非自愿独身者经常重复（而且完全不准确）的说法相呼应，即女人只会指控丑男强奸。

这些描述将搭讪描述为一种无害甚至很有抱负的追求，由富有吸引力的男性进行，并为绝大多数女性所暗自享受。所有这些都有助于为搭讪创造一种与其更为阴暗的现实并不相符的公众形象。

然而，就像非自愿独身者那样，搭讪社群的成员也热衷于抗议他们所说的女权主义者对他们的不公平的、一概而论的描述。而且每当涉及女性话题时，搭讪社群的抗议就像非自愿独身社群的一样，同自身的意识形态立场形成了相当具有讽刺意味的反差。搭讪艺术家无比自信地认为女性"都一样",以至于在他们蛊惑人心的词典中,要治愈一个男人对任何一个女人的执迷不悟("oneitis"),最直截了当的方法就是"去睡十个别的女人"(GFTOW)。

诚然,搭讪社群中也存在抵制厌女情绪和暴力行为的个别例子。一名用户在某搭讪论坛上回复一条帖子时写道:"在清醒的时候占喝醉的女孩的便宜,这真的很恶心,这是强奸,你是个失败者。"

另一名论坛参与者在一篇似乎鼓吹强奸的帖子中回复道:"所以你侵犯了拒绝你的女人?你太差劲了!"

另一名用户直截了当地质问同伴:"你真的想到处猥亵对你心怀恐惧的女孩吗?或者你真的想去吸引一个想要撕开你的裤子、给你口交的女人吗?"

这个社群其实就像非自愿独身社群一样,可能包括形形色色的成员和漫不经心的浏览者,他们当中许多人只是悲伤或拘谨的男人,只是对改善自己结交女性的前景感兴趣,但是这类善意的帖子并不占多数,甚至不常出现,而且与搭讪行业领导者设定的更具侵略性、更厌女和有时还更暴力的基调形成鲜明对比。鉴于他们只是少数派,所以就像在非自愿独身社群一样,这些温和派成员可能会变得激进,被排挤出搭讪社群,或者逐渐对其周围被正常化和固定化的更极端厌女情绪的表达变得麻木。当然,这类讯息也有可能出自社群之外愤怒的论坛观察者的手笔。

此外,搭讪艺术家不同于非自愿独身者的一点在于,后者声称其意识形态仅限于网上的讽刺言论,几乎不会造成线下影响的风险,这种论点在前者这里很难站得住脚。搭讪艺术家组建社团,专门致力于培训和指导无数男性如何在现实生活中不屈不挠地追求、骚扰女性，甚至在某些情况下侵犯女性。他们开办训练营，把男性带到街上，在毫无戒心的女性身上"练习"他们传授的技巧。他们钻进男人的卧室里，钻到他们的床单底下，提醒他们别把"不"当作答案，要克服阻力，要坚持和哄骗，要做任何必要的事情来促成性征服的发生。

像其他厌女主义的散播者一样，搭讪艺术家非常善于修饰和在表面上重塑他们的性别歧视，以避开公众的批评，展露出一种转型的外在形象。这就直接导致大量搭讪大师采用了表述委婉的新头衔，如"社会战略家"、"生活改造者"或"人生转型的治疗师和思想家"，同时继续宣传同样的厌女观点。一部分烟幕是由搭讪网站上的戏剧性文章制造的，这些文章宣称搭讪艺术已经一败涂地——这是一种花招，有助于在该行业继续蓬勃发展的同时转移批评。一个因讽刺"歇斯底里"的女权主义者而臭名昭著的网站声称："我们所知道的搭讪行业已经死了……那些戴着鼻环的红头发肥胖荡妇游行者，用她们毛茸茸的松垮羽翼控制了搭讪行业，并在短短几年内使其彻底解体。"好吧，现在是谁在歇斯底里？

从我写完这本书的初稿到最终结稿的这段时间里，布兰克成为最新一批借自己糟糕的声誉赚钱的搭讪艺术家中的一员。他放弃了自己在正宗社交力学的训练营，转而推出一门名为"转型精通"的新课程。布兰克的新网站公开将其与2014年那场反对他关于性侵的视频的女权主义运动联系在一起，起初似乎是在假装谦卑，声称他在自己名声如日中天的时候，"仍然感到空虚"，并将公众的抵制描述为"情绪的过山车"。但他得意地总结道，所谓"媒体丑闻"实际上是他"找到一切"的时刻，他声称通过"冥想、训练以及巨量的深刻内在工作"改变了自己。

（强调字体为布兰克所加。）布兰克的例子彻底证明，就算受到来自国际社会的反对，此类男性在职业生涯上所受的影响也微乎其微。他描述了个中缘由："各种新机会开始源源不断地向我涌来，作者、企业家和商业领袖开始与我接洽。"如今又是什么情形？他正在以一个售价数百美元的在线课程模式，通过涵盖所有搭讪艺术典型特征的"实战教学"和"心理学行话"（例如，"深入你的潜意识""摒弃稀缺心态范式"等）服务包，将自己这种转型的经历"传授"给其他人。

这种试图转移批评的做法极其虚伪，而这些知名的搭讪艺术家正试图以此将他们的材料重新打上尊重和积极对待女性的标签，甚至戏剧性地将自己设定为经过进化的男人，可以替代那些令人毛骨悚然的家伙。（这些人大概就是他们以前教过的人。）

欧文·库克以前的视频主张在公共场合直接对女性上下其手，并将她们拉向自己（这是一种"很大胆的举动"，目的是"把她拉扯过来"）。他建议首先在没有吸引力的女性身上练习，以帮助追随者克服他们心中"这不是我应该做的行为"的心理障碍（也实则是他们对人类尊严的基本认识）。在一次搭讪艺术家研讨会上，他描述了自己强奸一名女子的经历，这也让他声名大噪。然而，他却在2019年的最新视频中吹嘘说，他教男性"如何充满尊重地接近女孩，而不让她们感到害怕"，他甚至厚颜无耻地感叹"女性在大街上经常被那些不理解她们意思的男性打扰"！他试图利用#MeToo运动，却没有真正改变令他从中获益的厌女主义，这种厚颜无耻简直到了令人难以置信的程度。

我们接着来谈一下瓦利扎德，这个强奸合法化的捍卫者。他的前一本书《把妹达人》（不要与施特劳斯的书《把妹圣经》混淆）承诺教会男性搭讪的方方面面，包括"如果一个女孩拒绝你的性要求，但你觉得她其实想要发生性关系，那你可以尝试哪些策略"，以及"如何在尽量减少女友成功指控你家庭暴力或强奸的前提下分手"。同样是瓦利扎德，他在意识到自己的一些作品遭到强烈反对时，竟然戏剧性地宣布搭讪行业已经死亡，然后写了一本新书《女士》(*Lady*)，承诺帮助"女性在现代环境中找到爱情、长期关系和婚姻"。他不以为然地写道："大多数男人似乎只想要一夜情。"2019年，瓦利扎德戏剧性地声称自己有了宗教觉醒，并在其同名论坛上禁止所有关于"随意性行为和勾搭"的言论，召回了一些书，并声称："我已经意识到，我出版的大部分材料和网络平台都会引导男性走向犯罪，或者让他们参与犯罪。"事实上，瓦利扎德就像布兰克一样，继续举行各种巡回演讲，从中获取了丰厚的收入。2019年他在美国各城市举办了23场活动，在这些活动中，他阐述了"我对生活的理解"，并为学徒提供只需250美元就能与他共进晚餐的机会。

2000年，《如何泡妞》周年纪念版成功上市，其中关于强奸的内容被悄悄删除，还在开头部分硬塞了九行关于性同意的敷衍之词。2016年，施特劳斯懊悔地告诉记者，《把妹圣经》中描述的技术是"物化女性又可怕的"。一年后，他的出版商发行了新的平装版，这很可能继续为他提供了可观的版税。

显然，正义或清算对于搭讪艺术家而言都是不存在的，有的只是"重新发明"的经不起推敲的伪装，唯其如此才能实现持续盈利。

具有讽刺意味的是，这些"蛇油推销员"用来招募倒霉的情圣的技巧，与他们训练自己的信徒用来对付女性的技巧如出一辙：假装拥有某种神奇的、变革性的秘诀，以达成欺骗和操纵你的目标，让他们做你想让他们做的事。

搭讪艺术家在欺骗和操纵方面做得非常成功——事实上，多年来，他们一直是男性圈中最受欢迎的面孔。在这个后#MeToo时代，我们愿意相信我们已经向前迈进了，我们不再容忍对女性的虐待，但是这种涓滴效应的过程却是缓慢的。在现实世界中，数以百万计的男性读者在五十年前就渴望了解他们随时都可以接近女性的"权利"，但正如蓬勃发展的搭讪行业所证明的那样，在随后的半个世纪里，这种态度几乎没有发生改变。搭讪艺术家将歧视女性的观点重新包装，净化之后以供公众消费。它们证明，男性圈最隐秘的角落里的想法，可以多么迅速地出现在我们的电视屏幕上，或者在大街上将我们包围。

第三章

回避女性的男性

"我从未掩饰过我对'女人'这种堕落生物的强烈厌恶。"
——某个"男人自行其道"论坛上的评论

"觉醒已经到来。世界正在改变。每次改变一个男人。"当你访问互联网上最大的男人自行其道社区之一MGTOW.com的主页时,屏幕上会出现这些引人注目的言辞。这句话看起来有点像动作电影的预告片,紧随其后的是另外六个字,它们似乎穿透了屏幕,如同燃烧着的红色火焰:

男人自行其道
Men Going Their Own Way

尽管其首字母缩写MGTOW(追随者将其读为"米格道")所表达的理论与其他男性圈团体的"红色药丸"哲学别无二致,但它针对所谓女权主义阴谋和有偏见的性市场所提出的解决方案与其他社群截然不同。当非自愿独身者蓄谋暴力报复,而搭讪艺术家部署掠夺性的"游戏"策略时，自行其道的男人则选择完全回避与女性的关系。他们走上只属于自己的道路。远远地脱离任何女性。完完全全，彻彻底底。

这种做法具有不同的表现方式（一些男性与女性保持纯粹的、没有浪漫意味的关系；一些男性搞一夜情或寻访性工作者；另一些男性崇尚完全禁欲，而这一过程则被称为"进入贤者模式"），但这场运动的总体主旨是孤立主义。对于一些人而言，这也延伸到社会驱逐的议题范畴；一个"米格道"宣言称，除了努力"在男性体内灌输男子气概"之外，"米格道"还有责任"致力于实现有限政府"。（在"米格道"圈子里，"有限政府"的概念似乎意味着男性应该能够控制自己的生命和财产，不受女性化、"以女性为中心"或被女性的需求和关切所困扰的政府的干涉。）

在某些方面，这种自我放逐使"米格道"对女性的直接威胁小于非自愿独身者或搭讪艺术家。与其他男性圈社群不同，"米格道"的大部分精力都集中向内，而不是向外。他们沉迷于禁欲，因此更容易对自己造成伤害，而不是对周围的女性造成伤害。然而，这并不意味着"米格道"意识形态是无害的。它支持了一种更广泛的观念，即女性是有毒的和危险的，而且这种毒性和危险性是不可逆转的；我们后面就会看到它对女性的生活和职业生涯产生了真实的负面影响。

与搭讪艺术家不同，"米格道"彼此之间不太可能会见面，而是在现实世界中独立地践行着他们的哲学，并在大型在线社群中分享他们的技巧、成功和失败经历。在所有男性圈中，我们经常可以看到成员对"正常人"的偏执恐惧，认为他们可能揭露自己，这往往会导致不同的论坛用户相互指责对方是内奸或间谍。这种恐惧在"米格道"社群最为普遍，任何关于在现实生活中见面的建议都会迅速受到轻蔑的反驳。

"米格道"网站上反复重申的一个说法是,有五个基本的"米格道"级别:首先是最基础的第零级别,代表着"服用了红色药丸"。(尚未睁开眼睛进入男性圈的男性被描述为"服用了蓝色药丸"。)第一级别被概括为拒绝长期关系。第二级别意味着就连短期关系也会刻意避免。第三级别则要求经济脱离(甚至尽可能少缴税,以避免为"精英阿尔法男"和"单身母亲"等群体提供支持)。第四级别被描述为"拒绝社交"。正如一位网名为"持续的观察者"的"米格道"博主所总结的那样:

> "米格道"完全从社会上退隐出来。他尽量减少与"蓝色药丸"世界的接触,并寻求以自己的方式来推进自己的目标。实际上,他并不存在。如果他是城市居民,可能会宅在自己的公寓里,更有甚者则可能会选择走进荒野,脱离尘网。

达到这种终极隔离的人被称为"幽灵",他们被视为社群内的传奇人物。但是这类人为数不多,而大多数"米格道"似乎更乐于徘徊在第二级别上下。大多数"米格道"的线上讨论围绕着经典的男性圈抱怨展开,例如女人的各种邪恶行径和"不正当行为"(对男人的仇恨)。他们讨论得最多的是与女性交往所固有的危险——显然,这种危险是如此之大,以至完全孤立成了自我保护的唯一可能手段。

18岁的大卫·谢拉特(David Sherratt)是卡迪夫大学的一名学生,也是"米格道"社群的忠实成员。他在被要求解释是什么让他回避女性陪伴时说道:"存在很多风险。我们不知道有多少男人遭到虚假指控。这些虚假指控可能占多数,也可能只是少数。"[1] 这种回答暗示着两层含义:与女性唯一有意义的关系必须是性关系;有太多的女性愿意在强奸一事上撒谎，与她们的任何接触都太危险了。

是什么让一个年轻人，一个十几岁的少年，如此确信女性都是撒谎的毒蛇，并下定决心要把她们从自己的生活中彻底剔除？这很好地表明了，即使是像"米格道"这样可能会引起局外人嘲笑的社群也具有多么强大的力量，具有多么强的说服力。

谢拉特提到的关于虚假强奸指控的观点（事实绝非如此）是"米格道"最关心的问题，所以与非自愿独身者或搭讪艺术家相比，他们同另一个社群（男性权利活动家群体）的认同联系更为密切。"米格道"和男性权利活动家都设想了一个女性对所有男性构成直接威胁的世界。男性权利活动家认为，女性非常不忠诚、不诚实，导致她们经常强迫男性抚养其他男性的孩子，从而在经济上给他们"戴绿帽子"。"米格道"认为，女性极有可能会提出关于性暴力或家庭暴力的虚假指控，以便在社会上伤害男性，偷走他们的钱，甚至是企图报复性地将他们关进监狱。当然，"米格道"以避开女性为荣，而男权活动家则顽强地与她们缠斗。"米格道"沉迷于禁欲，而非自愿独身者和搭讪艺术家要么为性爱感到遗憾，要么不惜一切代价痴迷于性爱。尽管如此，仍然有很多共同的观点和策略支撑着这些网络男性圈社群。

谢拉特还列举了一系列来自男性圈的担忧，它们可能会引起男权活动家的共鸣，但也可能会在任何厌女的网络社群中突然涌现，包括"男性为约会买单，向女性低头……任何不够崇拜女性的表现都是厌女"，"当涉及婚姻时，这个制度是如此不利于男性，根本就莫名其妙"。"米格道"和男权活动家类似，他们特别关心离婚的话题，将其视为一种高度一边倒的过程，让女性可以将无辜男性的金钱、财产洗劫一空，甚至在很多情况下，还会夺走他们的孩子。

MGTOW.com网站上对"米格道"哲学做了精心且雄辩的阐述,将其总结为一种"自我所有权的声明:现代男性维护和保护自己的主权高于一切"。该网站借助一些引言和剪报,声称"米格道"可以追溯到包括叔本华、贝多芬、伽利略,"甚至耶稣基督"在内的伟人。(这似乎在认为,上帝之子专注于避开性变态女性,但这种说法似乎有点牵强,如果考虑到他与抹大拉的玛丽亚之间的亲密友谊,则更显荒唐。不过,我们改天再讨论这个问题。)所谓"米格道"杰出人物名单从肖邦、福楼拜和普鲁斯特等历史人物开始,转向了莱昂纳多·迪卡普里奥,不过迪卡普里奥的名字后面被打上了一个意味深长的问号,这大概是因为这位演员有着一连串记录在案的知名恋人。

在"米格道"眼中,女性本质上就是寄生虫,她们只是搭上了男性的顺风车,而历史上的"科学、大发现和人类活动的伟大奇迹"都是由男性创造的。有人解释说,通过将女性拒之门外,男性可以自由地追求更高的成就。

如果你认为,正是因为历史性的歧视从一开始就禁止女性进入这些领域,女性才深受这种歧视的影响的话,那你就大错特错了。按照"米格道"哲学,真相是女性从来没有为社会贡献过多少真正的价值,她们应该感谢高等的男性屈尊扔给她们的残渣,而不是厚颜无耻地要求平等。

当然,"米格道"网站热衷于强调其历史血统,以此作为提升该运动体面程度的手段。在某种程度上讲,这些做法是行之有效的:该运动确实与神话诗式男性运动(mythopoetic men's movement)有一些共同点。神话诗式男性运动是一个相当松散的自助活动集合,以不同的作者和组织为先锋,尤其盛行于20世纪80年代和90年代的美国。这场运动的一般信条是,男性已经失去了彼此之间的联系,也失去了与"深度男子气概"的联系，因此在心理上和精神上都需要得到支持，以恢复他们与男性的联系。这一信条与罗伯特·勃莱（Robert Bly）有着密切的联系。罗伯特·勃莱在1990年出版了《铁人约翰：一本关于男性的书》（*Iron John: A Book About Men*）。该书连续霸榜《纽约时报》畅销书榜单长达62周之久。

这场运动存在一些与现代"米格道"运动重叠的元素：其倡导者声称，在家里度过的时间以及与女性的亲密关系在某种程度上侵蚀了他们同男性与生俱来的男子气概之间的联系，而所有男性聚会和仪式都是恢复这一男子气概的关键。然而，这场运动远不像现代"米格道"社群那样尖酸刻薄或明目张胆地反对女权主义。

那么，完全回避女性的想法从何而来呢？除了对虚假强奸指控的恐惧，"米格道"社群还受到另一种担忧的驱使：他们的男性天才可能会因女性平庸的污染而受到损害。

如果你还没有被说服，那么你肯定会被历史上功成名就、终身未婚的发明家和企业家案例所折服，比如说威尔伯·莱特（Wilbur Wright），他以身作则地证明与一名女性建立关系就像是自愿把自己锁在一个吮吸钱财、吸食脑细胞的水蛭身上。MGTOW.com网站得意地总结道："当成本/收益分析显示没有收益可言时，就算你不是天才，也会懂得把自己从等式中剔除。"好吧，至少还有一句话没说错。

显然，这种哲学受到了已经倾向于厌女的男性的热烈欢迎，他们似乎很高兴有机会在一个宏大的意识形态框架内验证自己的偏见。

在推荐语部分，一名用户写道："谢谢你，'米格道'，在我年轻的时候教会我，让我远离女性和婚姻的谎言。我现在可以平静地生活了。"

另一个人写道："我从不掩饰我对'女性'这种被剥夺的生物的强

烈厌恶。""这太棒了！我觉得我找到了宇宙的秘密。"另一名用户说。还有一个人写道，他所在的城市变得如此"极端女性化"，以至于"这里的生活……对于这里的男性，尤其是白人直男来说，真是糟糕透顶"。对他来说幸运的是，"'米格道'社群让我觉得自己并非独自面对这场政治正确的疯狂浪潮"。

MGTOW.com论坛极其活跃，充斥着在非自愿独身者网站上常见的极端厌女情绪。然而这里的语气往往更乐观，因为男性们会祝贺彼此逃脱了贪婪的、危险的女性的魔爪，而不会对未能进行性接触表示同情。

一名用户在总结"米格道"的一般性理念时写道：

> 女性已失控，而且已经失控很长时间。需要通过一场重大事件，让她们重归体面的成年人。男性已经不再是男性了，他们任由女性从他们身上践踏而过。因此，对于我们这些残存的男性来说，我们只能做好我们现在正在做的事情，走我们自己的路。

其他针对女权主义或任何一种主流性别平等主张的尖酸刻薄的言论，则大抵雷同。例如，在一名女性控诉强奸的故事底下，有人评论道："没有人会强奸那个令人作呕的丑逼。"

另外一个网站则注重"帮助"那些想要离婚的男性。该网站宣称，现代婚姻只是一种"让奴役合法化"的形式。

在"米格道"论坛上经常可以遇到一些男性分享关于自己与女性相处失败的极端、刻薄的描述，他们经常会痛斥欺骗他们或选择从婚姻或亲密关系中抽身离开的前伴侣。从这些个别的案例中可以看出，这场运动鼓励男性对女性做出一系列充满刻板印象的假设，把单个男性的糟糕经历作为证明所有女性都充满邪恶和恶意的"证据"——我们将在下一章中看到,这种技巧也被男性权利活动家广泛使用。

男性处在这样的框架下当然会受到影响,他们认为关系的破裂应完全归咎于恶毒的女性,从而避免任何反思内省或承担责任,这样的框架也促使他们认为自己是无可指责的受害者。我们很容易理解,一个刚刚分手、饱含愤怒的男性,独自舔舐着伤口,寻求着认可,对于他而言,这是一个多么具有吸引力的环境啊。一边是对这个理解和支持真正受害者的社群所产生的归属感,另一边是来自更广泛社会的偏执敌意,两者之间的鲜明对比如同一杯后劲强大的鸡尾酒,让男性变得更加激进。

我情不自禁地想起谢拉特,这个在2015年自信地阐述其核心"米格道"信仰的青少年。于是,我设法找到了他,询问他参与该社群的经历。如今已经22岁的谢拉特是一名工程技术学徒,他表示自己已经彻底离开了"米格道"以及其他男性圈群体。通过电子邮件交流,他解释了那些最初促使他认为自己是一名"自行其道"男性的因素。他解释道,首先,成为男性圈群体的一员"理所当然地会很有趣":

> 我在那里结识了很多朋友,此前和他们并不认识,我还收获了很多粉丝,得到一些积极的回应。而且,当我们开始发展壮大时,老实说,我感觉我们最终能带来一些积极的改变。这不仅仅是一个社群,而是一场正在蓬勃兴起的新运动,而我"在这场运动真正炫酷起来之前"就已经参与进来了。所以,从某种意义上讲,我觉得自己便是某种进步力量的一部分。

在谢拉特的描述中,这些被外界视为黑暗、极端和暴力的社群,在一个十几岁的男孩的眼中则是一群犀利且敢于挑衅的反叛者。我从来没想过将"有趣"与男性圈联系起来。谢拉特的解释中明显存在着研究极端主义信仰和社群吸引力的学者经常提到的因素：共同的目标感和归属感，收获友谊，得到承认并受到鼓励，以及成为更宏大事物中的一部分，如同在参与一项重要的或崇高的事业。

"米格道"社群普遍认为，这场运动肇始于21世纪头十年的中期，由两个网名为"Solaris"（澳大利亚人）和"Ragnar"（斯堪的纳维亚半岛人，曾自称"老家伙"和退役飞行员）的人发起，而他们此前都曾积极参与所谓"网络男性运动"。在一段发布于2012年、采访两位创始人的油管视频中，Solaris宣称："这场运动源自一种疏离感……你意识到，就因为你是男性，你就理所当然地成为目标，被当作笑柄或阶级敌人。"这两位创始人解释道，起初，抱有这种不满情绪的男性只是聚集在一个名为"好男人"的论坛上，而Solaris则是该论坛的版主。如今，"米格道"理念已在各类网站、博客和油管频道上迅速流行、广为流播。

也许，绝大多数人从未听说过"米格道"，它甚至比非自愿独身者更不知名。人们提及这一概念时，往往假设它一定是个规模极小的边缘群体。然而，正如其他男性圈群体一样，这个社群远比人们想象的更加庞大、更为活跃。"米格道"在红迪的子论坛拥有超过10万名订阅用户；在我访问该论坛时，有1 500人同时在线。（而根据报道，该子论坛在2016年仅拥有15 000名订阅用户，这足以说明这场运动增长的速度和日益流行的程度。）MGTOW.com网站拥有近33 000名会员。其论坛（"仅限男性"）包含50 000多个不同主题的帖子，有超过750 000条回帖，内容涵盖了如何以尽可能低廉的方式离婚，以及女性以独创的方式谋杀丈夫的惊悚报道。该网站还提供了25个视频频道，发布"米格道"相关的内容；这些频道共有超过73万名关注者，视频总共被观看了1.3亿次。这个绝佳的例子说明，任何一个男性圈网站的受众数量都可能比其实际会员数量所呈现出来的要庞大得多。另一个很受欢迎的"米格道"论坛拥有12.9万条帖子，高峰时期网站上有多达4 600名活跃用户。仅一个"米格道"脸书群组就拥有超过35 000名关注用户。

此外，尽管"米格道"社群比非自愿独身者更不为人所熟知，但它在一个领域中的网络影响力远远超过了非自愿独身者。"米格道"社群的成员都是尤其活跃的视频博主。在谷歌视频搜索"MGTOW"会得到近200万个结果，而搜索"incels"则有25万个结果。最著名的"米格道"视频博主之一名叫"扔粪便的猴子"（Turd Flinging Monkey）。他的视频拥有超过3 700万次浏览量，内容涉及厌男症、孤独和"女性非自愿独身者的入侵"等主题。其视频中的典型评论包括"我试着不去憎恨女性，但这变得越来越难做到"和"有进一步的证据表明，社会不仅忽视男性，还彻底鄙视他们"。另一个"米格道"视频大V名叫"沙人"（Sandman），他收获了6 700万次浏览量，而油管视频创作者"霍华德·戴尔"（Howard Dare）坐拥5 000多名订阅用户。他的代表性视频包括"十种要避开的女人"、"为什么好男人选择单身"、"女人口中的五个谎言"和"恶劣对待女性及其重要性"。另外一个昵称为"思考的猿"（Thinking-Ape）的"米格道"视频博主则收获了600万次浏览量。这些只不过是以"米格道"为主题的庞大油管视频博主社群中最知名的几个名字。

此外，这个社群输出的内容不仅仅包括理论和观点，还混杂着大量往往带有极度厌女意味的建议，例如下面这条来自某个"米格道"网站

的常见问题解答部分的建议:

我的女朋友怀孕了。我该怎么做?

你做什么都行,**千万不要**拿着香槟,邀请她泡热水浴"庆祝"。这可能会导致流产,她可能会失去孩子!重复一遍:你在任何情况下都不应该那样做……越快越好。

正如非自愿独身社群一样,我们无法确定这样的评论是认真的,还是出于讽刺目的。更令人担忧的是,无论原作者是出于耸人听闻的目的,还是出于娱乐目的,我们都无法知晓接收者会对此作何解读。

这些评论内容很极端,但这并不是一个微小而鲜为人知的互联网死胡同。这是一个日益繁荣且高度活跃的社群。

与大多数网站一样,"米格道"社群与男性圈的许多其他领域的不同之处在于,该社群对其在线空间进行积极监管,确保将女性排除在外。"MGTOW.com是一个专门为男性利益而创建的网站——仅限男性使用。"该网站强调道。当然,"米格道"哲学本身就为该社群排斥女性提供了一种特别强大的理由。正如一个典型的"米格道"网站所表述的那样:"互联网是由男性(为其他男性)创造的,只因我们神圣的男子气概,女性才被允许使用它。"不如把这套说辞抛给阿达·洛夫莱斯和格蕾丝·赫柏[①],看看她们答不答应。

"米格道"意识形态还催生了许多分支和相关的网络运动,包括

[①] 阿达·洛夫莱斯(Ada Lovelace),英国著名的数学家、计算机程序创始人,建立了循环和子程序概念。格蕾丝·赫柏(Grace Hopper),1906年12月9日出生于美国纽约,计算机软件工程专家,耶鲁大学第一位女博士,杰出的计算机科学家,同时也是美国海军将军。

"内省的改革型黑人男性"（IBMOR）——一场具有极其相似目标的网络运动，除此之外，该运动还带有颠覆白人至上主义的愿景。

该群体的"谷歌+"社群页面以戏剧性的大写字母宣称："内省的改革型黑人男性是致力于自我学习和自我提升的黑人男性。我们希望最终消除黑人社区中的白人至上主义和黑人母权制度。我们相信黑人父权制的必要性。"网站列出了该运动的官方原则，例如："我们相信异性恋黑人男性的领导权。我们认为，女性之所以存在，只是出于性爱和繁殖的目的。永远不应以任何形式赋予女性在社会上凌驾于男性的权力。男性永远不应以任何方式迎合女性。"

而且，如果你认为这种极端的观点会引发一场大辩论，那你就大错特错了：

> 我们不赞成与女性争论。女性"感受"这个世界。她们并不"思考"这个世界。所以，你不能通过恳求或逻辑论证来改变女性的想法。唯一能改变女性想法的行动是**力量**。在当前白人至上主义的女性中心制度中，拒绝给予女性关注是应对女性问题最行之有效的方式。

内省的改革型黑人男性既支持"米格道"歧视女性的各种假定，但同时又反对白人至上主义，这就为男性圈创造了一批稀奇古怪且往往无意间展露出幽默感的难解之谜。当兼具性别歧视和种族歧视的"米格道"社群成员同内省的改革型黑人男性成员展开对话时，前者只能支持后者一半的理论，并反对另一半，这种混乱和困惑耐人寻味。

"你的表达方式就像一个典型的、沮丧的黑人男性。"一名试图解决困难的男子写道，却没有意识到他对内省的改革型黑人男性社群在种族问题上的批评同样可以套用在他所在群体对待性别的方式上。"这就是为什么黑人社群不被认真对待。每次演讲都陷入一种'我们对抗他们'的心态。我并不是说你们反对女权主义的论点是错的，我只是不喜欢那种'都是该死的白人的错！'的话语氛围。"显然，他对其中的讽刺意味毫无意识。

在内省的改革型黑人男性社群内部也存在着类似的矛盾。尽管该社群承认并反对基于种族的不平等，但其又在很大程度上与男性圈其他社群类似，明确推崇其他形式的偏执和偏见。例如，其网站明确表示："我们认为男同性恋和女同性恋代表了人类的死亡，因为这些联合体无法生育子女，而双性恋会导致社会的不稳定。"

然而，内省的改革型黑人男性的社群规模要比整个"米格道"社群小得多，其大多数页面或网络群组的成员数量只有几百人，这也支持了专家的观点，即男性圈是一个主要由白人组成的空间。尽管一些内省的改革型黑人男性的油管频道拥有数万名关注者和数以百万计的观看次数，但与更主流的"米格道"视频博主的庞大关注用户群相比，其规模仍然较小。

此外，像男性圈的许多其他领域一样，"米格道"论坛和社群的大多数用户的地理位置很难确定：大多数用户使用英语进行交流，有一些用户会在评论或用户名中提到他们的所在地，其中美国、加拿大和英国较为多见。然而，并没有确切数据告诉我们在英国居住的"米格道"社群活跃成员的确切人数。一名论坛成员发布了一个题为"来自英国的问候"的帖子，吸引了"英国同胞"的热烈回复，他们声称自己来自英国的不同地区，包括中部地区、萨塞克斯和索尔福德在内。他们对于共同的意识形态和共同的地理位置感到兴奋,对帖主的开场白"该死的女人,她们都是长有胸部的蛇"表示赞同。

还有一个专门致力于"英国米格道"的网站频繁更新。该网站抨击英国当局在压制和审查政治不正确观点方面所采取的"纳粹式行为",声称:

> 如果你说错了话或信奉非常规的观点,你就会成为一名危险分子……英国病了,需要治愈。法律迫切需要改革,但我扫视周围,看到的只是温顺、顺从的男人被带向屠宰场……走自己的路,保护自己。

但是,"米格道"与组成男性圈的大多数其他群体有一个关于其群体特质的共同点(也许"米格道"本身便是这一共同点的最好的例证):"米格道"原本应当是一个专门致力于男性的群体,但其全部关注点几乎都集中在女性身上。在"米格道"的案例中,这种根本上的二元对立不可避免地会将自我毁灭植入该运动的核心。可以想象,在这样一个狂热迷恋女性的社群里,男性很难在与该社群纠缠在一起的情况下,完全摆脱女性及其所代表的具有伤害性的有毒影响,从而幸福地过上充满男子气概的简单充实的生活。

甚至对于少年谢拉特而言,情况显然也是如此。他告诉我:"我理解人们对婚姻之类的事情所持有的怀疑态度,但是,那些试图去过一种不以女性为中心的生活的男性,却总是对女性大加评论。"当谢拉特试图表达自己对各种"米格道"意识形态元素的不同意见时,有人指责他"被女孩控制了思想"。不久之后,他离开了这个社群,遇到了一个与他持相同批评观点的女孩（这并不令人感到惊讶）。他沉思道："所以，我猜那些试图开女性玩笑的人最终成了被笑话的对象。"

尽管"米格道"与其他男性圈社群之间存在相同之处，但许多其他男性圈社群却对"米格道"嗤之以鼻。臭名昭著的男性圈博主马特·福尼（Matt Forney）的写作，往往跨越了男性权利活动家和搭讪艺术家之间的分野。他写道，"男性自行其道"是"一条男性行不通的道路"，并充满嘲笑意味地将"米格道"描述为"孤独处男的邪教"，还声称它实际上通过不承认男性对异性恋关系和性的决定性需求来阉割男性。福尼称"米格道"是他最初"了解反女权主义思想"的入口，但他后来转向了对这场运动的深刻批判——这使他了解男性可能以哪些方式或通过哪个渠道被吸纳进男性圈，之后迅速在不同的男性圈社群中穿梭前行，在其他领域确定他们效忠的归属。或者，在许多情况下，进一步在另类右翼的意识形态中找到归属感——这一轨迹与男性圈术语和缩略语渗透了白人民族主义者和其他另类右翼社群的博客和网站的情形交相呼应。

并非只有在男性圈之内，选择走自己的路的男性才会受到排斥和嘲笑。雅各布·戴维（Jacob Davey）表达了自己的担心，关于"米格道"这类群体的报道因过于追求轰动效应而流于表面，可能会阻碍我们去应对这些群体所面临的真实而又严峻的问题。

> 我想说的是，我们对其缺乏细致入微的理解……我认为媒体未必曾对其进行过特别负责任的报道——根据我的经验，很多媒体对这一群体的兴趣都来自这样一个事实：它非常新颖，非常不寻常，首先会被当成一个故事来看待——而事实上，作为一名研究人

员，你可能会问："为什么人们会相信这种奇怪的意识形态？"

人们很容易认为"米格道"只是一群滑稽可笑的男性，部分原因在于社会刻板印象会不由自主地嘲笑男性"畏惧"女性的观点。然而，就像对待其他男性圈社群的情况一样，人们普遍认为这只是一小群在网上活动的异常人群，其线下影响或社会影响微乎其微。这种观点是极其短视的。事实上，可以说在过去几年中，"米格道"哲学在支持者数量和成员数量上取得了规模巨大、意义重大的增长。从某些意义上讲，"米格道"比任何其他男性圈社群都更为成功地渗透进主流文化，哪怕"米格道"之名与许多关于这一现象的报道并未直接关联在一起。

在#MeToo运动的直接影响下，数百万名女性在全球范围内站出来揭露性骚扰和性侵犯的行为，分享自己的故事，却迅速遭到严厉的抵制。首先，有些人声称这些女性的证词是虚构或夸大其词的，那些公开指责公众人物的女性则被认为是贪婪的"掘金者"，只是希望借此快速成名。有人指责这个问题被女权主义暴民极端地夸大了。这些争论在公共领域中激烈地展开。当然，在男权主义论坛和社群中，这些反对意见在更深层次上得到了回应和支持。人们对所谓"被戴了绿帽子"的自由媒体感到愤怒，指责他们宣扬"#MeToo谎言"和具有超强控制欲的女权纳粹主义精英的厌男情绪。

舆论的反弹迅速激化，原本针对个别女性的批评逐渐扩大为一种更广泛的怨怼，认为整场运动是一群手持火炬的暴民的狂欢：一场甚至直接越过正当程序，旨在推翻男性的工作和生活的"猎巫"行动。一些评论家写下了一些充满恶意的长篇文章，不断侵扰那些敢于分享自己遭受虐待经历的女性，或者全盘诋毁整个运动。但在这个过程中，逐渐浮现出另一种类型的回应，它有意地利用了男性圈的技巧，让施暴者摇身一变成为受害者。这种回应如同野火一般迅速从互联网传播到现实世界，直接借用了"米格道"的核心理念："不惜一切代价避免与女性接触。"

这一切都始于谣言：有女性报告称，她们办公室里的男同事突然开始拒绝和她们一起开会，或者坚持让门敞开着。一位人力资源顾问透露，有高管声称不再独自与女性一起乘坐电梯。突然间，事情开始像滚雪球一样越闹越大——不同职业的男性突然取消了业务午餐，或者刻意回避他们以前指导过的女性。这种技巧属于典型的"米格道"行为。切断有价值的联系，拒绝重要的面对面会议，这可能会对女性职业生涯产生灾难性的影响。这种回应声称，男性是性别偏见的真正受害者，与"米格道"运动颠覆对女性的结构性压迫的做法如出一辙。因此，这一系列主流案例也试图将男性视为#MeToo运动的真正受害者。"米格道"认为，男性别无选择，不得不保护自己免受横冲直撞、报复心重的女性阴谋集团所捏造出来的虚假骚扰或虐待指控的伤害。即便这种解决方案已经极端到了与她们完全隔离。

芝加哥的一名整形外科医生告诉《纽约时报》，他已经不再与女同事单独相处了。他表示："我对此非常谨慎，因为我的生计可能会受到威胁……如果你所在的医院里有人说你与这个女人有不当接触，你就会被停职，接受调查，你的生活也就完蛋了。你如何能摆脱这种恐惧？"在这篇文章中，他明显在暗示这些指控纯粹是随机的，不以任何不当行为为依据，而《纽约时报》的文章也并未对这种暗示做出任何质疑。[2]

在得克萨斯州奥斯汀市，一位活动项目经理中止了与一名传播顾问的定期会面。他表示："有人告诉我，作为一名已婚男士，与单身女士共进午餐是不合适的。"尽管这位女士直言不讳地告诉他"她没有任何与他发展浪漫关系的兴趣,只是希望通过和他一起共进午餐来获得指导",但他还是考虑将她和另一位女性调到其他的工作岗位,以避免出现任何不恰当的"互动"。[3]你可以想象一下,当这两名女性得知这个理由后翻白眼的程度。

在2019年达沃斯世界经济论坛上,与会者告诉记者,由于受到"#MeToo时代"的直接影响,他们不再给女性提供指导。当然,他们所指的直接影响是对#MeToo运动做出的极度厌女的、蓄意歪曲的解读所造成的影响。一位美国金融高管说道:"现在我会思索再三后再决定是否与年轻女同事单独相处。"[4]显然,这个问题真的是"太敏感了"。

这些男性当中似乎就没有一个人思考过,他们只要不对任何女性进行性骚扰或侵犯,就能达到同样的效果。

尽管这些案例被无耻的媒体描绘成忧心忡忡的男性在充满敌意的社会环境中所采取的充满焦虑的,甚至是可以理解的预防措施,但如果由此暗示任何一个不曾虐待他人的男性都需要在工作场所中避开女性,这就纯属无稽之谈了。若不强烈暗示虚假指控蔚然成风,这种立场绝无可能成立。因为,如果女性不曾进行虚假指控,那么对于各种性暴力证词的直白回应,就是避免实施性暴力行为。请不要把举报性暴力行为的女性,当作某种传染性的、敲骨吸髓的疾病的携带者那样避之不及。

令人惊讶的是,这种男性圈核心意识形态不仅被成千上万互联网爱好者所吹嘘,甚至已经渗透到白宫高层。美国前副总统迈克·彭斯(Mike Pence)告诉记者,他永远不会和除妻子以外的女人单独吃饭——参议员卡玛拉·哈里斯(Kamala Harris)等女性政治家指出,在一个快速发展的政治世界里,在吃饭时开会是很常见的,彭斯的这种做法可能会对女性的职业轨迹产生巨大的不利影响。

彭斯的立场是一个非常有效的例子,很好地说明了男性圈哲学是如何披上体面和合理辩论的外衣,被温和地推向主流的。我们不知道彭斯的习惯是源于对性骚扰指控的担忧,还是一种尤为保守或具有宗教色彩的观点。鉴于基督教关于性别和性的保守教义,这两种因素可能皆而有之。(这条规则后来被称作"彭斯规则",其先例是"比利·格雷厄姆规则",而在这条规则里,传教士比利·格雷厄姆拒绝与妻子以外的女性单独用餐或会面。)问题在于彭斯如此行为的原因并不重要。虽然彭斯可能没有明确呼应"米格道"社群对普遍存在的虚假强奸指控的狂热痴迷,但这是他拒绝与女性单独用餐的隐含意义,而在#MeToo运动之后,男性和媒体都捕捉到了这一点——但彭斯本人并没有采取任何行动来缓和或纠正这种解读。

这样一个高知名度的人采纳这种规则所带来的影响不容小觑,而它赋予这种规则的合理性很快就在媒体头条中显现出来了。《名利场》(*Vanity Fair*)杂志指出:"华尔街全力支持迈克·彭斯避免#MeToo指控。"《彭博》发表了一篇题为《#MeToo时代的华尔街原则:不惜一切代价避开女性》的文章与之附和,并援引一位财富顾问的话称"如今雇用女性带来了'一种未知的风险'。如果她误解了他所说的话,会有怎样的后果呢?"。这种对男性圈意识形态明目张胆的支持和紧随其后的大众媒体报道,会使本质上极端的厌女情绪合法化,甚至对其表示共情。

在这种做法被巧妙地冠名为"彭斯规则"之前,人们会认为对此类观点的报道具有煽动性或充满偏见,因此需要对相反的观点进行谨慎而充分的呈现。但是,一旦这种观点与美国前副总统联系在一起,它就立于不败之地了：它成为体面的有效素材而被广泛报道。不久之后，其他权威人士也加入进来，这条规则不再是一个充满争议的边缘性观点，而是作为公众对话的关键组成部分被人们所接受，甚至被直接当作常识。它成为日常对话的一部分，并且因此很快被男性用来进一步推动性别歧视的议程。"设想一下，"唐纳德·特朗普的前任副助理塞巴斯蒂安·戈尔卡（Sebastian Gorka）在推特上写道，"如果韦恩斯坦遵守副总统彭斯关于与异性会面的规则，那么，那些可怜的女性就永远不会受到虐待。"当然，如果韦恩斯坦不是一个以女人为猎食对象的虐待狂，同样的结果也可以达成。我也只是这么设想一下。

事实上，主流社会将"彭斯规则"作为男性在骚扰指控时代所能采取的合理预防措施来讨论，表示这远非孤立存在的案例，而是反映在极高比例的男性在工作场所的行为中。根据休斯敦大学研究人员在2019年进行的一项研究，27%的男性避免与女性同事一对一会面，21%的男性不愿意雇用女性从事涉及与男性密切人际交往的工作（例如，涉及出差的工作）。正如作家、女权主义活动家索拉雅·切梅利（Soraya Chemaly）所强调的那样，这意味着超过四分之一的美国男性有职场歧视行为并违反了《民权法案》第七条的规定，该法案禁止职场上基于性别的差别对待。切梅利指出，这种非法行为在媒体报道关于"彭斯规则"有效性的"辩论"时鲜有提及，而且，"当女性要求我们（作为一个社会整体）不能继续容忍在工作场所出现性别歧视时，性别隔离和排斥并非合理的应对方式"。

因此，虽然"米格道"因其核心观点的可笑，可能会被认为是男性圈中最奇怪的派别之一；然而事实上，这种观点正在美国的各个工作场所中得到实践，对职场女性造成了损害。男性圈意识形态中的极端主义和厌女元素不仅是我们国际对话的一部分，而且还在潜移默化地使性别歧视的假设变得更容易被接受。

如果我们认为这个想法可能不会广泛流行，那么我们就大错特错了，很快就有一本书问世，来助长这个词的传播。兰德尔·本特威克（Randall Bentwick）在《彭斯原则》一书的内容介绍中大胆地宣称："每位美国男性都可以从我们的副总统那里学到一课。做个聪明人，购买这本手册，学习并实践'彭斯原则'。在当下和未来，保护你自己，保护你的职业、家庭和生活免遭女性虚假指控的破坏。"

这一消息并未逃过"米格道"线上社群的注意，红迪的帖子（"为什么女权主义者害怕迈克·彭斯规则"）和油管的视频（"我们发明了彭斯规则"）中都能看到此类人在幸灾乐祸地表达庆祝之情。这些都直接地证明，我们一度认为源自极端互联网边缘群体的阴暗、荒谬的诉求，实际上正在从白宫前面的草坪上向我们招手。

第四章

责怪女性的男性

> "就现状而言，男性几乎是次等人，而她们会尽其所能地摧毁男性的生活。"
>
> ——迈克·布坎南（Mike Buchanan）
> "为男人和男孩（以及爱他们的女性）伸张正义"政党领袖

把所谓"男性权利活动家"（Men's Rights Activists）称为"女性过错活动家"（Women's Wrongs Activists），或许更为准确。前者似乎具有某种崇高而又意义重大的寓意：关注当今影响男性的诸多问题。然而现实情况却与之相去甚远。男性权利活动家对男性权利的关注程度，可以与国防承包商在维护和平方面投入的关注度相提并论。社会上确实存在一个由男性组成的，专注于解决心理健康、男性刻板印象和关系暴力等问题的社群。但男性权利活动家群体并非如此。相反，他们痴迷于攻击女性。而且，他们尤其以女权主义为目标。

在解决当今影响男性的许多真实问题方面，男性权利活动家不仅几乎没有任何作为，更糟糕的是，他们的努力实际上还阻碍了许多男性受害者的进步。男性权利活动家致力于坚持陈旧的性别刻板印象，并对试图打破这些刻板印象的女性进行口诛笔伐,这往往意味着他们恰恰助长了自己口口声声想要解决的问题。

然而,在不熟悉男性权利活动家世界的人看来,他们的事业从表面上看起来是合法的、体面的。当他们声称要解决影响男性的问题,并模糊地提及诸如父亲的权利、癌症和工作场所死亡等问题时,这种声明使其听起来像是一场积极而意义重大的运动。因此,男性权利活动家往往能够躲过公众的审视,而他们的代表人物往往能在注重"平衡"的新闻节目中找到许多抛头露面的机会。该社群所声称的目标与实际活动之间的差距,使其能够扮演一种类似于渠道的角色,躲在虚假的信誉盾牌之后,将范围更广的男性圈中的厌女思想偷偷"走私"到公众视野中来。

这些男性群体与男性圈中的其他元素有很多共同点(对女性进行一概而论且充满厌女色彩的概括;假定女权主义者要阴谋制造一个不利于男性的世界;认为男性才是不平等和虐待的真正受害者)。我们不妨引用一篇典型的男性权利活动家博客文章对于该运动的总结:"从女权主义者的视角来看,'性别平等'已经沦为女性的统治和男性的受压迫。这已经导致了歧视的逆转:过去女性被边缘化,而现在被贬低的男性则取代了她们的位置。"然而,与其他男性圈群体不同,男性权利活动家并不专注于个人的性满足或完全回避与女性的互动,而是更倾向于反击。用一个男权活动家网站("反对离婚产业的父亲")的话来说,"数量愈发惊人的法律和社会制裁正在扼杀男子气概本身,而他们在同这一日益增长的趋势进行斗争"。

约翰·梅西(John Macy)于1926年在《哈珀》月刊上发表了一篇文章,他抱怨道:"厌男主义的歪曲……扭曲了现代女权主义论点中更具斗争性的部分。"［命运可曾料到，梅西后来娶了安妮·沙利文（Anne Sullivan）。她是海伦·凯勒（Helen Keller）的老师和同伴，而凯勒在为残疾人奔走呼号的同时，也是一位坚定的女权主义者。］同年，奥地利男性权利联盟成立，旨在"打击妇女解放的一切过度行为"。显然，争取女性权利意味着从男性那里拿走一些东西，这一核心观点由来已久。

但令人感到悲哀和讽刺的是，我们今天所熟知的男性权利运动最初是由一项作为积极变革力量和妇女解放补充努力的倡议发展而来的。20世纪60年代末和70年代初，女权主义掀起了第二次浪潮，由此引发了一场"男性解放运动"。男性解放运动积极支持女权主义原则，并试图解构社会以有害的方式强加一种既伤害男性又导致女性受压迫的男子气概。

在1970年的新左派杂志《解放》中，一位名叫杰克·索耶（Jack Sawyer）的年轻心理学家发表了一篇名为《男性解放论》的文章。他热情洋溢地写道：

> 性别角色的刻板印象认为"成为男人"和"成为女人"是必须通过适当行为来实现的身份，男性解放旨在帮助消除这类刻板印象……妇女争取自由的斗争不必成为对抗男性压迫者的斗争。关于男性是不是敌人的选择取决于男性自己。

沿袭着这些思路，男性意识提升群体开始集会，尤以美国和英国的集会热情高涨。这些群体让男性有机会分享他们的经验和感受，并探讨他们如何才能成为解决方案的一部分。在1971年接受《生活》杂志采访时，一位群体成员解释道："我们的敌人不是女性，而是我们被迫扮演的角色。"这足以让我们欢呼雀跃。但我们必须清醒地认识到，即使在今天，这些概念听起来竟仍然很新颖。

各类相关团体、资金和男性中心开始涌现，例如，伯克利男性中心在1973年发布了一份宣言，反映了这场更浩大工程的理念：

> 我们不再逼迫自己、恶性竞争，去迎合一种不可能达成的压迫性男性形象……我们希望与女性平等，结束男性之间具有破坏性的竞争关系……我们受到男性条款的压迫，使我们只能算是半个人……我们希望男性彼此分享他们的生活和经历，以便理解我们是谁，我们如何走到这一步，以及我们必须做些什么才能获得自由。

这场运动逐渐兴起壮大。20世纪70年代中叶，一系列书籍问世，包括马克·费根·法斯托（Marc Feigen Fasteau）的《男性机器》和杰克·尼科尔斯（Jack Nichols）的《男性解放》，为其提供了一个理论性更强的框架。

因此，早在20世纪70年代，一场由男性领导并关注男性的真正的运动就兴起了，这场运动试图解决男性所面临的问题，却不会在这一过程中对女性进行攻击和妖魔化。换句话说，这是一场男性女权运动。但是随之而来的却是毁灭性的分裂。

20世纪60年代末，一位名叫沃伦·法雷尔（Warren Farrell）的博士生迅速成为男性解放运动中一颗冉冉升起的新星。随着法雷尔越来越多地参与女权主义圈子，他加入了全国妇女组织纽约市分会的理事会，并负责建立一个全国范围的男性意识群体网络。法雷尔以其"角色反转

第四章 责怪女性的男性

工作坊"而闻名,他会鼓励男性参加男子选美比赛,并激发观众中的女性嘲笑和物化他们,以此来让男性意识到被当作一块肉来对待的感觉。为了传达养家糊口的男性所面临的压力,法雷尔同样采取了刻意的方式,按照薪水将女性排成一排,对那些收入较低的人大声喊叫,称她们为"失败者"。法雷尔受到广泛的赞扬:《人物》杂志用四个版面为他写了一篇专题报道,特意选用了他为妻子做早餐的照片,他在文章中满是抒情地讲述道:"学会如何去倾听而不是去主导……学会表现出脆弱而不是去建立完美无缺的假象。"英国《金融时报》还将他评为"百大思想领袖"之一。法雷尔后来对一位记者说:"对许多女性来说,我就像上帝一样。"这种说辞或许本应该引起一些警觉。[1]

然而,法雷尔开始对他所认为的男性处于系统性劣势的方式表示担忧。20世纪70年代中期,当全国妇女组织表明了反对离婚案件中的共同子女监护权推定的立场时,他便与该组织分道扬镳了。法雷尔的个人经历代表了男性解放运动中更大的结构性裂痕,而到了20世纪70年代末,这个裂痕已经将整场运动完全撕裂成两半。一方以全国男性变革组织(现在是全国男性反性别歧视组织)等团体为代表,坚持支持女权主义,反对性别歧视,试图挑战男性在父权社会中的角色,这种积极的、建设性的、以男性为焦点的运动今天仍然悄悄地存在。然而,反女权主义男性群体中也出现了一个主要的分离派别,其中包括全国自由男性联盟和男性权利协会等组织。于是,更加聒噪、更引人注目的男性权利运动诞生了。

1973年,社会学家史蒂文·戈德堡(Steven Goldberg)撰写了《父权制的必然性》。他在书中论述,关于生物学和人性的研究显示,女权主义的诉求是存在缺陷性和误导性的,男性统治是理所当然的,而妇女解放将导致文化上危险的不稳定性。这与当今男性权利活动家的观点颇为类似。

全国男性联盟（座右铭："使男性免受歧视"）成立于1977年，至今仍在澳大利亚、加拿大、肯尼亚、以色列、瑞典和格鲁吉亚设有分会或联络处。该组织曾多次对女性专属空间提起诉讼，指控运动队、社交活动和寻求增加女性在商业和技术领域参与度的团体存在歧视行为，并经常与组织者达成巨额和解。它还在法庭上提出诉讼，要求强行取消妇女家庭暴力庇护所的资金，除非这些庇护所也接纳男性。

多年来，包括英国男性运动、印度家庭保护基金会以及澳大利亚的一系列组织在内的其他国际组织也如雨后春笋般相继涌现。女权主义学者指出，这场运动的兴起恰逢一个重大的社会、政治和经济的动荡时期，因为20世纪60年代后的劳动力在性别和种族方面迅速变得更加多样化，撒切尔主义和里根经济学导致劳动力市场和工会活动发生了急剧的转变。因此，当代的男性权利运动至少在一定程度上被定义为"对顺性别白人男性社会地位下降以及女权主义和多元文化激进主义作为主流政治力量出现的回应"。

该运动开始反对女权主义者及其所做的种种努力，认为男性是真正受压迫的性别，并关注其声称的揭示系统性反男性偏见的问题。1993年，法雷尔出版了《男性权力的神话》，被称为男权运动的"圣经"。在这本书中，他提出了诸如自杀率、征兵、男性预期寿命、只有男性才会罹患的癌症等话题，并就此让这些话题成为男性权利运动的重要基础。尽管这些话题都是非常实际的问题（英国男性的自杀率是女性的三倍；男性退伍军人仍旧面临贫困和精神创伤；男性癌症对患者来说是毁灭性的），但这场运动却扭曲和利用了它们，将它们变成武器，用来对抗女性和女权主义事业，而不是致力于为受其影响的真正受害者提供支持。

法雷尔的书认为，女性实际上比男性拥有更大的经济资本，因为她们从丈夫的工资里获取钱财来购物。他暗示，女性薪酬不平等只能怪她们自己，而反性骚扰的保护措施只会让公司对雇用女性失去兴趣。在预示着非自愿独身者、搭讪大师以及现代男性权利活动家群体的论点中，法雷尔声称女性的"超短裙权力、乳沟权力和调情权力"给予她们比男性更大的社会优势，并暗示女性会提出虚假的性骚扰和强奸指控，而"没有人教男性去起诉那些在'可以'和'不可以'之间摇摆不定，因此给男性造成性创伤的女性"。他还将男性对女性的"谋杀、强奸和家暴"描述为"用一分钟的表面权力来弥补多年的潜在无力感。这是无力者绝望的表现"。

在接受采访时，法雷尔将男性失业和女性被强奸直接进行了比较，认为两者都会导致羞辱和"自我概念"的降低，因为"当一名男性被迫失业时，他会受到羞辱……他会感到被侵犯，感到被剥削"。[2]

当法雷尔的思想成为新兴男权运动的基本原则时，一批新的组织如雨后春笋般涌现，响应法雷尔的战斗口号，将怒火和精力转向女性和女权主义，而不是用来反对父权制及其有害的男子气概规范。法雷尔的书严厉批评了《美国暴力侵害妇女法案》（该法案大幅增加了对受暴力侵害的妇女的资金支持和法律补救措施），认为该法案违反宪法，边缘化男性，对男性不利。男性权利活动家群体随后不断开展运动，试图削弱该法案，呼吁将重点放在虚假指控的受害者身上，并促使该法案保持性别中立。

随着男权运动的理念传播到互联网上，一个由网站、社群和意见领袖组成的新网络给了它新的生命，使它能够接触到一大拨新的皈依者。

最初的互联网男权活动家的话题往往集中发布在早期的Usenet论坛上。一项关于男性圈语言使用的研究发现，有证据表明，随着男权活动家开始在网上试图"抹黑女权主义"、"对女权主义者进行概括"并"在歧视男性和歧视女性之间建立对等关系，确立两者同等有效"，"厌男主义"这一话题越来越频繁地在此类留言板上被讨论。这份研究报告的作者指出，无论是最初的Usenet用户群还是当代男权运动的人员构成，都主要由"受过教育、精通技术的白人男性"组成。[3]

随后，在20世纪90年代末和21世纪初，"厌男主义"一词的使用和男权活动家在网络上的活跃度呈爆炸式增长，专门致力于这一事业的网站不断涌现。虽然现在有数百个这样的网站，但最知名和最有影响力的可能是2009年由卡车司机保罗·伊拉姆（Paul Elam）创建的"男性之声"，他声称自己深受《男性权力的神话》的影响，进而成为法雷尔的朋友和门徒。该网站的内容和伊拉姆的个人言论是更广泛的男权运动的典型代表，他们将对真正影响男性的问题的报道与针对女性和女权主义的厌女主义和暴力言论结合在一起，并发表煽动性和误导性言论。

伊拉姆错误地声称："妇女正在变得越来越暴力。她们在家庭暴力中与男性旗鼓相当，一击还一击，她们给家里的孩子造成了巨大的伤亡。"他提出了一个著名的建议，将每年的10月，也就是家庭暴力意识月，改名为"痛打暴力婊子月"，并建议男性把有身体虐待倾向的女性"打得屁滚尿流"，"然后让她们来收拾残局"。他后来声称自己这样说只是为了营造讽刺效果。伊拉姆最早在2010年就发起的"痛打暴力婊子月"的倡议组，也在随后的几年里对此更是变本加厉。

伊拉姆的油管频道"倾听男性"（"An Ear for Men"）也为他提供了一个平台，向超过10万名订阅用户定期发布视频和音频——他的许多

个人讲座吸引了超过50万次的点击量。在2017年的一段录音中,他总结了男权运动的理念,指出:

> 阴户是女性所拥有的唯一真正的赋权。抛开女权主义意识形态中所有无可救药的一厢情愿不谈,剩下的仅有的事实是,从成就中汲取力量、发明技术、建设国家、治疗疾病、创建帝国并普遍推动文明进步的是男性,而且几乎只有男性。

2010年,伊拉姆在"男性之声"上发表了一篇关于强奸的文章。文中写道,"穿着暴露、行为挑逗"的女性"简直是在乞求"男性来强奸她们,并补充说,很多女性"愚蠢(而且往往很傲慢)到"在她们"空虚"和"自恋"的脑袋上树立起形象的"'请强奸我'的霓虹灯标语"。

他还在另外一篇博客文章中吹嘘道:"如果我被选为强奸案的陪审团成员,我将公开宣誓,即使有确凿证据证明指控属实,我也会投无罪一票。"(这篇推送至今仍可以在"男性之声"频道上读到。他后来在"男性之声"一篇编辑手记中声称,这篇文章是"故意写得具有煽动性的",旨在迫使读者"面对残酷的现实"。)

伊拉姆将女性描绘成纵容者,这让人不禁联想到非自愿独身群体,而他对虚假强奸指控的痴迷则使他向"米格道"看齐,但他激进的立场、对女权主义者的攻击、破坏现实世界为女性和幸存者提供保护的措施的明确企图,让他坚定地站在了男性权利活动家阵营。

即使在今天,男性运动两大阵营之间的深刻分裂依然清晰可见。由于男权运动的滑天下之大稽,"男性之声"等机构所支持的极度厌女且往往充斥暴力的言论，已经完全掩盖了真正的男性组织正在开展的工作，也遮蔽了这些组织在认真解决而男权运动假装关心的问题。

由男性发起并服务于男性的善意行动是存在的，其中有些行动仍然在以男性解放运动的名义开展着。在美国，全国男性反对性别歧视组织继续举办关于男性和男子气概的年度会议，并就父亲身份、儿童监护权、消除种族主义和男性心理健康等问题设立全国性的工作组。在英国，"好小伙子倡议"（Good Lad Initiative）在中小学和大学举办创新研讨会，让年轻男性与男孩讨论性别角色问题，探讨这类刻板印象对他们及其心理健康的影响，并向他们传授技能和方法，帮助他们成为更平等文化的一部分。然而，这些重要的努力却有可能因为男权活动家肆无忌惮地暴力破坏男性运动的公众形象而遭到抹黑或掩盖。

这种损害不仅仅是附带发生的。2014年，伊拉姆和"男性之声"发起了蓄意针对"白丝带"组织（一个由男性领导的反家庭暴力组织，旨在让男性和男孩参与反对暴力侵害妇女和女孩的斗争）的攻击。伊拉姆用域名whiteribbon.org创建了一个模仿网站，几乎完全复制了官网的布局，但用反女权主义宣传和虚假或扭曲的"事实"取代了官网上的内容。这个虚假的网站还为这项事业寻求在线捐款，乍一看，很容易被访问者误认为是在为真正的、备受尊敬的白丝带运动筹集捐款。然而，这些资金却直接流向了"男性之声"的账户。[4]

虽然其中一些例子听起来很极端，但"男性之声"绝对不是一个外围的或者边缘性的组织；相反，它是男权运动最大的焦点之一，经常被认为是该社群规模最大、最具影响力的网站。其论坛包括非洲、欧洲、南美洲和印度等地区分论坛，共拥有13 000多名成员，发布了25万条主题帖，而它的实际读者和追随者数量可能比这个要多得多。

事实上,"男性之声"当然也不是最暴力或最厌女的男权活动家社群。这一群体不仅鼓吹一些经过精心打磨、措辞听起来非常合理的内容,它还囊括了同非自愿独身者理念一样暴力的意识形态。例如,臭名昭著的博主"巴达缪"(Bardamu,马特·福尼的笔名)就运营着一个极具影响力的博客,其中融合了各种搭讪艺术和男权运动的元素。福尼曾声称,该网站每月有5万人次的访客。[5]该网站现在已经不复存在,但福尼仍然是一个活跃且多产的男性圈成员。

"巴达缪"描述了实施家庭暴力的"必要性",并声称殴打自己当时的女朋友促成了"我有生以来最激烈的和解式性爱"。福尼的网站还将针对家庭暴力受害者的虐待行为归咎于她们自己,称"她们被虐待她们的男人所吸引……因为,这让你在不知不觉中感到兴奋,让你下体湿润"。福尼在一次简短的事后思考中总结道:"你不应该打女人,除非你想最终入狱。但原则仍然成立。女人应当受到男人的恐吓;只有这样,她们才能比黑猩猩表现得更好。"这番言论显然是一种可笑的尝试,意在先发制人地阻止别人指控他煽动暴力。

在英国,有四分之一的女性会经历家庭虐待,而在这个世界上,有三分之一的女性在一生中会被强奸或殴打。因此,诸如此类的言论在网上容易获取并被热情地分享,绝对不是一件小事。我们希望能够确保,这种极端的想法不会从电脑屏幕跳入真实的世界,但这在很多情况下确实会发生。

这些例子只是由社交媒体群组、论坛和组织所组成的庞大且互联的网络的一部分,全世界有数十万名男性访问、订阅和参与了这些网络。例如,红迪上主要的男性权利活动家小组"r/MensRights"现在拥有近25万名成员。他们往往非常积极且活跃,每天都发布数百条,有时甚

隐秘的角落

至是数千条新的评论和帖子。该子论坛主要由男性组成，他们突出强调了有关虚假强奸指控的新闻报道，并分享他们对女宇航员执行任务（浪费纳税人的钱）或类似报道的愤怒。

该运动还进行了一种有针对性的骚扰行为，这种行为更广泛地与男性圈，特别是那些自称"网络喷子"（trolls）的男性联系在一起。当女权主义作家杰克琳·弗里德曼（Jaclyn Friedman）批评"男性之声"时，伊拉姆发表了一篇关于她的博客文章。他在文中写道："我发现，作为一个女权主义者，你是一个令人厌恶的、卑鄙的人类垃圾。我发现你是如此恶毒和令人厌恶，一想到要把你干出屎来，我就会勃起。"其他批评男权运动的人则成为"人肉搜索"的大规模骚扰手段的目标，他们通过这种手段，将骚扰目标的个人联系方式曝光并广泛发布在网上，煽动人们用霸凌和威胁的言论轰炸他们。一名女性遭受的"人肉搜索"可能会包括收到数百条来自男性的辱骂信息，这些男性会希望她"享受被肛交玷污的乐趣"。而对于其他女性而言，她们遭受到的"人肉搜索"包括她们孩子学校的详细信息被公开，这就意味着她们的家人可能会被追踪；或者有人刻意发起运动，向她们的工作场所提供错误信息，意在让她们被单位解雇。多年来，一名臭名昭著的男权活动家异常狂热和痴迷地针对我，正如《卫报》记者所写的，他的行为"很容易被误认为是在跟踪"。他的网站上目前有164篇关于我的文章，这些文章通常会用诸如"有人要给劳拉·贝茨换尿不湿吗？"之类的标题。他会在文章中将我称为"他妈的可怜虫"和"蠢货"。他一次又一次地写关于我的伴侣和我的私生活的文章，说他为了避免与我结婚的"悲惨命运"，宁愿"不打麻药就把两只脚都啃下来"（这不禁让人觉得很奇怪，他为何会自愿花这么多时间和精力来关注我的恋爱选择）。

在一定程度上，男性权利运动也试图利用为数不多但极有发言权的女性群体（这些女性群体以拒绝女权主义思想为荣）进行宣传，进而改观自己极端的和暴力的厌女主义形象。其中规模最大的是一个自称"蜜獾"的群体，她们在网上受到男权活动家的狂热追捧。加拿大人凯伦·斯特劳恩（Karen Straughan）在油管上的视频吸引了数百万人观看，而珍妮特·布鲁姆菲尔德（Janet Bloomfield）则在其深受欢迎的博客中大肆抨击性暴力的女性受害者，并痛斥单亲母亲。

例如，布鲁姆菲尔德（声称自己博客的年点击量约为100万次）曾将电视明星吉米·萨维尔（Jimmy Savile）性侵的未成年女性受害者称为"想要获得跟大明星共度时光的所有好处"的"追星少女"，而且她们"明白这是有代价的，她们也为此付出了代价"。她总结道："现在她们又声称男性虐待了她们？在我看来，情况恰恰相反。"布鲁姆菲尔德写道，在斯托本维尔强奸案发生后，两名年轻男性因强奸未成年人而被定罪，这是"男孩的悲剧"。布鲁姆菲尔德将他们的女性受害者描述为"一个醉酒的、放荡成性的愚蠢妓女"，而不是强奸的受害者。斯特劳恩在"r/TheRedPill"子论坛上发布的与男性粉丝进行的"问我任何问题"讨论中称："强奸犯要么是一个非常受伤的男人（通常被女人伤害），要么是一个真的真的非常想要性生活但无法说服女人和他睡觉的男人。"[6]

不难理解，为什么这种情绪由女性表达时会获得更多的支持，而受到的社会指责也会更少。事实上，男权运动清楚地意识到，尽可能地突出这一极少数成员的观点是有益的，这样可以让人们觉得他们的观点是合理的，而不是深度厌女的。如果女性也同意他们的观点，他们怎么会厌女呢？正如"男性之声"前总编辑迪安·埃斯梅（Dean Esmay）所说："人们想要相信，我们是一群悲伤的、可悲的失败者，没法和女人上床，只是因为妻子离开了我们而感到痛苦。而女性在运动中的存在恰恰造成了某种认知失调。"[7]

和其他男性圈社群一样，男权活动家依据可疑的、经过拼凑的生物学理论，来支持他们的许多论点。但这可能会导致令人绝望的错综复杂的或弄巧成拙的逻辑。例如，我们的祖先是狩猎采集的穴居人，这种观点经常被毫无幽默感地用来鼓吹社会中的传统性别角色。许多男权活动家认为，女性应该停止叫嚣在专业职位方面的诉求（尤其是在科学、技术、工程和数学等历来由男性主导的领域，女性的大脑显然不太适合这些领域），并接受留在家里、照顾丈夫和抚养孩子的生物学要求。这些观点与其对女性（尤其是职业女性）的家庭和道德价值观衰落的谴责不谋而合。或者，人们会怀旧地回想起男性养家糊口、女性养育孩子，为丈夫提供支持的日子。

但与此同时，这场运动也聚焦父亲的权利和监护权纠纷，并愤怒地宣称，父亲在家庭事务案件的审理中惯例性地遭到歧视，无法公平地与孩子接触，也被拒绝独立承担抚养责任，这种反差无疑是一种巨大的讽刺。

男性权利活动家显然不会承认，女性更容易获得孩子监护权的现象（虽然其背后的原因远比他们所暗示的要复杂得多）与他们传播的过时的性别刻板印象和假设直接相关。也就是说，正是由于社会坚持认为女性的"自然"角色是在家里——认为从生物学上讲，女性倾向于养育孩子，不适合进入职业世界——才导致育儿和监护权的不平等分配。但男权活动家并没有将他们的愤怒延伸到这种不平等分配对妇女的生活产生负面影响的方式上：产妇歧视每年将约54 000名妇女逐出工作场所；另外，"母职惩罚"会影响女性的职业生涯并削减她们的工资，而职业父亲则因此获得了相应的收入增长。也许最具讽刺意味的是，有一群人坚定地与这些刻板印象作斗争，努力实现更好的育儿假共享和照顾责任分担，而她们正是男权活动家不懈地与之作斗争的群体：女权主义者。

"女性天生更善于养育子女。她们通常也更善于照顾孩子、老人和体弱者。"男性权利机构的网站如是说。而该机构在另一个网页上声称："政府建议取消共同育儿条款，就好像父亲在孩子的生活中不重要一样，但我们知道，在单身母亲家庭中长大的孩子更容易受到伤害。"这场运动本身就是它自己最大的敌人。

除了使用过时的"科学"和自相矛盾的伪心理学（斯特劳恩在"问我任何问题"的主题帖中自信地断言："一个女人必须比85%的女人更情绪稳定，才能像普通男人一样情绪稳定。"），男权活动家还倾向于通过刻意甄选、错误引用或故意编造统计证据来支持他们的事业。

在讨论男权活动家"刻意甄选"的策略时，洛伦娜·博比特（Lorena Bobbit）的案例值得一提。多年来，洛伦娜在丈夫约翰手中遭受了身体暴力、性虐待和心理虐待。在1993年，约翰晚上回家强奸了她，于是洛伦娜用刀割下了他的阴茎。尽管她在审判中被判无罪（检方和辩方律师都认为其行为由多年的强奸、虐待和恐怖行为后爆发的短暂性的精神错乱造成，而且他们也都认为约翰·博比特有既往虐待历史），但男权活动家还是抓住了这个案子，直到今天仍将其作为复仇的女性具有暴力因素的证据。这就是该运动的典型做法，突出个人化的、情绪化的，往往又不同寻常的案例，而当有压倒性的统计证据与之相左时，会刻意对这些案例进行歪曲，暗示它是一个更为广泛的模式或性别中立的问题。

这种策略无非就是为高度性别化的议题制造虚假的对等性别案例，

它不仅是一种刻意的操纵，而且也损害了那些应该得到帮助、支持和同情的真正的男性受害者的事业。如果男权活动家真正关注男性幸存者的需求和痛苦，那么他们完全可以为专业庇护所进行宣传和筹款，或提高人们对男性虐待行为报道的耻辱感的认识，而不是攻击女性庇护所、辱骂反对性暴力的女性运动者，以及故意歪曲统计数据，以表明女性要比男性更为暴力。而且在男性性暴力施虐者的男性受害者这一紧迫而禁忌的话题，他们又"大张旗鼓"地保持沉默。

在另一些情况中，一些团体甚至更进一步，干脆完全编造统计数据。澳大利亚父亲兄弟会发起的"21位父亲"（#21fathers）运动备受瞩目并被频繁引用，它便是其中的一个例子。这场运动经常被政治家和记者在主流媒体上引用，其突出特点是声称"每周有21名澳大利亚父亲因为无法与孩子接触而自杀"。这一统计数据随后被广泛采用和重复引用，尽管它在事实上并没有确凿的依据。澳大利亚父亲兄弟会网站上关于这场运动的副标题是"统计数据真的令人震惊！"，但随后又公开承认，这一数据"最初来自某个个体的讲述……此外还有其他一些信息来源"。媒体机构和专业组织进行的大量事实核查表明，这一统计数据没有可靠的来源，但澳大利亚父亲兄弟会和更广泛的男权运动继续随意且情绪化地使用这一数据，来论证家庭事务的判决存在系统性的偏见，而且这种偏见正在摧毁男性的生活。

这并非一个经过精挑细选的偶发案例。这场运动的绝大多数基本论点都是基于可疑或完全错误的假设。

在对这一问题的一项调查中，美国女权主义事实核查机构Skepchick分析了全国数据和深度元数据。结果显示，在超过一半的案件中，父亲根本不会要求监护权，所有监护权案件中只有约5%的案件存在争议，最终由法院来做出裁决。即使在这些情况下，2013年的研究也显示："监护人的性别并不重要，获得监护权的最重要因素是精神稳定、犯罪史和经济来源。"Skepchick的分析最后得出结论："当［男性］追求监护权并最终诉诸法庭时，他们很有可能获得监护权，尤其是在母亲试图让孩子远离父亲的情况下，更是如此。"

在英国，家庭法律师解释称，法律并不偏袒母亲一方，孩子的最大利益是决定监护权的唯一依据。华威大学的一项综合研究得出结论："没有证据表明英格兰和威尔士的家事案件因为性别偏见而歧视父亲……事实上，父亲提交的监护申请'绝大多数都成功了'。"

此外，尽管男权活动家社群中有相当一部分人专注地宣称，女性为了赢得孩子监护权经常提出虚假虐待指控，但事实表明情况并非如此。根据有史以来对虚假虐待指控进行的最彻底的一项研究，在确实出现此类指控的极少数情况下，无监护权的一方（其中绝大多数是父亲）最常提出此类指控，占总数的43%，其次是邻居和亲戚，占19%。有监护权的一方（其中绝大多数是母亲）最不可能提出此类指控，其比例仅为14%。[8]

当然，虽然我们驳斥了司法系统中存在针对父亲的根深蒂固的偏见的观点，但这并不是在否认许多男性个体在具体案件中实际遭遇或感知到不公的真实性——其中许多案例在男权活动家网站上都有详尽的描述。但是，这些案例远非男权活动家所说的那样，是系统内部仇视男性的女权主义阴谋造成的结果，其事实很可能恰恰相反。男性正成为男权活动家帮助维系的刻板印象的受害者。

男权活动家一次又一次地表现出一种顽固而故作迟钝的决心，将男性所遭受的厄运统统归咎于经常为解决这些问题而付出最大努力的女性——他们几乎不关心自己在这个过程中可能会对他们声称支持的男性造成怎样的伤害。

例如，我们知道自杀和心理健康是男性面临的一个主要问题。统计数据表明，离婚和分居者——尤其是这一群体中的男性——的自杀风险更高。探究过这一现象的研究人员认为，"（对于配偶和'婚姻体系'的）怨恨、痛苦、焦虑和抑郁"都可能会导致自杀风险。因此，"21位父亲"之类的运动代表了一种对真实而严肃的问题的粗暴且不负责任的歪曲。正如作家丽贝卡·沃森（Rebecca Watson）所指出的那样，如果研究人员担心对"婚姻体系"的怨恨可能是导致分居男性自杀风险的一个因素，那么助长反女权主义阴谋论，大肆鼓吹"婚姻体系"对男性有偏见并对他们不利，这种做法往好了说是没有任何益处，往坏了说可能会带来毁灭性的后果。当然，任何一个在互联网上搜索孩子监护权问题、心理健康危机或性暴力经历而需要紧急支持的男性，如果登录了许多可能出现在搜索排名前列的男性圈网站，都有可能留下自己"无法获得支持"的印象。然而事实上，他们可以通过多个群体和求助热线来寻求帮助。这并不是在否认男权运动声称此类服务（与针对妇女和女童的服务一样）往往资金不足、服务不到位的说法，但夸大其词地声称这些服务根本就不存在，以至于阻止男性获得现有的服务，这就很难说是一个真正致力于为有需要的男性提供支持的团体该有的作为了。

尽管存在所有这些相反的证据，但男权运动努力将自己塑造成一支道德高尚的运动力量，使其能够充当声势更浩大的男性圈中更极端思想的渠道，为非自愿独身者或搭讪艺术家网站上流行的诸多意识形态披上体面和正义的外衣。因此，如果我们要将这些不同的男性圈群体视为一整个光谱，那么男性权利运动就是一个重要的"入口"，那些源自极端主义空间的论点和信念就能够借助它,在表面上合理的怨诉和关切的支撑下,以相对体面的方式进入公共领域。南方贫困法律中心称,"男性权利运动生活在一个伪学术的、表面上体面的泡沫中",该中心将其归类至"男性至上运动"名下,认为该运动"错误地将所有女性曲解为在基因上低男性一等的、善于操纵的蠢人,并将其贬低为生殖或性功能的工具"。然而,主流媒体仍普遍倾向于为男性权利活动家提供与女性权利代表"辩论"的机会,或允许他们在全国性平台上表达他们的立场。

例如,英国广播公司(BBC)的一篇文章用大量篇幅介绍了伊拉姆的观点和语录,除了简单提及"女性仍然面临一系列严重问题"之外,几乎没有包含任何反驳或内容审查。伊拉姆在文章中表示:"大多数歧视都针对男性。事情的真相是,男人正在遭受苦难。"这篇文章发表于2017年国际妇女节,在很大程度上是对电影制作人凯西·杰伊(Cassie Jaye)的纪录片《红色药丸》饱含同情的宣传,而纪录片本身号称是对男权运动的一项不偏不倚的探索。在这篇文章中,BBC记者称网上的一些男权活动内容"是可悲的",并列举了伊拉姆的"痛打暴力婊子月"等例子,但紧接着又提到了杰伊关于自己"容易受到冒犯"的"顿悟",并暗示"一些女权主义边缘人士也使用了同样令人震惊的语言"。此类文章所产生的影响是在充满暴力、厌女的男权活动和女权运动之间制造一种虚假的对等,暗示两者之间的分歧需要更为平衡的辩论来解决。作者后来表示:"也许在男性权利活动家和女权主义者之间有一些相似之处。"文章还不加批判地引用了杰伊的一句话:"在这些运动中有很多镜像的对立面"。文章最后还为纪录片打了一段广告。[9]

但这篇文章完全没有提到杰伊在"创意众筹"平台上发起的筹款活动,得到了来自伊拉姆、"男性之声"、另类右翼反女权煽动者米洛·伊安诺普洛斯（Milo Yiannopoulos）的大力支持，而整个影片的拍摄几乎完全是由男权活动家资助的。米洛·伊安诺普洛斯在另类右翼反女权媒体布赖特巴特网站上吹嘘说，关于杰伊遇到资金困境的报道在社交媒体上被分享了"数千次"后，数千名男权活动家在几个小时内就为这部电影募齐了款项。剧透提醒：杰伊吃下了红色药丸，看到了光明，并谴责了自己邪恶的女权主义方式。

这部由仇恨组织资助的男性权利活动大型宣传片能够得到BBC如此正面的支持，充分说明男权运动已然将自己塑造成一项合理、正当的事业，从而获得主流媒体的曝光，这反过来又有助于使其进一步合法化。

在广受欢迎的澳大利亚早餐电视节目《周末日出》上，伊拉姆受邀发表了自己的观点，该节目的标题栏赫然写道："是时候发起男性运动了——男性的生活选择比女性少吗？"节目强调了女性养家糊口者的崛起，并充满同情地宣称"男性所归属的群体比以往任何时候都更令人感到心酸"。伊拉姆在节目中说，女性可以自由选择全职工作、兼职工作或做全职母亲和家庭主妇，而男性只能选择全职工作。当被问及越来越多的父亲从事育儿工作时，他回答说，在提到全职母亲时，人们往往给予她们正面的称呼，又阴阳怪气地声称，人们只会用"软饭男"来称呼全职爸爸。"嗯，"女主持人回答道，"你说的很有道理。"当伊拉姆被问及他在"男性之声"的一些声明时，他又在节目中阐述了其网站关于我们需要"结束对强奸的大肆渲染"的观点，他还借此公开声称学者和政客引用的强奸统计数据"根本不真实"。虽然男主持人确实在某些问题上对伊拉姆提出了质疑，比如他关于如果自己是陪审员，将宣布强奸犯无罪的著名断言，但这给了伊拉姆机会，让他滔滔不绝地谈论"检察官的不当行为……缺乏正当程序"和虚假指控，暗指政府的阴谋，并列举出他认为被定罪的无辜男性的名字。伊拉姆在节目结束时说："我很高兴来到这里。"在这段节目中，并没有其他嘉宾驳斥或反驳过他的说法。

与其他男性圈元素一样，男权运动也占据了令人震惊的巨大网络空间，但与其他许多厌女的网络社群相比，它占据了更多的现实世界空间。这要归功于压力团体、政党和运动组织的存在，这些组织举行会面、抗议和大会，比非自愿独身者等群体更加直接地与主流媒体和政治结构接触。

政治活动也促进了网络仇恨向日常社会的渗透。2013年2月在选举委员会注册的英国政党"为男人和男孩（以及爱他们的女性）伸张正义"便是一个典型的例子。就其本质而言，这个特殊的男权活动家群体摇身成为一个正式的政党，使这个以前自称反女权主义联盟、现在缩写为"J4MB"的组织能够获得大量的媒体报道。从《每日电讯报》到BuzzFeed再到《观察家报》，各大媒体的文章中都引用了该党领导人迈克·布坎南的言论，例如，"我们听到了很多关于厌女主义的报道，这类情况实际上非常罕见，但对男性的仇恨却极为普遍……就现状而言，男性几乎没被当成人，人们会尽其所能摧毁男性的生活"。布坎南以政治家的新身份，对女性面临的玻璃天花板"迷思"畅所欲言，他说："女性只是想在生活中做点其他事情……她们的动力没那么足，从职业巅峰中获得的利益也较少，所以她们自然不会像男性那样付出努力。"[10]虽然大部分针对他的报道都是批评性的，但在政治领袖竞选公职的背景下，这些言论出现在全国性媒体上，这一事实本身就为男权活动家的意识形态提供了一种合法性和可接受性，同时也为潜在的易受影响的皈依者提供了一个途径，使他们可能会因此进入该运动的一些更极端的网络空间。这就可能会带来潜移默化的影响。例如，一篇报纸文章将布坎南描述为三本书的作者，这给了他一种学术上的可信度，却没有提到这三本书都是他自费出版的——其中一本是反女权主义的大部头书，封面上印有一张咆哮的吸血鬼女人的照片，而这本书在亚马逊排行榜上仅排名第602 916位。

该党的油管频道用于记录其成员在广播和电视上的露面，上传了大量视频，其中包括接受BBC肯特电台、BBC苏格兰电台、伦敦广播公司、凡妮莎·费茨（Vanessa Feltz）、talkRADIO、BBC三郡电台、BBC诺丁汉电台、BBC莱斯特电台、BBC布里斯托尔电台、BBC阿尔斯特电台、英国独立电视台《今晨》节目、维多利亚·德比郡、天空新闻、BBC旗舰节目《每日政治》和《周日政治》等节目，甚至还包括土耳其电视台的采访。

这个政党的两名议会候选人在2015年5月的大选中总共只获得了216张选票，然而它得到的主流媒体曝光度和播放量堪称规模巨大。该党的网站不断推广传播《女性谎称被强奸的13个原因》和《虚假强奸指控普遍存在的10个原因》等文章。该党的竞选宣言呼吁废除2010年《平等法案》的许多条内容，并认为女性在亲密关系中与男性一样具有身体攻击性，甚至比男性更具攻击性。宣言的大部分内容都被全国性媒体不加批评地转载——其他类似规模的政治宣言肯定不曾得到过这样的重视。在这里，我们看到，这个问题的另一方面变得愈发清晰起来：男权活动家利用了媒体对"争议"的渴求。

2018年，当我开始撰写本书时，我几乎一直潜伏于各大平台。而在这些平台上，男性幻想着暴力地强奸女性，讨论着诱骗和强迫她们发生性关系的最佳方式，并强烈反对她们的投票权或堕胎权。就在这段时间里，我偶然发现了一段为即将到来的男权活动家会议而制作的广告视频："给男人的信息（2018年版）"。这段视频引起了我的注意，主要是因为视频中出现了我的很多图片。似乎在组织者看来，宣传这次会议能够"为男性传达积极信息"的最佳方式是使用高调的女权主义者的照片做成的视频，而其中大多数画面都经过粗略的修图处理，给我安上了魔鬼的红眼睛或犄角。鉴于他们不遗余力地让我拥有参与感，参加这次活动似乎才显得公平。于是，我在网上购买了门票。这次活动听起来很对亚历克斯的胃口，所以我以他的名字订了票，以防我的名字会打草惊蛇。购完票后，我立即收到了几条关于会议地点严格保密的信息，由于担心愤怒的女权主义抗议者可能会搞破坏，会议地点只能在活动前一天的午夜之后透露……

活动当天早上，我收到了期待已久的邮件，其中详细介绍了这次秘密会议的地点。我本预计那会是一个大学场馆，或者是一个普通的会议厅。但我查了两次，确认地址是伦敦唐人街一家名叫"奥尼尔"的酒吧。邮件巧妙地将其描述为一个"娱乐场所"。我在谷歌上搜索酒馆的网站后发现，举办活动并非其常规业务，但它提供预订酒馆空间的服务，供希望"下班后小酌几杯"的人使用。这让我对这次活动的实际规模有了一定了解，并不像它在网上大肆鼓吹的那样是一次大型会议，将邀请学者、活动家和作家参加，还鼓励男权活动家在门票售罄前抓紧抢购。尽管如此，我还是动身前往了唐人街。

当我走近会场时，我看到前面的人们迫切地排起了长长的队伍。到场人数令人印象深刻。但是，当我再走近一点时，我发现人群等在一家很受欢迎的、售卖小面包和油酥糕点的中国甜品店外。奥尼尔餐厅安静地坐落在队伍的另一头，里面的酒吧照常营业。我走近几名一头雾水的

隐秘的角落

工作人员，他们中的大多数人似乎根本不知道酒吧里正在举行活动。后来一名工作人员离开了，他试图去打听"会议"到底在哪里举行。最后，他又出现了，然后引导我走上两层略显黏稠的楼梯，来到一个相当阴暗、天花板很低的房间，房间的墙壁都被刷成了深灰色，里面摆放着一些椅子，正对着一个临时舞台。在一个角落里，一棵圣诞树向一侧微微下垂，树上装饰着廉价的红银相间的小饰品。

当我和十几个人一起等待入场时，我的心跳开始加快。我忍不住去想，现在这群人，和那些给我发图文并茂的电子邮件、扬言要把我从这个世界上消灭掉，或者正等在我家门口强奸我，直到我求饶的人之间，有着怎样的重叠。我悄悄地溜到房间后面的一个座位上，觉得在任何时候都可能会有一只愤怒的手压在我的肩膀上，或者会有人大叫一声认出我来。等了一会儿，我的心率慢慢稳定了下来，便抬起眼睛打量周围的环境。一张吧台占据了房间的大部分空间，聚集在吧台周围的人们都在点饮料并跟他们熟识的人打招呼。

大概有六十名男性在吧台附近转悠。我数了数，有几位女性，她们大都比男性年轻。大概有七名有色人种男性在场，但没有有色人种女性。最大的单一人群似乎是50多或60多岁的白人男性，但也有一些年轻男性看起来像是20多或30多岁。其中有一名男子还带来了一个10岁左右的孩子。大多数男性都穿着得体，有几位还穿着时髦的西装，打着领带。我看到一名男性穿着一件印有"男命攸关"字样的黑色T恤。另一位的衣服上印有标语"这就是性别平等活动家的样子"。在这群衣冠楚楚的与会者中，并没有出现传说中在母亲的地下室里对着电脑屏幕挤眉弄眼的、穿着Y字裤、脸上长着粉刺的青少年。他们是你在大街上擦肩而过之后不会留下任何印象的男性。与男性圈的其他居民一样，他们

第四章 责怪女性的男性

全都是我们会在大街上擦肩而过的男性。

其中一位坐在我旁边，友好地做了自我介绍。我们聊了聊他来自伦敦的哪个片区——那里的周末是多么安静，可以让他在忙碌一周之后放松一下。他礼貌地询问了我所在的街区，我回避了几个关于今天为什么会来这里的问题，只是含糊地提到想更多地了解这场运动的愿望。我这样回答严格意义上讲也没错。他告诉我，他参加过以前的活动，包括在伯明翰举行的那一次，他发现英国"大多数此类聚会"似乎都在伦敦举行，这对他来说很方便。我们又寒暄了几句，然后陷入了沉默。随后，他将发表讲话，扬言要对英国前皇家检察署署长艾莉森·桑德斯（Alison Saunders）在任职期间支持性暴力受害者的罪行提起法律诉讼。

一位年轻的女士走上舞台，欢迎各位与会者的到来。随后，她话锋一转，邀请我们查看会议宣传单，将我们的注意力转移到古典神话中。传单上有一个只穿着腰布的肌肉发达的男人，正手持金属工具在火炉前工作，周围还有其他蹲着的男性形象。这些意象的同性恋性质显然不是有意为之。她解释说，这幅图像本应代表普罗米修斯为了给人类带来财富而反抗众神的牺牲——她解释道，火代表了许多重要的男性品质。而关于潘多拉带来人类所有问题的评论则遭到了台下听众赞赏性的嗤笑。为了增加真实性，这些会议似乎必须要以古鉴今，这一要求也在此得到了适当的满足。

然后，一位男性权利活动家带领我们快速回顾了本年度发生的重大事件。当他提及卡瓦诺听证会（之后，尽管背负性侵犯指控，他最终还是被确认为美国最高法院大法官），并将其视为#MeToo运动垮台的标志时，在场的观众对此大为赞赏。而当他回顾唐纳德·特朗普和他的妻子梅拉尼娅在卡瓦诺被确认为最高法院大法官后所发表的支持"男性和正义"的讲话后，观众们爆发出到目前为止最为热烈的欢呼声。

这似乎是本场活动最重要的时刻。我周围的男性都在欢呼鼓掌，相互鼓励地点头致意。这是我看到的第一个切实的证据，证明特朗普的言行对我正在调查的运动产生了"传布福音式"的直接影响。他的言论被认为是对男性圈及其意识形态的直接认可和鼓励。

这场会议的规模不大，与会者的论据也很薄弱。但是从酒馆出来，来到伦敦市中心熙熙攘攘的街道上，我才意识到这些社群是多么真实，远比我在笔记本电脑屏幕上看到的可以随手关闭的网络论坛仇恨标签所暗示的要真切得多。

嘲笑这些群体很容易，但其拥趸覆盖范围之广，其在媒体和政治领域的立足点之高，以及其为其他男性圈团体的信仰进入主流叙事所提供的通道，都表明这不是一场我们可以一笑了之的运动。

贬低和嘲笑男权运动的报道往往倾向于这样一种观点，认为男权运动是对20世纪70年代性别歧视的一种垂死的残余倒退，最终会在女权主义的不断进步中消退。但事实证明并非如此。当#MeToo运动遭遇强烈的反弹，再加上特朗普（在卡瓦诺等人被指控性侵犯后）公开声称"对美国年轻男性而言，这是一个非常可怕的时代"所产生的社会认同感的刺激，男权运动获得的支持似乎只增不减。据《琼斯母亲》（Mother Jones）杂志报道，在2014年的男权活动家会议上，伊拉姆在舞台上拥抱了法雷尔，称他是一位导师。随后法雷尔情绪激动地宣布，对他作品的积极回应"终于在21年后……到来了"。2018年，男权活动家在澳大利亚墨尔本的游行吸引了500至1000人参加。在游行中，压力团体"悉尼男子权利"（Men's Rights Sydney）的联合创始人阿德里安·约翰逊（Adrian Johnson）自豪地告诉一位记者："人们一辈子都只能在饮水机旁谈论这些话题,而现在这些话题终于被公之于众。"[11]这根本就不是一场行将落幕的运动。

从体力劳动者的工作安全,到不达标的心理健康服务对父母权利的影响,也许男权活动家在更大程度上比其他任何男性圈社群都确立了对一系列非常现实的问题和不满。但是,说到指责对象,他们却恰恰瞄准了错误的目标。限制、挫败、削弱、伤害和损害男性的不是女性,甚至也不是女权主义者,而是男子气概本身,或者说,是我们的社会对作为男性的意义所做出的限制性的、有毒的、自我否定的解释。然而,每当有人在解决这种特定版本的男子气概方面取得进展时,男权运动都会联合起来谴责和破坏这种尝试。

例如,2019年1月,美国心理协会采取了前所未有的举措,公开承认"传统的男子气概对心理有害,让男孩以抑制其情绪的方式融入社会会造成伤害"。该协会还突出了它在前一年发布的服务成年男性和男孩的治疗师的指南,它所试图解决的问题本该被男权活动家夹道欢迎,该指南指出男性是"最有可能成为暴力犯罪受害者的群体":"他们的自杀率是女性的4.5倍,他们的预期寿命比女性短4.9岁。男孩比女孩更有可能被诊断为注意力缺陷多动障碍,而且他们在学校也面临更严厉的惩罚。"尽管美国心理协会提供了明确的统计证据,而且它也正在直接解决男性圈每天提出的问题,但男权活动家和其他男性圈社群的成员却都对此感到愤怒,进而指责、驳斥和诋毁美国心理协会。

加拿大临床心理学家兼作家乔丹·彼得森(Jordan Peterson)认为新指南"令人愤怒、沮丧,应该受到谴责",声称美国心理协会由"政治挂帅",被"强硬左派政治活动家"所主导。"男性之声"将其描述为"一场针对男子气概的战争",并称美国心理协会为"思想战争中的武装战斗人员"。

他们反对的理由是什么？他们反对的是这份指南承认男性是父权社会中的特权受益者，并认为某些形式的男子气概是有害的。但他们似乎完全忽略了这种现象正在伤害成年男性和男孩，而不仅仅是成年女性和女孩。男性自杀率是男权活动家最常提到的真正值得关切的领域之一。然而，当一个具有巨大潜在影响力的重要组织提出处理这一问题的研究建议，认为有可能从根本上解决这一问题时，他们却愤怒地置之不理。美国心理协会认为，在社会化的过程中被培养得坚忍、有竞争力、有统治力和攻击性的男性已被证明更不注重健康问题，如获得预防性医疗保健或照顾好自己，这种倾向也延伸到寻求心理帮助方面。然而，即使有强有力的证据表明，"接受传统男子气概观念的男性在寻求心理健康服务方面比性别态度更灵活的男性更消极"，男权活动家宁愿誓死捍卫"传统男子气概观念"，也不愿承认这可能是解决当今男性面临的最大问题之一的重要步骤。换言之，他们正是他们声称要消除的确凿问题的最有力的捍卫者。

1981年，心理学家约瑟夫·普莱克（Joseph Pleck）出版了《男子气概神话》（*The Myth of Masculinity*），它可以被认为是男性解放运动的最后一部主要作品之一。书中有这样一句话："遵奉这些价值观和社会规范，人们注定会失败，但他们依旧如此狂热地相信它们，这是一个令人惊叹的现象。"大约四十年后，他的观察仍然是对男权运动的准确概括，并且其境地仍然像以往一样悲惨和真实。

第五章

纠缠女性的男性

"我希望你被打,或者得癌症,你这个厌男的臭婊子。"
——我在2019年8月4日星期日下午3点42分
收到的匿名电子邮件

"臭婊子,闭嘴!"
无视就好。

"该死的女人应该知道自己的位置,该死的讨厌鬼。"
不要为此大惊小怪。

"你活在这个星球上的唯一原因是我们可以干你。去死吧!"
别太当回事。

"自杀吧!"
如果你应付不来,就关掉电脑。

"劳拉·贝茨明天晚上9点会被强奸……我是认真的。"

这不是针对个人的。

当你不是这些信息的接收者时，你当然可以很容易地告诉别人不要为此大惊小怪。这些信息都是我在大约半个小时内收到的。而半小时只是一天中很小的一部分。将它们乘以48，再乘以365，你就能体会到这种感觉了。日复一日地接收这些信息，就像用慢动作溺水，但别人却看不到令你窒息的水。而且，即使你试图告诉他们，他们也不会理解。

喷子（troll）是一个傻里傻气的小词，听起来就像是一个傻里傻气的小问题。它仿佛是一个可笑的、大腹便便、头发鲜亮的90年代玩具，或者是一个笨重的、愚蠢的绿皮肤白痴，以一种看似友好但又令人不快的方式蛰伏在桥洞底下。这两层意思都没有接近真相。但这两种刻板印象很有启发性，因为它们准确地描绘了我们社会对喷子最常见的看法。它们要么被看作是无害的滑稽形象，要么被看作是龌龊、卑鄙，但终究是愚蠢的底层居民，在阳光下畏缩不前，除了偶尔给人们带来惊吓之外，愚蠢得无法造成真正的伤害。喷子这个词就像男性圈这个词一样，是一种对更黑暗的现实的无可救药的善意委婉说辞。

喷子有别于其他男性圈群体，因为它与其说是一种身份，不如说是一种行为。因此，任何男性圈群体的成员都有可能从事喷子活动，同时仍保留着自己作为非自愿独身者或男权活动家的身份。有时，男性圈社群的成员会互相攻击，尤其是在等级森严的论坛上，经验丰富、受人尊敬的成员可能会辱骂和骚扰新加入的成员。有时，整个男性圈社群会集体采取喷子策略，以此攻击或扰乱特定目标，比如我们看到的"男性之声"社群成员将怒火转向个别女权活动家的情况。但是，网上也有很多群体只把自己视为喷子,他们与其他群体截然不同。这类群体并不局限于男性圈。它们甚至不局限于男性。在任何需要突破界限、考验人类体面程度极限的地方,喷子就会出现。但我们确实从一些研究中了解到,与女性相比,男性更有可能在网上从事喷子或霸凌行为。

而且,尽管喷子的受害者可能是从名人到政客,再到悲伤的家庭的任何人,但许多喷子行为都包含一种特别高浓度的厌女元素,这使得大多数喷子行为都来自男性圈社群。对喷子进行近距离观察就会发现,男性圈和另类右翼之间存在深度且复杂的重叠关系。这不仅是因为这两个领域都出现了喷子,还因为在男性圈率先使用并改进喷子技术的人,继续将他们新发现的技能和恶名带入极右翼领域。

当考据这个互联网术语时,我们发现"喷子行为"(trolling)一词出现于20世纪80年代末或90年代初,一开始可能是指拖钓(或拖网)这种捕鱼方式——慢慢拖动带饵的鱼钩,捕捉毫无戒备的猎物。在最早的版本中,这个词指论坛上或Usenet群组中经验丰富的老用户故意提出一个非常简单的问题,装出极度愚蠢或困惑的样子。他们的询问通常是关于论坛上已经详尽讨论过的话题,这将立即吸引新加入小组的人。这些新人将是唯一对问题做出真诚回应的人,然后他们就会被嘲笑。

随着互联网的发展,这个词也随之传播开来。它开始包括任何故意诱使互联网用户做出情绪化、愤怒或防御性反应的活动。通常的喷子行为是在特定的论坛上发布偏离话题或具有煽动性的信息。目标人群越真诚、越认真,效果就越好。他们的反应越是热情,表现得越是愤怒,喷子就越发得逞。

随着喷子行为的发展,这种特殊形式的"钓饵"——用大量低质量、不相关或具有讽刺意味的信息扰乱网络讨论——在网络用语中被更具体地称为"发垃圾帖"。这样做的目的是诱使回帖者认真对待喷子，把他们引向毫无意义的争论和情绪激化。

有些人会就此对整个男性圈提出指控，但男性圈社群远比这要自我痴迷。是的，有些男性圈成员在吸引网民的注意，但更多的成员则沉溺于自以为是的受害者身份和极端的厌女情绪。而在现实生活中，那些只想用虚假的网络挑衅激起愤怒的人是不会去杀人的。但非自愿独身者会杀人。

喷子行为无所不在，而且已经根深蒂固，在许多不同的国家和语言中都有变种。我最喜欢举的例子是葡萄牙语中的 pombos enxadristas（直译为"鸽子棋手"）这个表达，它指的是葡萄牙语中的一句谚语，把徒劳无益的争论形容为与鸽子下棋："它在桌子上拉屎，扔掉棋子，然后干脆飞走，声称自己赢了。"这种比喻极其准确——它捕捉到了当一方准备进行真正的善意讨论，而另一方只是蓄力制造更多混乱时所造成的不平等局面。但它也指出，随着这一术语不断演变并呈现出更为阴暗的意义时，喷子行为变得越来越侧重于以下方面：网络喷子宣称"胜利"并在宣称"胜利"时被人所围观的重要性。

虽然我们目前的术语委婉地描述和否定了喷子的行为，但考虑到喷子的发展和变异方式，用"网络施虐者"或"骚扰者"来描述他们或许更为准确。然而在当今的媒体和公共话语中，喷子行为已被用来描述一切行为，从相当温和的分歧到发送强奸威胁和死亡威胁，乃至故意破坏人们纪念已故亲人的网站，皆为喷子行为。

值得注意的是，在男性圈的所有标签和身份中，"喷子"是最广泛地渗透到公共话语中的一个词。尽管喷子从来都不局限于男性圈，但对许多外行人来说，这个词可以涵盖本书中提到的任何群体和个人。我们的社会正是以这样的方式将网络厌女极端主义所造成的威胁,淡化为对一小撮不成熟、令人讨厌、有时滑稽可笑的青少年(他们开玩笑,玩弄技术把戏)的认知。这种滑稽呈现最关键的问题在于,它首先被认为是无害的,或者至少不是真正有害的。

现实情况却大相径庭:首先,喷子的策略现在已经变得比其标签所显示的更为复杂且更有组织性;其次,喷子造成的心理创伤非常真实,而且被严重低估;最后,网络谩骂现在已经开始造成致命的线下后果。

如果不了解"玩家门"(Gamergate)事件,我们就不可能理解最现代形式的喷子,及其战术骚扰、大众参与和严重的竞争意识。正是通过这场大规模骚扰运动,许多现代战术和技术得以磨炼和发展,并由庞大的喷子群体以极高的精度和影响力部署而成。

2014年8月,一个名叫埃隆·乔尼(Eron Gjoni)的程序员写了一篇关于前女友佐埃·奎恩(Zoë Quinn)的报复性博文。乔尼声称,身为独立游戏开发者的奎恩与"小宅网"(Kotaku)的游戏评论员内森·格雷森(Nathan Grayson)有染。读者,尤其是游戏社区的男性成员,所解读到的含义是,奎恩发展这段关系是为了赢得格雷森对2013年发布的游戏《抑郁独白》(*Depression Quest*)的好评,该游戏发售后获得了游戏媒体的积极回应,但也遭到了游戏玩家的强烈反扑,他们认为游戏过于关注政治和社会正义(该游戏主要基于文本,并鼓励玩家探索抑郁症的经历)。这一事件本应是小众社群中一个微小互联网插曲。"小宅网"进行了调查,没有发现任何不当行为的证据——事实上,格雷森甚至从未测评过这款游戏。但是,4chan、红迪和其他网站等喷子聚集的平台都讨论了此事。突然间,奎恩开始收到大量的威胁信息,她被泄露的裸照也开始流传。她的朋友和家人受到极端的谩骂；她受尽骚扰，甚至有人怂恿她自杀；她的网络账户被黑客攻击；最后，在有人威胁要打断她的腿，让她变成残废，要强奸和杀害她之后，她因担心自己的人身安全而离家出走。

这种现象开始迅速蔓延。奎恩遭受辱骂后不久，著名女权主义媒体评论员和博主安妮塔·萨基西恩（Anita Sarkeesian）也开始受到类似的威胁。萨基西恩早已熟知网络上的谩骂：2012年，她推出了一个视频系列，探讨电子游戏中对女性的性别歧视描述，之后她在网上遭到了游戏玩家的高强度骚扰，他们认为她的评论是对游戏产业的攻击，是给游戏产业"消毒"或使其"女性化"的不受欢迎的尝试。这些辱骂包括黑客攻击、强奸威胁和死亡威胁，还有人给萨基西恩发送了她被各种游戏角色强奸的画作。最终，他们制作了一款网络"游戏"，玩家们可以通过点击萨基西恩的脸部图像来"暴揍"她，观看她身上出现各种伤口和瘀青。萨基西恩所经历的迅速升级的霸凌表明，喷子行为的一个关键特征是需要向其他喷子表演并给他们留下深刻印象：喷子行为本身并不重要，关键是在匿名论坛和留言板上记录和分享它，从其他喷子那里收集赞誉和建议，并在虐待的极端性和淫秽性上互相竞争的过程。

当萨基西恩在其"电子游戏中的女性刻板印象"（"Tropes vs Women"）系列中发布了一段新视频时，已经在攻击奎恩的暴徒便将这两位女性关联起来，将她们视为同一种"威胁"，喷子也开始辱骂萨基西恩。在她的地址被发现并发布到网上后，死亡威胁和强奸威胁铺天盖地地向她席卷而来，萨基西恩不得不像奎恩那样，被迫逃离自己的家。随着骚扰事件的升级，2014年10月，萨基西恩前往犹他州，计划在犹他州立大学发表演讲。但有人向校方发出匿名威胁，声称如果不取消萨

第五章 纠缠女性的男性

基西恩的演讲,就会对与会者以及附近妇女中心的学生和教职员工发动袭击。匿名者还写道:

> 我有一支半自动步枪,多支手枪和一堆管状炸药……你们还有24小时的时间取消萨基西恩的演讲……安妮塔·萨基西恩就是女权主义者的恶行的代名词,如果你们让她来犹他州立大学,她就会像个懦弱的小妓女一样尖叫着死去。我将用她洒下的鲜血写下我的宣言,你们都将见证女权主义者的谎言和毒药对美国男性所做的一切。[1]

由于犹他州的法律允许公开携带枪支,警方拒绝在活动前对参与者进行武器搜查,萨基西恩被迫取消了这次演讲。

随着事件的知名度不断攀升,"玩家门"的争议也不断升级,社交媒体上有数千条帖子讨论这一话题,并将大量女性卷入这场争议引发的骚扰旋涡。那些敢于公开反对霸凌的女权主义作家突然发现自己也遭遇了类似的威胁,其他女性游戏开发者也在收到关于肢解尸体和孩子死亡的威胁后,被迫离开了自己的家。

骚扰持续了数月之久,喷子也逐渐地发展和磨炼出越来越精巧的战术,以最大限度地集中攻击。

其中一种战术是意识形态策略:霸凌者很快意识到,如果他们为"玩家门"运动赋予一种高尚且富有道德的立场,并以此作为烟幕弹掩盖他们的喷子行为,那么他们就可以捍卫甚至推动这场运动。运动的支持者开始声称这场运动与萨基西恩或奎恩无关。相反,这是一场关于电子游戏"伦理"的意识形态之争。他们专注于奎恩和格雷森之间所谓不当的关系（尽管已被辟谣），声称对游戏行业的腐败以及某些游戏开发商和测评家之间的密切关系表示严肃关切。其他人则认为，游戏和游戏社区的纯洁性和本质正受到威胁，有可能受到萨基西恩和其他像她一样的（主要是女权主义者）评论家的侵蚀，她们想要摧毁电子游戏文化，以牺牲高质量的游戏性为代价，强迫游戏变得"政治正确"，达到令人窒息的程度。

接下来，他们利用了男性圈的经典策略，把自己伪装成真正的受害者，哪怕他们仍在发起大规模的协同骚扰作战。为了达到这一目的，他们必须把真正的受害者说成是压迫者。喷子在社交媒体和游戏网站上发布消息，暗示这些女性编造谎言，夸大她们受到的骚扰，以吸引眼球，让男性玩家（他们只是想保护自己的文化）出丑。还有人声称，女权主义者自导自演了死亡威胁和炸弹威胁，以达到使事态升级的目的。于是，出现了一种将进步左翼描述为"雪花"、"社会正义战士"、"女权纳粹"、"职业受害者"和"永远受到冒犯的人"的叙事。这些标签和主张在未来几年的男性圈和另类右翼攻击中会被越来越多地使用，尤其是在他们试图为主流观念中的霸凌行为辩护时，就应用得更加淋漓尽致了。因此，协同骚扰摇身一变，成为一种道德自卫的正当形式。正如一篇关于这一主题的研究论文所总结的那样："鉴于受害者叙事在其意识形态中所处的核心地位，男权运动开创并主动将骚扰活动当作武器使用，也就不足为奇了。"[2]

随后，协同攻击的策略应运而生，喷子利用网络留言板在特定时间指定特定女性为攻击目标，让她们陷入大规模的谩骂之中，试图以此来恐吓和压制她们，迫使她们保持沉默或退缩。与此同时，由于这些谩骂体量巨大，她们便难以在社交媒体平台上对谩骂行为进行举报或采取行动来对抗这些行为。这种技术被磨炼得愈发炉火纯青，以至于有了一个专门的名称——"编队作战"（brigading）。仅在引发争议的头两个月内，就有200万条带有#玩家门标签的推文被发出。对这些推文内容的分析表明，这场运动更强调骚扰，而不是对电子游戏伦理问题的讨论。在那一时期，有35 188条使用这个标签的推文在针对萨基西恩，有38 952条针对布里安娜·吴，有10 400条针对奎恩，相比之下，只有732条针对格雷森，而他所谓（已辟谣根本就不存在）不道德的测评被假定为整个事件的焦点。

将一场运动描述为与其所代表的利益进行高尚斗争的修辞把戏，将继续成为另类右翼和男性圈未来运动的核心。"玩家门"的支持者骚扰、辱骂并故意混淆他们的真实目的，同时还声称自己是以道德、透明和纯洁的名义行事。同样，男性圈呼吁两性平等，同时极端厌恶女性；它要求统计数据的透明度，同时散布虚假事实；它把自己描绘成受压迫的受害者的捍卫者，同时支持为我们社会中已经享有最大特权的群体创造更大的利益和保护。同样，另类右翼声称，他们的崇高事业试图让人们看到不公正和不平等的现象，同时还试图恢复近代历史上一些最具破坏性的仇恨运动。

于是，"玩家门"将喷子大军的概念引入了主流。突然间，以前单枪匹马的行为，成为一种以大众利益为目标的大规模活动。后来，意识形态领袖利用了这一点，他们组建了庞大的"攻击犬"军队，等待着对毫无戒备的目标发动攻击。

例如，米洛·伊安诺普洛斯多年来一直发布具有煽动性的偏执推文。他因为利用厌女主义、种族主义和变性恐惧，煽动针对女演员莱斯利·琼斯（Leslie Jones，因为她参与了《捉鬼敢死队》的全女性翻拍）

的大规模辱骂,最终在2016年被推特封禁。(琼斯在推特上说,她收到了猩猩生殖器的图片和她自己脸上覆盖着精液的图片,还有成千上万条其他信息。)

信奉白人至上主义的网站"每日冲锋"同样借助"编队作战"的战术达到可怕的效果,并积极地蓄意呼吁针对特定目标(通常是女性)的大规模恐怖谩骂运动。他们的"肮脏的犹太婊子运动"导致参政人员露西安娜·伯格(Luciana Berger)被2 500条推文轰炸,同时还有博客将她的脸叠加在老鼠的照片上,称她是"邪恶的金钱掠夺者","对男人有着根深蒂固的仇恨"。[3] "每日冲锋"后来将矛头指向了澳大利亚穆斯林律师玛丽亚姆·维萨德(Mariam Veiszadeh),因其创建了"伊斯兰恐惧症登记册",追踪霸凌穆斯林的事件。"每日冲锋"呼吁其"喷子大军"将维萨德淹没在谩骂之中,要求他们"尽可能地表现得恶劣、伤人、仇恨、冒犯、侮辱和'丑化'"。一个追随者很快就答应了,他对维萨德说:"在我们砍掉你母亲的头并把你们和猪埋在一起之前,你们赶紧走吧。"

就像男性圈的许多元素一样,我们完全可以认为参与"玩家门"事件的一些人确实言之有物,真正想讨论游戏中的伦理问题,或者并没有在网上参与对女性和少数族裔的骚扰和谩骂。但是正如在男性圈一再上演的那样,"玩家门"的支持者真正的关注点与其所声称的极不相称,而且与该运动相关的大量刻薄内容证伪了它所持的"厌女因素并不存在或只是少数人的问题"这种论断。事实上,那些声称自己不屑于这种行为,由此淡化或否认霸凌之存在的人,在为运动辩护的同时,实际上与他们试图与之保持距离的辱骂行为形成了一种勾结关系。

泄露的聊天记录揭示了另一种策略,这种策略将在未来几年里继续定义另类右翼和男性圈的骚扰运动。这些聊天记录表明，这些喷子使用的是"马甲"账户（使用假名和假照片的虚假网络身份），这些账户通常大批量创建，然后利用这些账户营造一种该运动受到草根大众的广泛支持的印象，而这些运动实际上可能是由极少数的"马甲"操纵者协调完成的。（这并不是说网络喷子的数量非常少；而是说，即使只有几个喷子，也会给人造成这种网络轰炸行动拥有更为广泛的支持的假象。）这种技术后来被称为"伪草根营销"（astroturfing）：当它在传播一个特定的政治、意识形态或广告信息时，它会暗示自己来自公众自发的评论和支持的形式，而事实上，这些内容是经过精心策划的。喷子使用的这种技术被后来针对以#玩家门为标签发布的推文的分析所证实，研究发现有四分之一的推文来自新推特账户，而其中大多数新账户都支持骚扰者。

寻找跟自己沆瀣一气的媒体来源是其另一个攻击角度，最著名的例子是"玩家门"参与者和伊安诺普洛斯之间的邪恶联盟，前者渴望通过主流报道来升级他们的骚扰活动并试图使其合法化，而后者则在当时还是一名崭露头角的记者，试图巩固他自封的"神话般的互联网超级恶棍"的声誉。他意识到，他可以利用这场争议，在难以把握的网络喷子、另类右翼支持者和男性圈追随者的世界中站住脚，获得一席之地，这些人将继续推动他成名并让他因此获得成功。遗憾的是，他的判断是正确的。

因此，伊安诺普洛斯在很有影响力的布赖特巴特网站上发表了一篇蓄意煽动的文章，将"玩家门"的真正受害者描述为"一支反社会的女权主义程序员和活动家军队……她们试图恐吓整个社区——撒谎、欺凌和操纵是她们在互联网上获取利润和关注的方式"。伊安诺普洛斯重

隐秘的角落

新包装了（已经被广泛辟谣的）针对奎恩的性生活诽谤，并对她提出了一系列未经证实的指控，继续效法这场大运动已经存在的许多策略。他写道："老实说，我们有点怀疑，也许发送给女性煽动者的'死亡威胁'并不都是真的。"

除伊安诺普洛斯之外，利用"玩家门"事件来为自己推销的大有人在。事实上，作为互联网传奇人物出现在这场争议中的男性圈、另类右翼和白人至上主义的领军人物，十分鲜明地映射出这些社区之间是怎样紧密联系在一起的。诸如"玩家崛起"（"gamERs rise up"）之类的挑衅用语经常出现在男性圈论坛上，这并非巧合，因为这种行为结合了非自愿独身者的简称和术语（参考了埃利奥特·罗杰的说法）以及对"玩家门"暴徒的致敬。

被南方贫困法律中心认定为"男性至上主义者"和"美国最引人注目的右翼煽动者之一"的麦克·切尔诺维奇（Mike Cernovich），最初因为在"玩家门"事件中扮演的角色而声名鹊起。在此期间，他利用自己的博客和社交媒体平台来激化争议，并怂恿骚扰者。他将这起事件描述为"本世纪文化战争中最重要的一场战役"，并提出为乔尼提供无偿法律咨询。他还号称自己拿到了奎恩对乔尼的控告书，并且只将其转达给了搭讪大师达鲁什·瓦利扎德，后者在自己的网站上以此为基础撰写了一篇霸凌奎恩的文章。

切尔诺维奇后来被《纽约时报》形容为"另类右翼的文化基因策划者"。尽管如今切尔诺维奇最为人所知的是他极力否认的与白人民族主义的联系，但他的成名过程依靠的是他在男性圈厌女情结的迷宫中的跋涉。他曾声称"约会强奸压根就不存在"，并建议男性在女性面前暴露自己并开始手淫，试图骚扰她们与自己发生性行为，并发表过题为《如何掐住女人的脖子》的博客文章。

随着"玩家门"事件的急剧失控,线上与线下的谩骂活动开始交织在一起。骚扰者随意使用"人肉搜索",其明确目的就是让受害者担心自己的安全。在网络暴徒手中,通过"人肉搜索"泄露的个人信息在线下以各种方式被武器化:从订购数千份比萨到目标住址,再到秘密拍摄他们的照片并发布到网上;从向受害者的窗户扔砖头到反复打威胁和辱骂的电话。"玩家门"事件后续甚至还出现了一种用来针对多个目标的"谎报警情恶作剧"(swatting)战术:这种骚扰形式通过向应急服务部门发出恶作剧的炸弹威胁,来激起特警队到目标家中采取行动,这可能会使目标处于真实的人身危险之中。

同样,人们很容易将这些男性视为少数群体:这不过是一些悲伤的、受骗的男性,他们紧紧依附于寂寂无名的互联网边缘群体,以此获得归属感。但事实上,就像我调查过的所有男性圈团体一样,这些男性组成了庞大的网络社群,人数达数十万之众。例如,当你访问4chan平台上的"/b/"版块(被广泛认为是互联网上最臭名昭著的喷子平台之一)时,各类帖子刷新之快超出了你的阅读能力。当我在平常的周一早上9点30分访问该网站时,网站在几个小时的时间里就新增了数百页新的信息、照片和链接——其中很大一部分内容都充斥着极端的厌女情绪。4chan创始人在接受采访时表示,"/b/"版块是该网站最受欢迎、访问量最大的板块,占网站总流量的30%。该网站声称每月有近2 800万名独立访问者光临,每天约有100万条新帖子发布。不出所料,该网站的用户基础主要是男性,而且网站最常访问的人群是18岁至34岁受过良好教育的男性,他们可能身处美国、英国、加拿大、澳大利亚或欧洲国家,这与我们所知的更广泛的男性圈圈子恰好吻合。

这些用户在未经女性同意的情况下就到处分享她们的私密照片，交流各自的强奸幻想，热切地讨论着"有价值"的网络攻击目标。他们用贬义和非人化的术语来称呼女性，同时还发布关于大屠杀的反犹笑话和帖子。一名用户发布了一张女演员的照片，并鼓励其他人评论他们是如何"干死惊奇队长的"。不到一个小时，我就看到一些男性发帖称自己是非自愿独身者和"米格道"（其中一人写道，"我希望自己不必到死都没有拥抱过女人，还是个处男"），尽管大多数发帖人通常对"喷人"更感兴趣。这种行为蔓延到了线下：一名用户发布了一条蕾丝内裤的照片，他声称这条内裤是从他最好朋友的妹妹那里偷来的，而其他人则鼓动他再去多偷几条。有些男性在女性不知情的情况下分享他们通过"偷拍摄像头"拍到的照片或他们的女朋友分享给他们的照片。用户之间会以物换物，并索取金钱来展示更多的私密图片。

网络喷子社群的规模及其联系的紧密程度远远超出了公众的认知范围，这样的真相令人感到不适。事实上，我们对那些因参与在线喷人而被起诉的人的所有了解都表明，这些人正是我们自己社区的成员：他们是受人尊敬的同事、父亲、伴侣和社会活跃分子。

例如，45岁的史蒂文·金（Steven King）在2016年被判有罪，因为他在宣布竞选工党领导人的第二天向工党议员安吉拉·伊格尔（Angela Eagle）发送了一条威胁短信。他在短信中写道："你会死的，你这个婊子，你也必须小心走好每一步……邪恶的女巫……下次你再见到我，我会用一把真枪或真刀结束你的生命……赶紧离开英国……或者去死。"金最终被判入狱8周，缓期12个月执行，而他绝不是一个没有工作的隐士，而是在准备出门上班时用手机随意地发送了这条短信。[4]

罗伯特·安布里奇（Robert Ambridge）是一位育有六个孩子的中

年父亲，也是一名招聘顾问。2013年，他被曝光是一个臭名昭著的网络喷子账户的幕后黑手，该账户曾就儿童死亡和大规模死亡的话题发布了许多厌女的、恐穆斯林的和攻击性的推文。[5]

2018年，《太阳报》披露了另一个喷子，他从事设计工作，曾是一名中学足球教练，也是两个孩子的父亲。此人发送了3 000多条性别歧视、种族主义和恐同的信息。包括告诉犹太女演员萨拉·西尔弗曼（Sarah Silverman）小心被关进毒气室，并询问模特凯蒂·普莱斯（Katie Price）："你的脑袋和你那发臭的下体一样烂吗？"他没有受到任何司法指控。[6]

法国的"LOL联盟案"也揭示了喷子理念可以在多大程度上与受人尊敬的职业并行不悖，以及它们对这些领域的女性职业生涯的巨大影响。"LOL联盟"是脸书上一个私密小组的名称，其成员中有约30名非常成功、富有影响力的年轻记者和媒体专业人士。据称，在2009年至2012年期间，他们利用该小组，组织了针对其他社交媒体用户（主要是女性新闻工作者，还有女权主义者、LGBT活动家和有色人种）的谩骂和网络骚扰活动。当时，多名受害者试图向媒体和相关人员的雇主报告该组织的存在，以及骚扰的严重程度，但都以失败告终。2019年，在一家报纸发文披露了这个小组后，关于WhatsApp等平台上类似的私密小组（被用来传播性别歧视和同性恋信息）的报道开始涌现。这一事件表明，精通互联网的年轻专业人士可能会在多大程度上采用网络喷子的策略，而他们所处的环境与我们可能认为的典型喷子领地大相径庭。

与此同时，互联网匿名的复杂性、言论自由的重要性、喷子群体的国际性，以及喷子掩盖其位置和身份的技术力，都最终导致人们普遍认为这个问题几乎无法解决。这对科技公司和网络平台来说倒是很方便，其中许多公司径直承认失败，或者干脆耸耸肩，以一种"我们能怎么办？"的方式来应对这个问题。

喷子和那些使用喷子策略的人，可能会对他们所憎恨的任何人，以及表达不同意见的任何人发起攻击。但也许他们最为猛烈的愤怒会留给那些胆敢窥探他们底细的人。

2014年，澳大利亚作家布莱迪·李-肯尼迪（Brydie Lee-Kennedy）受一家新闻和娱乐网站邀请，"以一种坦诚又轻松的方式"写一篇关于非自愿独身者和男权活动家的文章。

李-肯尼迪花了几天时间研究男权活动家和罗杰经常浏览的网站，了解了"红色药丸理论"，搜索了红迪子版块并跟踪到一些男性圈社群，在撰写文章之前，她总结道："这类东西太荒谬了，但我们必须认真对待。"

在李-肯尼迪不知情的情况下，编辑部高层决定将这篇文章的标题改为"让我们都来嘲笑一下男权运动吧"。

文章发表后几小时内，李-肯尼迪的推特账户就被骂得狗血淋头，愤怒的男性圈成员纷纷冒出来给她留言。事态迅速升级。李-肯尼迪告诉我，这些批评已经转移到形形色色的红迪男性圈子版块，用户们还设法挖出了她的老照片：

> 他们找到了我的全身照，谈论我有多胖；然后他们找到了我的旧专栏，我在那里谈论了和女人睡觉的话题，因为我是双性恋。他们便说："哦，现在这一切都说得通了，因为她是——此处插入一个代表女同性恋的贬义词。"让我真正感到害怕的是他们竟然做了调查：他们在网上搜集了所有关于我的信息，然后加以利用，

不管这些信息是否准确。

男权活动家迅速组织起来,开始用差评和投诉信息疯狂轰炸李-肯尼迪的雇主,试图让她在工作中陷入麻烦,甚至被解雇。然后,这个故事被"男性之声"报道,脸书上的辱骂开始甚嚣尘上。通过领教男性圈精心打磨的群喷策略,她亲身感受到了来自男性圈的盛怒。

> 我其实并不想以这样的方式深入了解男权活动家——我本认为男权活动家是那些自认为没有得到公平监护权的父亲,但是后来我了解到所有其他的东西,以及他们动员起来的速度有多快。

同年晚些时候,李-肯尼迪同意为另一家网络杂志写一篇文章——《性别歧视年度回顾》。她接受了委托,但条件是允许她以轻松愉快的笔调来回顾这一年。但编辑重新构思了这篇文章,并给它换了一个标题:从"性别歧视年度回顾"突然变成了"2014年男人彻底毁了我的五件事"。"当然,"她叹了口气,"这又引起了很多人的注意。"

随着网络谩骂机器重新启动,这篇文章迅速传播开来,李-肯尼迪表示,她清楚地记得编辑管理层当时表现出来的兴奋之情:"这太棒了,我们收到了这么多反馈!天哪,人们真的恨死你了!"

最终,辱骂声再次平息。然而四年后,大着肚子的李-肯尼迪在伦敦通勤上班途中搭乘一辆繁忙的公交车,一名男子拒绝将他的包从原本空着的座位上移开,好让她坐下。她没有多想,就在推特上发布了一条有关这个事情的推文。"这件事情终于在我怀孕八个月的时候发生了。一名男子将自己的手和包放在公交车的最后一个空位上,不肯移开,我就只好坐在了上面。我们现在正在共享一段非常安静的公交车旅程。"然后她到了公司，把手机放到了一边。

几个小时后，她低头看了看手机，发现她的推文已经像病毒一样传播开来，有近2万人点赞或转发了这条推文。《每日邮报》和《太阳报》的网站都刊登了这则"故事"，尽管李-肯尼迪并未授权它们使用该内容。带着一种不祥的预感，她意识到新一轮谩骂又要开始了——这一次，在全国媒体的关注下，谩骂规模被进一步放大。

《每日邮报》的文章吸引了近3 000条评论，其中许多评论在侮辱李-肯尼迪的外表或抨击她的性格，另一些人则指责她策划事件或完全编造事件以引起关注，但大多数评论是从她关于一名男子拒绝移走包的具体投诉中推断出来的，这种观点散发着男权活动家言论的气息，对女权主义和性别平等提出更为宽泛的批评。在男性圈的某个角落，一场大规模的喷子集体活动似乎已经精心策划完毕了。《每日邮报》并未删除以下任何一条评论——直到今天，任何在谷歌上搜索李-肯尼迪名字的人都可以完整地看到这些评论：

"竟然有人让她怀孕，这本身就是一项成就。"

"现在的女性要求平等，这是理所当然的，然而当她们像男性一样被对待时，她们又是第一个抱怨的。你知道，你不能既当婊子又要立牌坊。"

"女人自己种的瓜，得的豆。坚强一点。"

"无论现在的男性做什么，我们都会陷入麻烦。"

"她们想要解放。嗯，这就是解放的意思。"

"她们不断地告诉我们，我们都是厌女者，是父权专制的缩影，我们可能真的开始相信你了。"

侵扰媒体和李-肯尼迪的骚扰大军并不知道，对于她和她的丈夫而言，那是一段压力极大的时期。医生担心她肚子里的孩子发育不良，可能需要提前分娩。

> 然后我开始收到脸书上的信息，其中一条说："如果我在街上看到你，我会打你一拳，暴揍你一顿。"无论如何，这都是一件可怕的事情，但是当你怀孕时，我认为你会感到身体更加脆弱，因为你像是在试图保护两个人……他说："我会找到你。"他们又开始人肉我的信息。

就在她认为事情不会变得更糟的时候，喷子开始关注李-肯尼迪未出生的孩子，暗示她不适合做一个男孩的母亲。李-肯尼迪拉黑了在推特上骚扰她的账户，并提高了她在脸书上的隐私设置，但仍有网络喷子设法找到她并与她取得联系。当她坐在医院候诊室时，她的Instagram账户突然收到了一条消息。信息的内容是："你应该堕胎，这是正确的做法，女权主义者不应该有孩子。"

对于李-肯尼迪，这是压垮骆驼的最后一根稻草。她彻底放弃了新闻行业。

不幸的是，公众普遍认为，喷子只是发出侮辱性语言的孤立的恶作剧者，这种观念已经深入人心，影响了社会对受害者应该如何反应的判断。在又收到一封详细描述了一名男子幻想着把我的尸体肢解并猥亵我的尸体的可怕和血腥的方法的电子邮件之后，还是有一百个人告诉我

"他们只是想吓唬你"。

"你知道你没有陷入任何实际的危险，对吧？"

"你有没有考虑过暂时避开互联网？"

但是李-肯尼迪的案例，只是成千上万个类似故事中的一个，展示了这些大规模协调作战的运动如何能够产生巨大的影响，足以结束或严重影响受害者的职业生涯。对于创作者、作家、艺术家、制作者以及其他数百个行业而言，社交媒体的使用对于职业推广和知名度至关重要，可以说直接关系到一个职业的生死存亡。

因此，当我们建议女性直接关闭账号，或者减少上网时间，或者停止访问某些网站时，我们实际上是在说，应该承受网络骚扰的负面后果的人是她们，而不是骚扰者。应该将她们，而不是那些网络喷子，排除在充满敌意的空间之外。就像李-肯尼迪被迫做的那样，我们应该建议女性牺牲自己的职业生涯作为逃避网络谩骂的代价。

即使没有身体伤害，公众对这种霸凌可能产生的心理影响也缺乏真正的理解。

李-肯尼迪回忆说，在关于打胎的信息轰炸和霸凌中，有人告诉她："忽略就好……你还有很多其他的事情要考虑。"她会回答："是的，但我没法考虑那些事；我满脑子都在想这件事。"我们不应该"招惹喷子"的建议意味着霸凌问题是不可避免的：男性总是会骚扰、霸凌和贬低女性，所以我们必须采取措施来保护女性，而不是试图从根本上解决问题。接下来不妨假设，如果这是一种根深蒂固且不可避免的问题，那么应该将受害者和潜在受害者集中起来，大规模地限制她们的自由，限制她们的选择，以保障她们的安全。然而，建议对男性进行集体治疗，或实施对他们的自由行动产生类似影响的预防性解决方案，却不可避免地会引发迅速而愤怒的反弹。

网络谩骂对女性网络言论和参与的寒蝉效应不仅仅是传闻：对8个国家的4 000名女性的研究发现，年龄在18岁至55岁之间的女性中，近四分之一曾经受过网络谩骂或骚扰，在美国，这一数字为33%。在遭受过这种霸凌的人当中，又有四分之一曾受到过身体或性侵犯的威胁，另有六分之一曾被人肉搜索过（这一数字在美国几乎上升到了三分之一）。受访者表示，由于这种针对特定性别的言论审查形式，她们受到了巨大的心理影响，包括压力、焦虑和恐慌发作。在经历过社交媒体骚扰或谩骂的女性中，超过四分之三的人改变了使用这些平台的方式，三分之一的人停止发布表达自己对某些问题意见的内容。[7]

如果我们把网络霸凌接纳为公共空间的一部分，我们就有可能迫使整整一代年轻女性远离她们成为明天的正式公民所需要占据的空间。我们将把她们排斥在年轻人用来组织政治活动和参与辩论的网络竞技场之外。这是一枚无声的定时炸弹，可能直到为时已晚时我们才会看到其影响。

其实我们无须等待在未来可能产生的毁灭性后果，当前已经有证据揭示了它如何影响我们当职的政治家：担任面向公众角色的女性、有色人种和LGBT人士已然在网上遭受了大量的霸凌和骚扰。2017年，一份关于参政女性遭受暴力侵害问题的证据文件得出结论："网络霸凌、恐吓和骚扰导致妇女的自我审查、退出公共话语和通信，是妇女言论自由的直接障碍，破坏了民主政体的所有关键元素。"[8]同年的一项调查发现，绝大多数女议员都受到过网络和口头霸凌，而且关键问题在于，有三分之一的女性议员因此考虑退出。[9]国际特赦组织的进一步研究则鲜明地揭示了这种谩骂的交叉性质。研究显示在2017年大选前夕，仅戴安娜·阿伯特（Diane Abbott）一人就收到了几乎一半针对女性议员的霸凌推文。即使不计入阿博特的数据，研究仍显示，与白人同事相比，黑人和亚洲女性议员收到的霸凌推文数量要多出35％，这表明那些在公共对话和政治中本已获得最少代表的声音也是最容易受到网络霸凌而而因此息声的声音。[10]

因此，除了心理上的伤害、职业上的破坏和政治上的损害之外，网络霸凌也会产生真实的、线下的影响。

2013年，一个男权活动家组织将一名大学生的照片上传到互联网，并确认了她的详细信息，声称她曾提出虚假强奸指控。这种说法完全是不真实的，却很快导致她的家庭、朋友和社交生活的细节像野火一样被喷子们在社交媒体上传播开来。霸凌开始如潮水般涌入这名年轻女子的账号，使她感到恐惧，也让她的父母感到极为震惊。她最终放弃了大学的电子邮件地址，删除了所有的社交媒体账户，并不再去课堂上课。

当女性的地址被泄露给暴徒时，抑或当炸弹威胁迫使她们取消活动时，网上的霸凌与线下的伤害已经融为一体。当她们的教育因为蓄意的大规模骚扰和谣言而受到损害或完全停止时，其影响已经不只是局限在互联网上。当全副武装的警察小组被引导前往目标家中，以为她们正在面对恐怖威胁，或者当网络喷子的恶作剧导致真实生命的丧失时，我们已经不再能轻描淡写地谈论"棍棒和石头可以打碎我的骨头，但语言永远无法伤到我"这样的话题了。

在英国，绝大多数女议员都曾在网上受到辱骂和言语侮辱，而看到敢于在网上表达自己观点的女性受到暴徒的指责和骚扰而保持沉默则是一种常态。这些网络规范构建了一个威力巨大的先例。他们认为，一个敢于发表政见的女人的无礼是令人难以忍受的，而对付那些想法凌驾于他们之上的人的最好方法就是让她们沉默。而且要动用暴力。当我们看到强奸和死亡威胁在社交媒体上如此大肆传播，当我们观察并注意到社交媒体公司拒绝冻结发出威胁的人的账号时，我们收到的信息是，这种行为和这种言论是可以接受的。随后，大量女议员开始经历现实生活中的霸凌，从在大街上被人吼，到自家窗户被人砸碎，不一而足。在2017年的竞选活动中，当一名女议员外出拉票时，一名男子走进她的选区办公室，告诉工作人员他是来杀她的。

在2019年12月英国大选前夕，19名女议员宣布将退出政坛——这一数字高于人们的预期。她们中的很多人，包括尼基·摩根（Nicky Morgan）、海蒂·艾伦（Heidi Allen）、特蕾莎·皮尔斯（Teresa Pearce）和卡罗琳·斯佩尔曼（Caroline Spelman），都特别提到霸凌是她们退出政坛的部分原因。

工党议员乔·考克斯（Jo Cox）是一位充满热情的女权主义者和人道主义者，她在议会上就叙利亚难民危机、移民和妇女问题发表过讲话，并担任工党妇女网络的主席。在她死前的一段时间里，考克斯一直是辱骂信息和骚扰的目标，导致她的住所和办公室需要考虑额外的安全措施，而且有一名男子向她发送"恶意信息"，令她感到十分警觉。换句话说，她是网络喷子的受害者。几个月前，她在自己的选区做完一场意见咨询会正准备离开时，遭到枪击并被刺死。杀害她的53岁白人男子托马斯·梅尔（Thomas Mair）并非之前因霸凌考克斯而受到警方警告的人。然而，他是极右翼组织的忠实追随者，痴迷于新纳粹主义意识形态。他的上网记录显示，他对白人至上主义情有独钟，并搜索了一些关于"弑母"的内容。据报道，梅尔"与美国所谓'另类右翼'运动有直接接触"。法官在对他判刑时说："毫无疑问，这起谋杀案的目的是推进一项政治、种族和意识形态事业，即暴力白人至上主义和与纳粹主义及其现代形式最相关的排他民族主义。"[11]但是，除了少数女权主义作家的文章外，很少有媒体指出考克斯之死与网上更广泛的针对女性和非白人议员的恐怖行为、恐吓和暴力文化有任何联系。就像白人犯下的许多其他罪行一样，这起事件被描绘成一场不知从哪里冒出来的恐怖袭击——一头疯狂独狼的所为。

然而，尽管对现实生活产生了影响，尽管对受害者造成了真正的不利影响，令她们沉默，但在为网络喷子辩护时，最普遍的论点却是最具讽刺意味的说辞：他们高喊着"言论自由"的崇高呼声！

也许问题在于，许多男性圈成员以及更广泛的人群似乎把被倾听的权利，拥有听众的权利，从不面对异议的权利，以及不被称为暴力主的、厌女的种族主义者偏执狂的权利同言论自由的权利混为一谈？例如，一个著名的红迪男性圈社群明确将完全接受"红色药丸"意识形态列为加入该论坛的第一条规则："我们没有兴趣跟那些不同意红色药丸观点的人进行辩论或为这种观点辩护，我们也不想在我们的帖子中为自身选择的道德进行辩护。"

从很多方面来说，言论自由在处理网络霸凌和喷子问题上都只是个烟幕弹，因为它并不适用于推特和脸书等私人平台——它们已经有权决定允许哪些内容和行为出现在自己的网站上，并制定了行为准则或社区标准，禁止种族主义、反犹主义和其他形式的仇恨言论（并不是说这些准则和标准总是有效或得到完全执行）。部分问题在于，当我们谈论仇恨言论时，我们的定义（以及这些公司由此所做的决定）自然会受到社会对不同形式偏见的各种危害的看法的影响。性别歧视是一种尤其为社会所接受的偏见形式。

丽莎·苏吉拉博士表示，许多男性圈的言论"肯定"构成一种仇恨言论，但社交媒体公司根本没有认真对待这种情况，这在很大程度上是因为"我不认为厌女在整体上得到了认真对待"。

鲍康如在红迪的任职经历，让她对于在言论自由与潜在网络极端主义运动的孵化和煽动之间求取平衡有多么困难，有了前所未有的独特见解，她写道：

> 许多大型科技公司打着不受约束的讨论和"言论自由"的旗号，在不知不觉中鼓励了这些团体。受到误导的倡导者会引用已故美国最高法院大法官路易斯·布兰迪斯（Louis Brandeis）的话——"阳光是最好的消毒剂"——认为开放平台将暴露和展示仇恨和恐怖主义的错误性。相反，我们从红迪、推特、GoDaddy 和 Cloudflare 等平台中学到的是，公开曝光反而在使这些观念变得正常化，使其受到鼓励并被放大。

然而，世界上最大的一些社交媒体平台却一再表示自己束手无策，并暗示这个问题太难解决了。它们声称正在采取大规模的行动来对抗骚扰问题，但也拒绝公开它们解决此类问题的详细记录或流程报告。它们发布了一系列经过精心打磨的公关措辞，声称努力保障每个人在网上的安全。然而，那些举报强奸和死亡威胁或性暴力图片的女性却只会收到客服的自动回复，被告知这些内容"不违反我们的社区标准"。这些公司的收入明明可以匹敌一些小国家。号称他们无法强有力地解决这个问题，或者迅速地做出巨大的改进，这种说法是可笑的。如果算法不够完善且容易出错，这些公司完全可以雇用大量人工审核员，投入成本对他们进行适当培训，同时从专业组织获得指导，从而改善它们最脆弱的用户的在线体验。

受害者一直在行动，他们一再地提出一些常识性的方法，来改善互联网应对网络喷子的方法。例如，有人建议推特，当有人举报大规模骚扰事件时，该平台可以采取行动，检查所有提到受害者账户的推文，并锁住任何违反其条款的推文，这样受害者就不必为了举报骚扰而在成千上万条霸凌信息中跋涉了。这在应对"编队作战"的策略时尤为重要。然而，即使提出了这样的实用建议，社交媒体平台仍然不予理睬，通常拒绝采取任何改变或者只会采用孱弱、无效的措施，旨在以最轻微的方式处理霸凌账号，却达成最正面的公关效果。

社交媒体平台对喷子行为的反应让某些群体变得更加脆弱，总体上而言，这种回应是糟糕透顶的；往好了说，它也是零散不成体系的；往坏了说，则是蓄意的、具有欺骗性的。研究一再表明，女性、有色人种、残障人士和LGBT人群尤其面临着严重的网络骚扰和霸凌。当一位高知名度的女性（尤其是享受特权的白人中产阶级女性，她们往往已经有了自己的平台）遭受网络辱骂时，她的遭遇很有可能被媒体大肆报道，媒体往往会利用一切机会在报道中肆意渲染她的照片，并用具有煽情性或性化的语言描述她所遭受的"折磨"。由于社交媒体网站在处理霸凌问题上表现得如此糟糕，这名女子可能得不到多少支持，直到记者开始打电话要求平台发表评论时，公关机器才开始运转起来。然后这些平台突然奇迹般地采取了严厉措施，封禁了那些此前对受害者肆意谩骂却不受惩罚的账户。对于这些女性（我就是其中之一）来说，公众的支持和同情会倾泻而出，然后她们才能够重新回到平台上，至少暂时遏制住了霸凌行为。这意味着，社交媒体公司的反应迟钝且不均衡，再加上媒体对"理想"受害者或上镜受害者的特殊兴趣，直接导致特权人群在遭遇网络霸凌时能获得更多的支持和行动。与此同时，没有特权的人不仅遭受着更严重的霸凌，而且也更难等到有人对此采取任何行动，也不太可能得到多少的关注或支持。因此，如果我们要应对霸凌和偏狭的潮流，那么，我们最迫切需要听到的声音，以及在这些平台上最需要参与的人，也是最经常被偏狭和不受控制的霸凌赶下线的人。

赛伊·阿奇沃沃（Seyi Akiwowo）在22岁的时候决定参加即将到来的地方议会选举，试图"带来积极的改变"。在她年仅14岁的时候，她的一位同学在一次家庭聚会上被杀。从那以后，勇敢地站出来公开发声这件事对她而言便具有了非常重要的意义。我和她交谈时，她解释说："我很快意识到，很多地方决定都是针对我所在的社区和年轻人而做出的，但我们并没有参与到决策的过程中来。"她当选为伦敦最年轻的黑人女议员时年仅23岁。不久之后，她受邀到欧洲议会讨论年轻人参政的问题。

在这次活动中，阿奇沃沃目睹一名叙利亚难民发言人遭到其他人的嘘声，耳闻其他代表高呼移民和难民应该滚回老家，这促使她尝试改变这种平衡。她慷慨激昂地发表了一场即兴演讲，呼吁采取弥补措施。此后数月，什么也没有发生。然后，到了2017年2月的某一天，当她在健身房健身时，她正在播放的音乐软件一直被消息打断。她暂停了跑步机，低头看了看手机，发现有数百条信息和通知向她涌来。在毫无心理准备的情况下，阿奇沃沃突然发现自己面临着各种诸如"黑鬼""女黑鬼""黑佬"之类的种族主义辱骂和诽谤，甚至有人用"猴子"和"猿猴"之类的词来称呼她，还有人提到要对她动用私刑，将她绞死，说她会"死于性病感染"，向她发送类似"黑人会被灭绝"的威胁。原来，她出席欧洲议会的视频被发布到一个新纳粹主义网站上。在随后的几周里，阿奇沃沃在社交媒体上遭受了一波种族主义和厌女主义的霸凌。她花了很多时间在油管和推特上搜索威胁信息，以便对它们进行举报，但没有收到任何反馈或确认。直到当地媒体姗姗来迟地报道了此事，社交媒体平台才开始做出回应并采取行动。"如果我没有进入战斗模式，在媒体上露面并获得公众的支持，我非常怀疑推特会采取任何行动。"

因此，社交媒体在解决网络骚扰问题上的失败，只会让产生骚扰的网络回音室进一步激化和同质化。

这并不是主流机构有意或无意地帮助和纵容网络喷子的唯一方式。实际上，喷子与媒体之间的关系存在严重问题，而且彼此有着相互寄生的关系。这些喷子喜欢编造故事并引诱大众媒体来报道，以便通过媒体的宣传和声望来支持他们的事业，或者仅仅是为了让民众看到他们的混乱造假行为被国家媒体认真对待，从而获得他们所渴望的"幸灾乐祸的大笑"。与此同时，在竞争日益激烈且内容呈指数级增长的网络媒体环境中，机构为了争夺点击量、关注热度和广告收入，不得不报道喷子制造的令人震惊和发指的网络内容，以此获得巨大的收益。对这些媒体机构而言，争议和点击量带来的收益往往比报道在道德上存在问题，甚至完全虚假的内容所带来的声誉受损更重要。

媒体还会刻意贬低女权主义，总是关注一些"次要的"和"富有争议"的辩论话题，这种做法加剧了问题的严重性。编辑和程序员都很清楚，这些内容最有可能在网上引起愤怒、吸引喷子并引发广泛分享。

在我收到的日常媒体邀约中，这种做法是显而易见的：当一起罕见的虚假强奸指控案件成为头条新闻时，我的手机会一直响个不停，但当性暴力援助服务的资金再次被削减时，我的手机却顽固地保持着沉默。我曾多次竭力劝说记者去报道诸如经期贫困或难民妇女被拘留的话题。而现实走向却恰恰相反，我的收件箱里总是堆满了类似如下真实案例的请求：

"嗨，劳拉，明天你愿意来参加关于'流氓口哨'的辩论吗？"

"希望就#MeToo运动［是否］已经走得'太远'"组织一场讨论。"

"你认为'男人在工作'的标识语是一种性别歧视吗？如果你觉得是，你有兴趣在辩论中提出这个观点吗？"

"我想请你就Kleenex从包装盒上撤下'男性型号'品牌一事……发表评论，说明该品牌为何具有性别歧视色彩。"

"我们将辩论：女性正在摧毁女权主义吗？"

"女权主义走得太远了吗？电视采访。"

"我们能不能请你讨论一下'男性流感'①的问题，这是一种事实还是虚构？"

这些议题似乎并无害处，而且媒体机构当然可以自由地讨论任何问题，但当报道的平衡如此严重地偏向这些话题，而忽视了女权主义者实际上正在处理的众多更加紧迫和紧急的问题时，这种情况是非常令人沮丧的。实际上，这种倾向借鉴了男性圈的策略，故意曲解，制造稻草人式的女权主义争论，并暗示抱怨不休、享有特权的女权主义者对琐碎问题已然歇斯底里。正如李-肯尼迪因其遭遇而发现的那样，编辑也很少

---

① "男性流感"（man flu）是一种俚语，指男性夸大自己所患的轻微疾病（如普通流感），来展示自己的坚强。这种现象源自社会对男性刻板印象的期待。

注意到，这些话题最有可能煽动恶毒的喷子大军，吸引他们来辱骂那些不幸或有勇气被引来讨论这些话题的女性。事实上，在某些情况下，喷子带来的流量增值似乎正是媒体机构乐于获取的回报，而他们的作者却要为此付出代价。正如女权主义作家杰西卡·瓦伦蒂（Jessica Valenti）曾经有力地指出的那样，没有哪个雇主会希望自己的员工在努力工作的同时，还要忍受愤怒的人群对他们大肆人身攻击。然而，许多现代作家，尤其是妇女和有色人种，正处于这种困境之中。唯一的区别在于，霸凌发生在线上。

李－肯尼迪觉得编辑没有给予她足够的保护和支持。当恶意言论开始为她的文章带来大量流量时，她甚至还记得编辑曾热切地告诉她："如果你想再写类似的东西，我们很乐意接受。"她直截了当地回答道："我不想写。"

从另一个角度来看，八卦小报围绕她的故事进行疯狂炒作，也极大地助长了网络恶意攻击："《太阳报》和《每日邮报》很清楚地知道它们在做什么，也知道这样做将吸引来什么样的人。"她第一次将"点击量经济"与其背后"可怕的"人们联系起来，并指出如果某件事推动了点击量，媒体并不真正在意这件事情的来源。

如果你切身遭受过网络霸凌，你就不会再认为它是一种无害、只会发生在一个与现实生活无关的独立空间中的事情。不幸的是，大多数报道这个问题的中产阶级白人直男记者、负责构建和监管这种问题发生的技术人员以及主张立法反对（或不反对）网络霸凌的男性政治家和立法者都是这么认为的。这个问题的一个根本原因在于，那些深受网络霸凌之苦、被其无休止地影响的人，基本上没有能力阻止网络霸凌的发生。绝大多数女议员都曾在网上和口头上受到过公众的辱骂，这令人深感忧虑。但同样令人担忧的是，在同一份BBC调查中，几乎有三分之二的受访者也承受过来自同事或男议员的性别歧视言论。我们如何能依靠这些男性去采取任何严肃的措施来解决这个问题呢？

我花了很多时间来调查网络喷子，这让我开始理解我所遭受的霸凌，而在我与它们初次相逢时，我是无法理解的。如果追溯男性圈与白人至上主义之间复杂的联系，我们就可以解释为什么他们会在威胁中夹杂种族主义的侮辱性词语。那些我收到的奇怪信息反复地告诉我"你可以选择发生性关系，我也可以选择强奸你"，如果放在男性圈论坛热衷的将性等价于暴力的观念语境下去理解，就似乎变得更加清晰易懂了。这不仅仅是强奸威胁；而是针对敢于主张女性的性自主权而发出的强奸威胁。两者无法彼此割裂。

回顾我经历的第一次"编队作战"，数百条信息在几个小时内蜂拥而至，我现在明白了所谓4chan和9gag"地盘"是什么意思，它指的是喷子大军和他们的攻击行为。我意识到，我的经历，我的恐惧，只不过是两大互相敌对的网络霸凌团体之间的游戏棋盘。每个团体都忠于不同的论坛，他们幻想着摧毁我的躯体，那只是他们游戏中所用的棋子，他们的最终目标是要通过逼迫我退出互联网和失去工作来摧毁我，这便是他们不惜一切代价来追求的胜利，以此来满足他们的荣耀和欢愉。

最重要的是，我们必须辨别这些模式。如果我们不准备好面对和揭露助长这些犯罪行为的意识形态根源和活跃的在线煽动行为，我们就无法阻止这些犯罪行为的发生。如果我们甚至连网络喷子在做什么都不了解，我们就无法有效地应对他们。

这并不是指我们要参透喷子的梗图、垃圾帖子和"秘密符号"的所有细枝末节，而是要去识别出它们，唯有这样我们才能看穿它们，找到真正的问题所在。这并不是他们自己所号称的"极端网络分子"（"extremely online"）的情形，而是真切地发生在线下的世界。

2019年3月15日，一名28岁的澳大利亚白人至上主义者走进了坐落于新西兰克赖斯特彻奇的阿尔诺尔清真寺（Al Noor Mosque），然后开枪射击。十五分钟后，他在林伍德伊斯兰中心（the Linwood Islamic Centre）继续他的屠杀。两起事件共造成51人死亡，49人受伤，大多数受害者是前来做礼拜的信徒，年龄在3岁到77岁之间。

发动这次大规模枪杀案的布兰顿·塔兰特（Brenton Tarrant）是一名极右翼的白人至上主义者和厌女、恐伊斯兰的极端分子。如果只认为他与"chan"系列网站（4chan、8chan/pol、Endchan等网站）、另类右翼以及男性圈的喷子文化有联系，这还远远不到位。他的整个仇恨行为都是在由这些圈子所组成的世界里策划、设计和实施的。对塔兰特来说，大屠杀不仅要发生在现实生活中，也要发生在网络上。他不仅实施大规模谋杀，也在进行网络喷子行为。大屠杀发生前两天，他在推特上发布了凶器的照片。枪击案发生前不久，他在8chan/pol留言板上宣布了自己的意图，并附上了他脸书主页的链接。他通过脸书实时直播了这场大屠杀，视频长达17分钟，令人毛骨悚然。塔兰特显然在头上戴了一个摄像头，他以第一人称视角制作了这个杀人视频，供他的网络粉丝欣赏，仿佛是送给他们的拥有真实受害者的第一人称射击游戏。

在直播刚开始、暴行还未实施的时候，塔兰特告诉他的观众："记住，伙计们，订阅PewDiePie！"这是指油管明星PewDiePie当时为吸引更多粉丝而开展的运动，这是塔兰特以引用不知名的网络梗的方式来提醒某些观众这段视频是为他们准备的。这是一个圈内的玩笑话，只有那

第五章　纠缠女性的男性

些深谙互联网日常琐事、精通聊天室话术的人——那些被人们称为"极端网络分子"的人才能听懂。但这也是一种喷子技巧；正如塔兰特所预料的那样，在袭击发生之后，主流媒体争相报道这一事件，一些媒体竟真以为塔兰特是这位油管视频发布者的粉丝，并对他的作品进行了冗长而不切题的解释。《每日邮报》在其网站上发布了大屠杀视频的剪辑片段，并提供了他的宣言，全文可供下载，使其一跃登上了世界上最大的新闻平台之一，产生了塔兰特连做梦都想不到的影响力。（在受到广泛批评后，《每日邮报》最终在三天后移除了塔兰特的宣言并删掉了那段视频。）[12]

不出所料，塔兰特的极端主义网友迅速做出了回应。针对塔兰特的声明，一个8chan的"匿名"帖子率先做出了回应，怂恿他继续做下去并敦促他"获得高分"，这种言论与即将上演的电子游戏式蒙太奇画面非常相称。在他最后一篇8chan帖子中，塔兰特要求"伙计们"和"大佬们""通过传播我的信息、玩梗和发垃圾帖子来尽你们的一份力量，就像你们通常所做的那样"。在大屠杀之后，网络喷子、极端喷子以及塔兰特的极端主义同路人通过脸书、油管和其他平台疯狂地分享了他的视频，使得社交媒体公司惊慌失措，接连数日都在不断尝试着将该视频删除干净。（在许多极端主义网站上仍然可以随时查看这段视频。）在/pol版块上，塔兰特的同侪争先恐后地将他的宣言翻译成尽可能多的其他语言，以便进一步传播他的信息。他们现在反复称他为"圣塔兰特"，在帖子中赞美道："他是在与侵略者们作战。/pol向英雄致敬！"

该宣言本身就是一种实施喷子行为的形式。它将塔兰特真实的、令人憎恶的、暴力的极端主义信仰与典型的垃圾帖子融为一体。他既会热情洋溢地引用保守派权威人士的观点，也会提到儿童的电子游戏、病毒式舞蹈潮流（如甩手舞）和4chan梗。所有这些都呈现出他将自己的恐怖行为与他的网络世界无缝融合的意图，以至于外人都不知道该如何进行分辨。内部人士则会对他们每一句话都感到陶醉。

当媒体用白人至上主义、种族主义和伊斯兰恐惧症之类的词来形容塔兰特的宣言时，他们当然是绝对正确的。这场大屠杀是一场毁灭性的仇恨犯罪；犯罪的焦点降临在无辜的人头上，他们因宗教信仰和肤色而成为攻击目标。媒体报道中极少提及厌女主义。英国妇女平等党前党魁索菲·沃克（Sophie Walker）曾发推文谈到这次袭击事件，将其描述为仇视伊斯兰教的恐怖主义，但也强调我们需要认识到男性暴力的威胁。结果她被愤怒和辱骂所淹没，并被指控用机会主义的伎俩劫持一个完全不相关的事件来推动她的极端女权主义议程。

但是沃克是对的。美国国会将大规模枪击定义为有3人或3人以上被谋杀的单一事件。在1982年至2019年5月期间，符合这一定义的114起美国大规模枪击事件中，有110起是由男性实施的。我们是否应该继续对这个明确的统计数据视而不见，只因为当我们提到它时，男性会感到被冒犯？哪怕这意味着我们会失去一个了解问题所在的重要机会？

此外，大规模杀人案并不总能轻易地被划分为厌女或白人至上的仇恨犯罪等不同类别。自我定位为主要受非自愿独身或男性圈意识形态驱使的杀人犯，也总是在他们的宣言中包含极具种族主义和恐同性质的言论。与白人至上主义相关的犯罪行为中，往往包藏了对移民"抢夺"白人女性的仇恨和恐惧，或对回到白人纯洁性和性奴隶时代的渴望，其中也夹杂着根深蒂固的厌女观念。这些问题并不是孤立存在的，而是与网络极右翼极端主义密不可分地交织在一起。认识到这种复杂性并不意味着削弱任何形式的偏见所理应带来的恐惧。

塔兰特宣言的前三句是:"这是出生率的问题。这是出生率的问题。这是出生率的问题。"他的长篇大论充斥着对"替代理论"的痴迷,这是白人至上主义网站的常见主题。它指的是这样一种观点,随着某些国家的出生率下降,移民有可能污染最高等的白人血统,"入侵者"会取代白人男性在让白人女性怀孕方面的合法地位,最终会导致白人男性被种族灭绝。这不仅仅是一种令人恐惧的种族主义和仇外理论;它还根植于最深层次、最贬低人性的厌女情结。该宣言包含了大量的非自愿独身者和男性圈的意识形态,并充满了"极端网络分子"的白人至上主义者的"逻辑"。"强大的男人不会被种族替代,"塔兰特咆哮道,"强大的男人不会允许他们的文化退化,强大的男人不会允许他们的人民死亡。这种局面是由弱小的男人造成的,需要强大的男人来解决这个问题。"

塔兰特声称他行凶的灵感主要来自挪威大屠杀凶手安德斯·贝林·布雷维克(Anders Behring Breivik),这并非巧合。布雷维克也被普遍认为是一个白人至上主义者,他在自己号称打击"政治正确"的行动中,屠杀了77人,其中大部分是青少年,他们被他视为支持穆斯林移民的自由派。但他的宣言也将父亲的权利与仇恨伊斯兰教情结混为一谈,抨击政治正确、女权主义思想和"种族通婚",并自始至终依赖于根深蒂固的厌女观念。他呼应了非自愿独身者和男权活动家对无所不能的"女权纳粹主义者"想要"将父权制转变为母权制"的妄想症。他表达了经典的"米格道"信念,认为我们疯狂的政治正确文化痴迷于诋毁"本土基督教欧洲异性恋男性的内在价值",在这个过程中对他们进行了阉割。他嘲笑女性滥交,并引用搭讪艺术家的观点,认为女性拥有更多的"情色资本",她们可以利用这些资本为自己赢得比男性更多的优势。布雷维克在宣言结尾处发出了紧急警告:"欧洲文明的命运取决于欧洲男性能否坚定不移地抵制政治正确的女权主义。"然而，布雷维克的动机和极端主义背后的这些厌女的基本面却没有被提及或讨论。他只不过被简单地当作是一个白人至上主义者，当然，他也的确是一个白人至上主义者。2020年2月在哈瑙镇杀害9人的德国枪手托比亚斯·拉特詹（Tobias Rathjen）是一名极右翼恐怖分子，他留下了一份种族主义宣言，呼吁摧毁某些种族和文化。他也认为自己是一个非自愿独身者。

喷子和病毒有几分类似。它们行动如一，却由无数微粒组成。它们通过感染宿主来引起混乱。最令人担忧的是，它们以令人眼花缭乱的速度复制和繁殖。

在克赖斯特彻奇清真寺枪击案发生一个多月后的2019年4月27日，也就是在犹太逾越节的最后一天，19岁的约翰·T.厄内斯特（John T. Earnest）走进了波威市恰巴德犹太教堂，用AR-15步枪开枪射击，造成一名妇女死亡，另有三人受伤，其中还包括犹太教堂的拉比。

在实施恐怖行动之前，厄内斯特与塔兰特一样，在8chan论坛上发表了一篇告别文章，并附上了脸书直播的链接和一份4300个单词的宣言。

这并非巧合。

厄内斯特的宣言赞扬了克赖斯特彻奇清真寺枪击案，并表示这起大屠杀对自己的行动起到了"催化剂"的作用。这份宣言紧密追随塔兰特的言论，同样将"极端网络分子"的梗和内容与对白人出生率下降的困扰混为一谈。他也提到了PewDiePie，并慌称这名油管博主资助了他的"行动"。换句话说，这两个杀人犯也都是网络喷子，而且他们的犯罪行为几乎都是为了取悦喷子社群而进行的表演。

就像塔兰特一样，厄内斯特在头条新闻中被描述为反犹主义者和白人至上主义者。显然，这些确实是他犯罪背后的驱动力。然而他在

8chan论坛的帖子中宣布了自己的意图，提到了男性至上主义的"红色药丸"运动，但众多报道中几乎均未提到厌女因素。

记者凯西·奎恩兰（Casey Quinlan）的报道探索了性别、性取向和极右翼之间的交集，她似乎是唯一一个注意到这种联系的撰稿人。她写道："犹太教堂枪击案的凶手发帖谈论'红色药丸'运动，这绝非巧合。"南方贫困法律中心的研究分析师基根·汉克斯（Keegan Hankes）告诉奎恩兰，男权运动"确实没有得到它在极端主义道路中扮演的角色所应得的名声"。

这些都是以谋杀为目标的恐怖袭击，却自视为电子游戏。它们充斥着对外人来说难以理解的规则、主题、历史和词汇，加强了它们所代表社群的身份认同感、归属感和自我认同。长期以来，我们对这些网络社区的特征不屑一顾并予以轻视，现在它们已然进入线下的世界中。

最可怕的是，对于这个社群来说，胜利就是一切，而想要获胜的方法只有一个：事态升级。

有一次，我给他们回信了。我给一个称呼我为"爱发牢骚的小婊子"，并建议人们把家具塞进我肚子里的男人写了回信，我问了他这样一个问题："你能告诉我是什么让你这么不开心吗？"你不应该搭理喷子，我知道，我知道。但是我那天过得很开心，很愉快，我真的很好奇。我想试着理解是什么让一个男性向一个素未谋面的女性发出这样的信息。而当他回信时，我开始了解他是一个怎样的人。这个男人之前当过兵，曾是一名空降步兵。他对允许女性在军队中服役感到非常愤怒，或者用他的话说，她们"把小骚货弄到我的部队里来了"。他信教。他认为："传统男性有自己的角色，传统女性也有自己的角色。这是上帝创造我们的方式。"但是他对这些角色的定义依赖于男女之间巨大的权力不均衡。"男性在身体和心理上都更加强健。女性在压力状态下崩溃的可能性远远高于男性。"他写道。不知何故,这些观念在他身上演变成对女权运动的恶毒迷恋。他说,这场运动"对整个西方世界的社会造成了巨大的破坏"。尽管他最初的邮件更多地关注穆斯林而不是女性,可一旦我们开始交谈,我就发现他真正关注的是厌女。他怒斥女权主义者"将年轻男性群体女性化",并称我们正在制造"大规模屠杀"。

他说的一切都直接引述自男性圈:比如国防部为了卑躬屈膝地迎合自由派政治正确战士,而降低标准以接纳女性入伍的阴谋论;对"懦弱无能的男人"未能保护传统社会而产生的愤怒。

但最重要的是,他是一个顾家的男人。"上帝创造了男人来关心和照顾他的妻子,"他对我说,

> 女性生儿育女,照顾孩子。他们组成了一个生活在爱与和谐中的家庭单位。这样的家庭单位在当今社会几乎荡然无存。在我看来,整个女权主义运动都需要被粉碎和摧毁,被杜绝在社会之外,只有这样核心家庭才能得以重建。

喷子也许真算得上是男性圈的十字军,他们是愤世嫉俗的雇佣枪手,会打倒任何被他们视为威胁的人。但他们同时也是男性圈的短板,因为他们暴露了这场运动的虚伪之处。

我的这个笔友似乎热切地认为,必须不惜一切代价保护女性。只是不该保护像我这样的女性。于是我回信问他自己的家庭情况,因为家庭对他是如此重要。我问他,如果一个陌生人给他女儿发邮件,说她是婊子和荡妇,他会作何感想。之后,他再也没有回复我。

第六章

伤害女性的男性

"她比你弱,地位在你之下,如果她再次和你作对,你就把她送进医院。"

——男性圈博主马特·福尼,《家庭暴力的必要性》

我们可能会将非自愿独身者、搭讪艺术家、"米格道"、网络喷子,以及男权活动家等群体视为截然不同的专属于网络的社群。我们可能会认为他们与"线下"虐待、恐吓、跟踪、骚扰和谋杀女性(最常见的受害者是他们自己的妻子、女朋友和家庭成员)的普通寻常男性不同。我们可能会认为这些男性与那些使用武器犯下大规模暴力和谋杀罪行的男性完全不同。这种看法完全是错误的。这些问题彼此密切相关,其根本驱动因素是密不可分的。

男性会伤害女性。这是事实,如同流行病一般普遍。这是一场公共健康灾难,且已经成了常态。

全球超过三分之一的女性在其一生中的某个时刻曾经历过身体暴力和/或性暴力(这里不包括性骚扰)。全球每天有137名女性被自己的家庭成员杀害。

我们在讨论暴力厌女的极端主义和男性至上主义时，不能不考虑其语境是一个暴力侵害妇女的行为达到惊人水平的世界。男性圈的存在既是不平等的症状表现，也是针对减轻不平等的努力的愤怒反冲。

到目前为止，我们从非自愿独身者、搭讪艺术家和男权活动家的言论中所看到的一切都表明，这些反动团体与许多极右翼和其他至上主义团体一样，其主要目标是回归到一个理想化的、由异性恋白人男性控制和掌权的状态。他们希望看到女性被男性压制，沦为他们的附庸，沦为用来满足男人性快感和繁殖目的的工具，而且还是温顺、顺从、卑躬屈膝的工具。在这些人看来，实现这种极端父权乌托邦的目的是崇高的，而为达目的哪怕要动用诸如欺骗、骚扰、侵犯和大规模暴力之类的手段也在所不惜。

实际上，这种核心的男性圈文化观念与异性恋男性家庭的暴力或强奸并没有太大差别，都是通过暴力或虐待手段来建立异性恋男性对女性的权力和控制，以维持异性恋男性的主导地位。英国全国性的家庭暴力慈善机构"妇女援助"将家庭暴力描述为"一种深深植根于男女不平等的性别犯罪"，并指出"家庭暴力深深植根于权力、控制和不平等等问题"。该组织解释称，那些人实施家庭暴力"是为了得到他们想要的东西并获得控制权"。所有这些准确的描述，也可以用在像埃利奥特·罗杰这样的男性身上，他们痴迷于权力和不平等，并使用暴力来控制他们认为对他们不利的女性。

"尊重"（"Respect"）是英国一家致力于消除家庭暴力问题的慈善机构，它重点关注男性施暴者，为担心自己会对伴侣实施暴力或虐待的人提供保密的匿名求助热线和网络聊天服务。该组织告诉这些人："暴力不会凭空发生。暴力并不像很多人认为的那样，是因为失控，在大多

第六章 伤害女性的男性

数情况下，暴力的发生恰恰是因为你在试图控制他人。"

如果恐怖主义是一种试图通过制造恐惧来施加控制和行使权力的手段，那么，在微观或个体层面上，这恰恰是对家庭暴力的准确描述。

加拿大作家、教育家、理论家和"白丝带运动"联合创始人迈克尔·考夫曼（Michael Kaufman）告诉我，家庭暴力"既是一种确立和维系权力的武器，同时也是一种担心自己不是真正的男人的心理应对机制，理解这一点尤为重要。这绝不是在为家庭暴力辩解"。考夫曼比大多数人更了解家庭恐怖主义和公共恐怖主义之间的联系。他发起的这场运动肇始于1991年，是对马克·勒平（Marc Lépine）在蒙特利尔综合理工学院发动的反女权主义恐怖袭击的直接回应。

1989年12月6日下午，马克·勒平抵达加拿大的蒙特利尔综合理工学院，进入一个机械工程专业的课堂，强迫男女学生分别聚集在房间的两侧。在命令男性离开房间后，勒平告诉剩下的9名女性，他正在"与女权主义作斗争"。根据一位目击者的说法，勒平宣称："你们是女性，你们将成为工程师。你们都是一群女权主义者。我讨厌女权主义者。"然后，他朝着她们开了枪，致使6人死亡，3人受伤。接着他穿过校园，朝着学生和教职工射击。做完这一切之后，他将枪口对准了自己。共有14人死在勒平的枪下，另有14人被他打伤。

除了勒平的例子外，学术研究也支持考夫曼提出的"男性暴力与性别刻板印象之间存在联系"的观点。例如，2018年一项关于针对妇女的暴力的研究指出，"传统的婚姻观念、家庭观念和性别角色支持男性的主导地位"，而"持有这些父权刻板印象的男性往往责怪女性和儿童没有表现出预期的尽职和顺从行为，从而将暴力合理化为一种合法的社会控制形式"。[1]

将家庭暴力定位为行使家长式控制和所有权的手段，这一理论在诸如凯拉·海耶斯（Kayla Hayes）事件之类的案例中得到了生动的体现。19岁学生凯拉·海耶斯的"控制型和操纵型"前男友塞思·弗洛里（Seth Fleury）在分手后咬了她的脸，将她的下唇撕了下来。海耶斯说，因为"他想为我的下一个男友留下他的印记"。此外，这一理论也与大量男性谋杀自己孩子的案例密切契合。在这些案例中，当女性伴侣威胁要从这段关系中抽身而退或事实上已经退出时，犯罪者会试图通过谋杀来重获对家庭的掌控权。

男性圈成员就明确主张对女性伴侣实施身体暴力和心理暴力的权力，以便在家庭领域内建立起权力秩序和纪律。

例如，马特·福尼在《家庭暴力的必要性》的博文中声称：

> 扇女孩一个耳光不仅仅是为了伤害她，而是一种表达否定的举动。这个举动是在传达"我可以像踩死一只昆虫一样踩碎你，但你不配让我出手"。这是一种沉默的表示，她比你弱，地位在你之下，如果她再次和你作对，你就把她送进医院。你要把她当成一个发脾气的孩子，而不是一个与你平等的人。

因此，家暴施暴者表现出了对男性控制和权力的痴迷，而男性圈成员在渴望建立一个女性知道自己的位置，而男性至上秩序通过暴力手段得以恢复的社会时，也会直接或拐弯抹角地提到这一点。这本质上是在利用暴力和恐惧，试图在他们的关系中强加传统的、刻板的性别角色，与男性至上主义者希望以更大的规模强加这种角色的方式如出一辙。换言之，家庭暴力是一种恐怖主义，只不过它是一种安静的、不被承认的日常恐怖主义。

但是，这种类比反过来也同样适用，而且达到了令人惊叹的程度。相当大比例的恐怖袭击者和大规模杀人犯曾有过家庭暴力或虐待的历史，这一引人注目的事实长期以来一直未得到承认，但这些年终于姗姗来迟地在平台上引起讨论。

2017年，伦敦桥恐怖袭击事件的袭击者之一拉希德·瑞多安（Rachid Redouane）据报道曾对妻子进行身体和情感上的虐待。

2017年，哈利德·马苏德（Khalid Masood）驾车冲撞议会大厦外的行人，随后刺死了基思·帕尔默（Keith Palmer）警官。此前，他还曾一拳打在一名女子脸上，并被指控对其前女友实施了身体伤害。

2016年，尼斯恐怖袭击事件的主犯穆罕默德·拉胡艾杰·布赫莱勒（Mohamed Lahouaiej-Bouhlel）曾因攻击和虐待妻子而为当局所知。

2016年，奥马尔·马丁（Omar Mateen）是奥兰多"脉动"同性恋夜总会恐怖袭击事件的凶手。他在这场恐怖袭击中杀害了49人，造成53人受伤。他曾多次殴打自己的妻子并控制她的财务来源，使她与家人断绝往来。

2014年，曼·莫尼斯（Man Monis）在悉尼的袭击事件中劫持了18名人质，警方在经过长时间的僵持之后发起突袭，对峙过程中有2名人质被杀，另有4人受伤。他背着43项性侵指控，还有家庭暴力和骚扰史。

2017年，德文·帕特里克·凯利（Devin Patrick Kelley）在得克萨斯州萨瑟兰斯普林斯市第一浸信会教堂里犯下了一起大规模枪击事件，造成26人死亡，20人受伤。他曾掐住妻子的脖子对她拳打脚踢，甚至还因为家庭暴力被定过罪。

2016年，埃斯特班·圣地亚哥·鲁伊斯（Esteban Santiago-Ruiz）破门闯入女友家中并掐住了她的脖子，随后被捕入狱并被指控犯有侵犯人身权利罪。不到一年后，他在佛罗里达州劳德代尔堡－好莱坞国际机场实施了一场大规模枪击事件，造成5人死亡，另有6人受伤。

这绝不是一个详尽无遗的列表——它不包括前文在非自愿独身者的章节中提到的任何大规模杀手，其中许多人曾经有过针对女性的暴力史——但这份列表足以说明，这样的暴力史在其他大规模杀手和恐怖分子中非常普遍，哪怕媒体在报道袭击事件或分析其动机时对此并未有任何提及。而且，这些并不是孤例。2019年的一项调查显示，在2011年以来发生的至少22起大规模枪击案中，犯罪者都有家庭暴力史，或专门以女性为实施暴力的目标，或跟踪和骚扰女性。这22起枪击事件占到这8年期间发生的公共大规模枪击事件的三分之一以上。[2]

此外，枪支控制运动组织"为每个城镇带来枪支安全"（Everytown for Gun Safety）在分析2009年至2015年美国的大规模枪击案的联邦调查局数据时发现，在至少54%的大规模枪击案中，受害者中包括犯罪者的亲密伴侣或家庭成员。

女权主义学者和活动家长期以来一直警告恐怖主义行为与家庭暴力之间的联系，这种联系的模式已经被一遍又一遍地指出。正如纽卡斯尔大学人文地理学教授雷切尔·佩恩（Rachel Pain）所写的那样："日常恐怖主义（家庭暴力）和全球恐怖主义是企图通过恐惧来施加政治控制的同类尝试。"

多年来，在对恐怖主义袭击者的可能原因和动机的狂热猜测中，最显而易见的关联因素（尤其值得一提的是，根据联邦调查局的数据，96%以上的恐怖分子是男性）却被刻意忽略了。直到21世纪第二个十年的中后期，主流媒体才真正开始报道大规模杀人事件的凶手与其既往家庭暴力史之间的联系。而且，即使到了现在，媒体还是往往会用所谓难以避免的"独狼"和精神健康问题等说辞来为白人男性犯罪开脱，刻意避重就轻、大事化小，把它们伪装成孤立发生的个案，竭尽全力寻找合理的"理由"来为这种行为解释和辩解，而其他类型的（尤其是穆斯林）犯罪者却受到了相反的对待。

这种区别对待首先体现在哪些袭击会得到报道。一项2017年的研究分析了2006年至2015年期间美国所有恐怖袭击的数据和新闻报道。结果显示，在对目标类型、死亡人数和逮捕人数等变量进行控制的情况下，穆斯林袭击者发动的袭击平均获得的新闻报道量比非穆斯林袭击者要高出357%。[3]另一项在2015年开展的研究则分析了2008年至2012年间美国146套网络和有线电视新闻节目，发现81%的涉及恐怖主义嫌疑人的新闻报道对象是穆斯林，远远超过该时期美国由穆斯林实施的恐怖袭击所占的百分比。[4]

其次，这种差异也体现在报道的性质上。2011年的一项美国媒体研究揭示了"一种报道恐怖主义的主题模式。在该模式下，对国际恐怖主义的恐惧占主导地位，尤其喜欢报道穆斯林/阿拉伯人/伊斯兰教在有组织的恐怖主义组织中共同打击'基督教美国'的情况，而国内恐怖主义则被视为由精神异常的个人在孤立事件中产生的次要威胁"。[5]

不妨比较2015年迪伦·鲁夫（Dylann Roof）在南卡罗来纳州查尔斯顿一座非裔美国人教堂发动的大规模枪击事件，以及奥马尔·马丁在奥兰多发动的大规模枪击案的媒体报道，前者报道中有关心理健康的讨论频度是后者的三倍多，而在后者报道中，"恐怖分子"或"恐怖主义"这些词出现的次数大约是前者的三倍。

因此，有强有力的证据表明，新闻媒体已经存在偏见，它们以截然不同的方式刻画某些类型的袭击者，而且不愿像对待穆斯林袭击者那样，毫不犹豫地将"恐怖分子"冠在白人男性袭击者头上。在这一切之前，我们先来探讨一个事实，那就是以厌女极端主义为根源的犯罪明显不太可能会作为"恐怖主义"事件而受到重视，甚至与以白人至上或极右意识形态的名义实施的犯罪相比都更为劣势。

这种报道反映了司法系统对暴力极端主义袭击者的处理方式。小詹姆斯·亚历克斯·菲尔兹驾车冲向抗议的人群，但并未被指控为恐怖分子。他面临的只是联邦仇恨犯罪的指控。[6] 2019年一项对自"9·11"事件以来美国联邦诉讼的分析得出结论：即使所指控的犯罪行为符合国内关于恐怖主义的法律定义（即意识形态动机的行为对人类生命有害，并旨在恐吓平民、影响政策或改变政府行为），司法部也通常不会对右翼极端分子提起恐怖主义指控。[7] 批评人士指出，这一明显的遗漏是由于美国涉及国内恐怖主义法律的缺失。

媒体对大规模暴力的报道也同样存在问题。在布兰顿·塔兰特实施克赖斯特彻奇枪击事件后，《每日镜报》的头版刊登了一张他学龄前脸庞红扑扑的照片，标题为"天使般的男孩长大后成为邪恶的极右翼男杀人犯"，接着还有一篇文章描述他是一个"讨人喜欢且敬业的私人教练，为孩子们提供免费的运动课程"。这篇报道还转载了塔兰特宣言的部分内容，包括他对自己的描述："我只是一个普通白人男性，来自一个普通的家庭。我决定站出来保障我的人民的未来。"

《每日邮报》的一篇文章写道："这个克赖斯特彻奇案恐怖分子的祖母说他是一个'好孩子'。"

这些标题与英国小报对穆斯林发动的恐怖袭击的报道形成鲜明对

比。例如，在曼彻斯特体育馆爆炸案发生后，《每日快报》的标题是"难以置信的邪恶！一个圣战野蛮人怎么能够杀害我们美丽无辜的孩子呢？"而《太阳报》的标题则是"不折不扣的邪恶"。

2017年，达伦·奥斯本（Darren Osborne）在芬斯伯里公园清真寺外对礼拜者发动恐怖袭击，造成1人死亡，至少9人受伤。关于此次事件的报道，媒体的定调却截然不同。《泰晤士报》的标题是"失业的'独狼'主导了对清真寺的袭击"。《太阳报》则以"清真寺'袭击'"为标题，加上的引号似乎是在暗示该媒体甚至不相信这场袭击真的发生了。《每日邮报》在报道这场恐怖袭击的同时，也试图将清真寺与伊斯兰极端主义联系起来："一辆白色货车的司机开车冲向伦敦芬斯伯里公园清真寺外的人群，造成至少10人受伤。这里曾是宣扬仇恨的传教士阿布·哈姆扎（Abu Hamza）讲道的地方，事发时穆斯林刚结束晚间祈祷。"

而且，当男性以厌女极端主义的名义杀人时，其动机往往很少受到关注，也很少出现在头条新闻上。考夫曼说："当他们的行为演变成暴力时，我们势必不会使用'恐怖主义'来描述他们的行为。"

例如，罗杰或许是以非自愿独身者和男性至上主义的意识形态的名义行动的最著名的大规模杀人案凶手，我们可以想象一下媒体对他的报道。《纽约时报》对罗杰进行了详尽的报道，这份报道共由4个人撰写，在他进行厌女大屠杀的一周多后发表。这篇报道的标题为"实施短暂的杀戮之前，从8岁开始的问题少年"，配有一张深褐色背景的照片：照片中的罗杰还是一名五年级的学生，有着如同天使一般的长相。在一系列认识他的人口中，罗杰是一个"孤独"，"内向"，"饱受心理困扰"，"聪明"，"受人喜爱"，"非常天真，说话温柔"的人。据他曾经就读的学校的校长所说:"他甚至从未大声跟人说过话。"老师们反复地昵称他为"我们的埃利奥特",而这个称呼在文章中重复出现了三次。这篇文章广泛关注了罗杰被霸凌的经历,将他描绘成一个受害者。文章引用了他父母关于他"很容易被利用"或"很容易成为某种骗局的目标"的担忧,并转载了罗杰宣言中的部分内容,其中就包括他在学校里被人扔食物的经历,并问道:"哪些可怕、堕落的人会嘲笑一个比他们年幼又刚进入高中的小男孩呢?"

尽管报道中大量引用了罗杰的宣言,特别是他描述自己在学校受到伤害的内容,但它对宣言中极度厌女的内容只做了有限的提及;文中并没有引用他将女性描述为"心理扭曲且有过错的人"、"终极的恶魔"和"野兽"的这部分内容,也没有引用他宣称女性应该被剥夺所有权利,由男性决定她们必须与谁"交配或繁殖"的声明,更没有报道他认为"没有比人类女性更邪恶和堕落的生物"的观点。

这篇文章的确报道了罗杰与各种男性圈网站的关联,但它委婉地将其厌女情绪激进化的行为描述为"撤回到互联网上",并将他访问的极端网站称为"性挫败的年轻男性"的集结地。文章直接引用了他在网上发的一些帖子,但没有提及他直接朝女性喊话的视频。在视频中,他宣称打算"屠杀我看到的每一个娇纵、自大的金发荡妇……我非常享受把你们所有人都屠杀掉的乐趣"。

文章自始至终都不曾使用"恐怖主义"、"极端主义"、"厌女主义"或"性别歧视"等词语,而是描绘了一个非常具体的大规模杀戮者形象;这个凶手后来成为男性圈杀手心目中的英雄和集结号。

《纽约时报》一篇关于宾夕法尼亚州杀手乔治·索迪尼的文章委婉地选取了一个"博客尽显枪杀案凶手挫败感"的标题,开篇便描述他

"饱受孤独感的折磨"。这位男性作者在文章中并未提及任何关于被杀女性的细节，却援引索迪尼的一位邻居的话称，索迪尼"很友好……而且长得不难看"。

如果我们将上述文章，以及其他无数报道非自愿独身者和男性至上主义杀人凶手，却从不将他们称为极端分子或恐怖分子的媒体文章，同发生此类袭击的国家对恐怖主义的定义进行比照，我们可以得出很多有用信息。

在美国，恐怖主义在《美国法典》第22章第38节第2656f条中有明确定义："由次国家团体或秘密特工对非战斗人员目标实施的有预谋的、带有政治动机的暴力行为。"

在英国，恐怖主义的法定定义被包含在2000年《恐怖主义法》第1节的内容中。该法明确规定，恐怖主义指的是采取或威胁采取旨在影响政府或国际政府组织，或恐吓公众或部分公众，并以推进政治、宗教或意识形态事业为目的的行动。所使用或威胁使用的行动必须涉及对人的严重暴力、对财产的严重破坏、危及个人的生命、对公共卫生或安全造成严重风险，或意图干扰或严重破坏电子系统。

在加拿大，"恐怖主义活动"的定义包括两个关键的故意要素的作为或不作为。首先，被告的行为必须具有"政治、宗教或意识形态目的、目标或原因"。其次，他们必须蓄意威胁"公众或部分公众并影响其安全"，或迫使政府或组织"执行或不执行任何行为"。所涉及的活动还必须导致暴力死亡或严重伤害，危及生命或造成重大公共（包括部分公众）安全风险。

虽然关于恐怖主义该如何定义，以及这种定义有哪些益处和制约因素，还需要进行复杂而细致的讨论。但很明显的是，根据这些定义，本书中描述的许多犯罪者和行为都达到了恐怖分子和恐怖主义的门槛。恐怖主义标签的反复缺失，不可否认地证明了三件事：首先，我们的社会对由厌女驱动的暴力极端主义缺乏严肃态度；其次，对针对妇女的暴力普遍麻木不仁；最后，对网络男性至上主义社群规模的认识不足。

尽管有些人可能会认为，男性至上主义的某些行为尚未达到恐怖主义的门槛，但与恐怖主义密切相关但又相互独立的暴力极端主义范畴也值得考虑，后者通常被定义为支持或实施暴力行为以实现政治、意识形态、宗教或社会目标。尽管这个术语确切地涵盖了许多厌女极端主义事件，却也很少被用来形容以此名义行事的男性。

媒体对这些事件的刻画方式极为重要。不断有证据表明，将袭击定性为恐怖主义会对公众舆论产生影响，并对个人在资助反恐活动和支持各种政府行为和政策等问题上的政治立场产生影响。舆论的摇摆可以反过来影响政治家的优先事项和行动，或者影响特定群体的认知。因此，如果新闻媒体在描述白人男性恐怖分子时刻意轻描淡写并进行柔和化处理，如果媒体在报道中从未明确将此类极端厌女袭击定义为一种恐怖主义，那么它们便会进一步促成我们的社会对这种意识形态和暴力行为的习以为常，也会加剧我们的政府和政策在应对这一问题时的无力感。

当我们看到对非自愿独身者化身大规模杀人案凶手的报道，与对其他类似的犯罪报道迥然相异时，我们所看到的是两大主要媒体盲点的交叉重叠：首先，媒体不愿像对待穆斯林或非白人犯罪者那样，急切地将白人凶手归类为恐怖分子；其次，媒体倾向于对男性针对女性的暴力行为（尤其是在家庭环境中的暴力行为）进行轻描淡写的报道，为他们找理由开脱，使这些行为看起来符合人之常情。

这种效果通常由实际的报道来实现：在其中暗示家庭暴力的施暴

者行为背后存在着值得同情的动机，往往会含蓄地责怪受害者，暗示是他们自己以某种方式导致或挑起了自己所遭受的攻击。

"烧烤爸爸'因妻子出轨怒杀6人'"便是此类新闻标题的一个典型案例。这样一来，这个"烧烤爸爸"的行为立马变得符合人之常情，同时也直接将这场大规模杀人案与他妻子的所谓不忠联系起来。还有一个新闻标题写道——"妻子嘲笑阴茎太小，还与女同幽会，'最终把丈夫逼到杀人境地'"。还有媒体采用了"丈夫因嫉妒而犯下双重谋杀罪，被判终身监禁"这样的标题。得克萨斯州圣达菲市发生一起大规模校园枪击案后，一则头条新闻高呼："受害者母亲说，多次求爱被拒最终引发了得克萨斯州校园枪击案。"（事实上，这是一种完全在迎合非自愿独身者意识形态的媒体叙事。）而且，就在我写这一章的时候，我的推特动态中弹出了一篇新闻文章，标题为"因性功能障碍被妻子嘲笑无能，'妻管严'丈夫杀妻"。

一篇关于一个男子刺死自己两个孩子的文章，将他描述成一个在妻子离开自己后"伤心欲绝""肝肠寸断"的"被抛弃的父亲"——这是男权活动家博客津津乐道的标题。

2019年，一篇关于一个威尔士男子殴打并刺死妻子和两个孩子的文章引用了凶手妹妹的话，她说她哥哥"在看到妻子手机上其他男人发来的短信之前并不是一个暴力的人"。实际上，这篇文章本身也承认，他曾在2013年因长期殴打妻子而入狱服刑。文章援引验尸官的话称，凶手"心中有恶魔"（没有提到任何精神疾病），尽管他之前因家庭暴力而入狱，"但没有人预见到接下来会发生什么"："没有任何明确的威胁能让人采取干预措施，阻止这场悲剧的发生。"

2016年7月，一个叫兰斯·哈特（Lance Hart）的男子在林肯郡斯伯丁谋杀了他的妻子克莱尔和他们19岁的女儿夏洛特。一个仅从媒体报道获取此案的信息，而个人对它并没有任何其他了解的男性作者撰写了一篇关于该事件的文章。文章写道：

> 当然，这些男性的作案动机往往源自愤怒和惩罚配偶的欲望。虽然出于报复而杀害伴侣或许是可以理解的，但对于一个男人来说，杀害自己的孩子（他们只是婚姻关系破裂的无辜旁观者）则性质完全不同。我相信这往往是一种扭曲的爱的行为，因为这名男子愚钝地认为他们生活中的危机实在太大了，孩子们这样活着还不如死了算了。

使用"可以理解"来描述一名男子谋杀自己妻子的行为，以及使用"爱的行为"来描述他杀害自己孩子的行为，这表明我们对家庭暴力的新闻报道已经快速发展到指责受害者的地步了。将杀害"无辜"儿童描述为一件与谋杀配偶"性质完全不同"的事情，旋即就将克莱尔诬陷为负有部分责任——这就将这起谋杀拖入了灰色地带。其他英国报纸为哈特描绘了一副富有同情心的形象，重点关注他为应对婚姻破裂而进行的"努力"。《每日邮报》援引哈特熟人的话，说他"总是很体贴"，而《每日电讯报》则刊登了邻居的证言，称哈特是一个"非常非常好的人"，文章中还提到了他的DIY技能等无关紧要的细节。有些报道甚至猜测是什么"驱使"哈特谋杀了他的妻子和女儿。

夏洛特的两个兄弟卢克·哈特（Luke Hart）和瑞恩·哈特（Ryan Hart）在袭击发生时都身在国外，后来他们在采访中描述妹妹和母亲是"无私、充满爱心"的动物爱好者，她们"对狗很痴迷"。热爱运动的夏洛特喜欢骑马,也会志愿帮助老年人。克莱尔非常喜爱她的孩子们,喜欢自己种植蔬菜。主流媒体文章热衷于对哈特的DIY技能和善良本性进行大肆渲染,却对这些细节只字未提。

在母亲和妹妹去世后,卢克和瑞恩之间建立起至关重要的联系。媒体对父亲如此漫不经心的同情令他们感到震惊。他们逐渐开始意识到,正是由于媒体对家庭暴力的描绘才让他长期逍遥法外。卢克和瑞恩通过电子邮件告诉我:"媒体对家庭暴力的虚假刻画让我们没能意识到家庭暴力的本质。"由于父亲的行为被描绘成一种常态化,这两个男孩就没法给他贴上家庭暴力的标签,这让他们陷入了孤立和无助的境地。

他们对自身童年,以及他们与父亲之间的关系的描述,鲜明地揭示了家庭暴力和男性至上主义的男性圈意识形态之间的重叠之处:

> 我们的父亲是僵化刻板印象的坚定信徒。他希望我们所有人都服从于他并为他服务。他的信条是男人应当在家庭中掌权;他认为家里所有的东西都属于他,我们应该感激他的慷慨,感谢他允许我们待在这个家里。

兄弟俩对父亲的父权信仰体系有着深刻而惨痛的理解,他们提到瑞恩周六晚上更喜欢同母亲和妹妹在家度过,而不是跟其他男人一起去酒吧,这件事令他们的父亲感到愤怒和困惑。他们说,夏洛特是个坚强、自信,很有主见的女性,父亲和她在一起感到"不舒服"。他们还提到,父亲对她和那个恭敬有礼的男朋友之间的恋爱关系感到"困惑",因为她对男朋友不够顺从。卢克和瑞恩说,当妻子或孩子不听话时,父亲似乎感到自己"被羞辱、被削弱甚至被阉割"——他的自我价值感以一种紧密且危险的方式与他在家庭中的统治地位联系在一起。

卢克和瑞恩也尖锐地抨击媒体，认为其暗示行凶者一定患有精神疾病或精神上失控的惯用叙事伎俩极具破坏性（他们指出，他们的父亲在谋杀案发生前二十分钟还买了一张停车票）。他们也抨击了从外围人物那里收集共情语录的这种极具误导性的做法：

> 我们的父亲对自己并没有失控，但当我们逃离他时，他就无法完全控制我们了。为了重新掌握控制权，他不得不杀了我们。我们的父亲被邻居和外人认为是"一个好人"，这一事实恰好表明了他对虐待对象的控制程度。控制我们是他的世界观的核心。

正如上述例子中验尸官的话所揭示的那样，这不仅仅是媒体本身的问题。"有正当理由的施暴者"或"饱受折磨的施暴者"的概念突然在刑事司法系统等领域反复出现。2019年，24岁的亚历山大·希文斯（Alexander Heavens）拳打女友的脸，咬了她，并将她的手指向后掰弯。然而，希文斯在承认自己于亲密关系中有着控制和胁迫的行为后，竟被免除了牢狱之苦。法官告诉希文斯"每个人都值得拥有一个改过自新的机会"，并建议他"忘掉她吧，大海里的鱼多了去了，天涯何处无芳草"。[8]事实上，鉴于家庭暴力的施暴者中有极高比例的人会成为惯犯，如果他以后压根抓不到另一条"鱼"，结果可能会更好。

因此，我们的主流媒体对男性暴力的刻画，以及我们的社会对男性暴力的误解，都有可能产生毁灭性的影响。当我们同情实施家庭暴力的男性时，我们在让家庭暴力变得正常化并纵容这种行为，为极端主义网络社群的火焰添油加炭。而且，如果我们刻意忽视大规模恐怖袭击与既往家庭暴力的定罪之间的联系,我们将继续忽视一个重要的危险信号。

即使凶手以明确的厌女名义杀人,即使他们在宣言中向我们澄清了这一点,或者当着受害者的面将其大声呼喊出来,我们仍然会在其他地方寻求解释,不放过其他任何一个可能的理由。1991年,曾在商船担任船员的乔治·亨纳德(George Hennard)发动了一场大规模杀人案,《人物》杂志随后刊登了一篇非同寻常的文章。文章第二段写道:

> 他有着一种冷酷无情的效率,潜伏在餐厅里,选择谋死的对象——其中大部分是女性。"基林和贝尔顿的所有女人都是毒蛇!看看你们对我和我的家人做了什么!"亨纳德一边大叫着,一边冷静地执行他的处决,很多时候都是近距离一枪射中头部。

接着,这篇文章指出,亨纳德"仇恨女性的一面为很多人所知情"。文章描述了他"大声自言自语"有关谋杀的事情,并被同事听到。"他开始谈论贝尔顿的一些人和一些曾给他带来过麻烦的女人,"同事布巴·霍金斯(Bubba Hawkins)说道,"而且他一直在说:'等着瞧吧,等着瞧吧。'"

这篇文章讨论了他跟踪过的两名年轻女性,他给她们各写了一封信,信中写道:"请给我一种满足感,让我有朝一日能在所有白人女性大毒蛇面前大笑。"文章引用了他前公寓室友的话:"他说女人们是蛇……他总是发表一些贬损女性的言论,尤其是在和他母亲吵架之后。"文章还描述了枪击前一天晚上亨纳德在一家餐厅吃的最后一顿晚餐,据目击者称,当电视上播出对安妮塔·希尔(Anita Hill)的访谈时,他开始尖叫:"你这个愚蠢的婊子!你们这些混蛋为所有女人打开了大门!"

　　文章结尾部分写道:"尽管如此,小乔治·亨纳德之谜依然存在。"文章最后引用了一位幸存者的话:"没有人知道为什么会发生这种事,他们也永远不会知道答案。"⁹

　　想象一下,如果我们认真对待家庭暴力,结果会怎样?想象一下,如果我们采取行动起诉这些男性,防止他们招摇过市,或者至少在某些国家采取更完善的立法行动,防止他们获得枪支,结果会怎样?女性一直都是"矿井中的金丝雀",悄无声息地啼叫着。①但我们太习惯于看到她们死在男性手里,太习惯于为这种行为辩解,认为这是正常的或"可以理解的",以至于我们不会认为这是一种足以引起警惕的反常现象。因此,女性继续饱受着折磨并默默地死去。然后用不了多久,其他人也会开始死去。到那时,我们又该如何呼喊和回应?

---

① "矿井中的金丝雀",意指危险的先兆。由于金丝雀对毒气更为敏感,故英国矿工有下井时携带金丝雀的习俗,来对瓦斯泄漏的危险事故做出预警。

第七章

剥削其他男性的男性

"活该……别他妈烦我,找别人解决你的问题去。"
——男权活动家保罗·伊拉姆,《对受困扰的男性的公开回应》

如果我们对这些阴暗的网络社群如何渗透到主流意识中感兴趣,我们就必须关注那些设法弥合互联网与现实之间鸿沟的个体人物;那些一只脚站在论坛、红迪子版块和"chan"系列平台的黑暗之中,而另一只脚牢牢地踩在媒体平台、政治影响力和黄金时段电视的坚实基础上的人。

战略对话研究所的雅各布·戴维告诉我:

> 我们正在目睹极右翼的观念变成主流文化的组成部分——通过拥有更多核心意见领袖,他们可以呈现出一种相对净化版本的意识形态,这种版本更容易让人买账,也似乎更加可以接受,这在很大程度上为更多边缘成员推进这种意识形态打开了大门。

但是,为了成功走私这批充斥着分裂、恐惧和煽动仇恨的意识形态的货物，他们就必须予以微妙的平衡。那些将互联网极端趋势引入到电视广播和客厅的男性，也必须继续讨好网络社群的居民，与能引起喷子和男性圈成员共鸣的意识形态基调沆瀣一气，同时将他们的信息塞进"合理"辩论和受人尊敬（如果不受欢迎）的观点的包装里，以供公众消费。简而言之，他们需要使用狗哨式的措辞[①]、经过加密的语言，有时甚至是明显自相矛盾的表达。

这些男性中的一部分正在利用由男性圈社群推动的趋势为自己谋利，也许他们甚至都没有意识到他们讨好的是什么样的人群。对其他人来说，吸引特定群体似乎是经过深思熟虑后的决定。对于唐纳德·特朗普（Donald Trump）及其顾问（如前首席策略师史蒂夫·班农）这样的政治人物而言，向极右翼和男性圈社群发出"狗哨"大有益处。[1]这类言论（例如，特朗普曾嘲笑四名民主党美国公民和有色人种国会女议员，让他们"滚回"他们的母国）在经常访问极端主义网站的民众中赢得了热烈的掌声。但是，为了避免疏远更主流的支持者群体，保留看似合理的否认余地也很重要：他们通过公开否认种族主义和白人至上主义来实现这一点，即使其言论似乎传递了完全不同的信息。

对于男性圈追随者所崇拜、引用和支持的许多代表人物而言，维持这些群体的同情和忠诚，同时实际上对他们持有蔑视的态度（无论是真实的，还是表演出来的），也是非常有利的。

还有达鲁什·"我目前不认同自己的搭讪艺术家身份"·瓦利扎德。他在2019年进行了一次关于其宗教觉醒的巡回演讲，同时通过他的书《白日交欢》《把妹达人：如何遇见、吸引和约会富有魅力的女人》和

[①] 狗哨（dog-whistle），指经过包装的信息，既能传达给特定的受众，又能避免冒犯对这些信息有反感情绪的受众。

《最好的鲁什》("这些书涵盖了我在追求随意性行为的过程中学到的所有经验教训")大量捞金。米洛·伊安诺普洛斯是极右翼的宠儿,他泄露的电子邮件显示,他曾多次向极右翼的新纳粹和白人至上主义者征求关于他在布赖特巴特新闻网站发布的作品的意见和反馈,但他也声称:"'另类右翼'是当下正在使用的一个词……我与它没有任何关系,对它毫无好感,也没有兴趣与它联系在一起。"罗斯·杰里斯是搭讪艺术的创始人之一,他们网站的标题是"认识更多火辣性感的女人并与她们上床",然而他却很认真地告诉记者:"作为一个人,作为一个男人,我已经升级了。我已经超出了我自己的营销推广……这种信息传递已经有一段时间没有与我作为人类的身份产生共鸣了。"

他们的否认和伊安诺普洛斯的以下说法在可信程度上没有什么差别。在2016年的一个晚上,当他在达拉斯的一家卡拉OK酒吧高唱《美丽的阿美利加》时,他声称自己的"严重近视"令他根本不可能看到著名的白人民族主义者理查德·伯特兰·斯宾塞(Richard B. Spencer)和其他人一起正在几英尺外举起手臂行纳粹礼。[2]

许多来到男性圈社群和论坛的男性都处在很脆弱的状态下,他们往往身处困境,急需他人的支持。社群的领导人物,这些"偶像",承诺会带给他们连做梦都不敢想的救赎、成功和胜利。但现实情况却是,这些人更关心自己的声誉和利益,而不关心追随者的实际需求,甚至也不关心他们的事业能否成功。

不妨以"男性之声"创始人保罗·伊拉姆为例。伊拉姆经常在他的帖子中训斥和指责他的读者,因为他们没能为被自己高傲地宣称"应该囊括数百万人的事业"提供足够的财务支持。有一种方法可以让网站访问者感到羞愧,从而掏出现金,那就是吹嘘追随者的奉献精神,说他们从微薄的失业支票中拿出100美元捐赠给了这项崇高的事业。令人感到尴尬的是，伊拉姆此前曾表示，"男性之声"的忠实粉丝捐赠的钱将用于技术平台、服务器和授权费用等方面，但他最终不得不承认，网站每年约12万美元的收入中有一部分未具体说明的资金直接进了他的口袋。虽然缺乏透明度且没有实现公开透明的可能性（伊拉姆曾在一篇博客文章中写道："'男性之声'不是一个慈善机构，财务记录不是公开记录的事项，将来也不会公开。"），然而伊拉姆令人怀疑地坚称"当然，我个人的财务所得从来都不是'男性之声'的目标"，却仍然足以令其支持者感到放心。

这些男性会利用最脆弱的支持者的钱来中饱私囊，同时鼓吹其他人才是真正压迫男性穷人和失业者的人。

然而，当我们考虑到他们以何种方式与这些支持者交谈和谈论他们时，我们对于像伊拉姆这样的男性为何乐于从坚定的支持者身上赚取钱财，同时又指责他们没有做出足够的牺牲，就不会那么大惊小怪了。2015年，伊拉姆在油管上发布了一段看似喝醉了的视频，其中有15名男子喝着啤酒，用极度厌女和暴力的语言谈论知名女权主义者。然而，当一些男权活动支持者表达了他们的担忧，认为这段视频可能会被运动的反对者用作武器来攻击运动时，伊拉姆在油管公开谴责和嘲笑这些男性，指责他们"反应过度"，并将这些批评者描述为"一类特别无用、负担沉重、耗费精力的虚假活动家"。

关于伊拉姆对他赖以建立个人声誉的男性支持者的态度，另一个相当明确的线索来自一篇题为《对受困扰的男性的公开回应》的博客文章。在这篇写给"数百名"男性的文章中，他声称这些男性在被"欺骗"或"拖进泥沼"或眼见着自己的生活被"腐败到令人发指"的反男性社会"摧毁"后，与他定期保持联系。这些男性正遭受着他所厌恶的疾病，代表着他称要用一生来帮助的"受害者"。那么，伊拉姆是怎么回应这些男性的呢？"去你妈的……活该……别他妈烦我，找别人解决你的问题去。"伊拉姆写道，除非他们准备"拿出他妈的五美元来帮助我们"，否则他们绝对不能指望他能帮忙。他接着补充说，他们的处境是绝望的，"他们完蛋了，没有任何人能帮他们"。他明明声称他们应该与他一起，像勇士一样解决这个社会的弊病，然而这番话立即与它产生了冲突。

然而，如果伊拉姆等男性能够创造出一个残酷而可怕的世界的形象，将其很不公平地摆在男性面前，让追随者相信他们注定要失败，并把自己描绘成救赎的唯一希望，那么伊拉姆们就会因此获得很多利益。以此语境去理解，就更能解释得通了。如果这些男性无法摆脱他们的问题，或者找到富有建设性的前进道路，他们就会沦落到继续留在男性圈的痛苦行列中，消费更多伊拉姆提供的内容，并继续通过点击、点赞和捐赠来巩固他的个人形象。像伊拉姆这样的人没有动力去帮助他们的追随者继续前进，或解决他们的问题，因为这些"名义领袖"依赖这些男性相信系统性歧视的存在且不可避免，并由此得到他们的盲目支持。

如果搭讪艺术家能够向无意中浏览网站的害羞青少年承认，他们之所以缺乏浪漫爱情经验并非由于对某些复杂心理技巧的无知，而会随着年龄和身心的成熟而逐渐通晓其奥秘，那么这些搭讪艺术家就再也不能通过传授诱骗女性上床的"秘密"来赚取数以千计的美元了。如果诸如J4MB的迈克·布坎南和其他男性圈英雄能够承认，他们所抱怨的许多问题的真正根源是社会对男子气概的刻板印象，那么他们就会陷入困境。这样做存在一种风险，会令崇拜他们的追随者得到解放，令他们能够建设性地解决那些被刻意噤声的问题，或者令他们能够寻求到真正的支持。这些论坛偶像和假先知实际上完全可以在消除性别刻板印象方面做一些工作。事实却恰恰相反，他们在对其追随者伤害最大的问题上一意孤行。他们鼓励男性更紧紧地抓住已经不合时宜的男性形象，暗示他们坚守这些陈旧而僵化的观念是一艘救生筏，而实际上它正是将许多男性拖到水下的暗流。

这些男性不仅容易受到搭讪艺术家虚假承诺的影响，把性当作一种商品，把女人当作一种物品，他们也很容易成为兜售个人蜕变的半精神呓语的营销目标。以此为背景，瓦利扎德和朱利安·布兰克等搭讪巨头从游戏新兵训练营到"自助式"研讨会的转型就很容易理解了，因为这能使他们以一种新的方式继续剥削相同的受众。

男权活动家总是幻想着回到一个性别角色陈旧的乌托邦时代，因为正是这些价值观和角色最先驱使着大批男性去访问其精神领袖的网站，参加他们举办的研讨会。男权活动家鼓励越来越多的男性去尝试践行注定最终会失败的男子气概的有毒理想，由此推动着恶性循环，将一波又一波愤恨不满、伤心欲绝、羞愧难当的男性直接带入由厌女、责备和怨恨编织而成的网络之中。这个过程既心机巧妙又自私自利。

那些通过表达男性圈刻薄言论的相对净化版本而从中获益的人，总是非常谨慎精明地选择他们的言辞。他们与直接吸引极端厌女者的意识形态共舞，又非常精确地站在可接受言论的正确边缘，用事先声明和先发制人的辩护来表述他们的理论，总是准备好辩称他们的话被断章取义或误解了。

他们还非常善于运用反讽和所谓"讽刺"来掩盖其真正的意识形

态,并使之变得合理化。这将产生令人难以置信的强大影响。由于言论自由的掩护,这种做法会使他们的批评者变得无的放矢。它将他们定位为时髦且斗志昂扬的战士,专门对抗那些一本正经、毫无幽默感的进步人士。这就吸引了被其表象所迷惑的极右翼铁杆追随者。它还为尚未走向激进化的人群提供了一个门户,对他们来说,最开始的幽默"讽刺"可以慢慢地转变为真正的信仰。

正如丽莎·苏吉拉所言:

> 他们异常聪明。他们显得自己很前卫、很酷——而这正是反主流文化的吸引力所在。这并不是新鲜事……这种做法挑战常规,抨击错误的政治正确,总是能吸引观众参与进来,但他们又往后退一步,然后举起双手说:"好吧,我们从来没有鼓励人们对此采取实际行动!"或者像米洛·伊安诺普洛斯这样的人——他总是说"哦,不,我对政治不感兴趣"之类的话。所以他们很聪明,没有把自己完全与这些群体、运动联系在一起,但与此同时,他们也在迎合这些群体和运动的意识形态,因为他们想要争取受众,想要获得关注,想要得到支持。

我们不必对这种故意使用"反讽"来掩盖仇恨信息的做法进行猜测——具有厌女和白人至上主义倾向的安德鲁·安格林(Andrew Anglin)曾明确地对此做过解释,他公开将自己的方法描述为"伪装成反讽纳粹主义的非反讽纳粹主义"。事实上,厌女和种族主义的网络极端分子已然白纸黑字地为我们写下了这些内容。2017年9月,当《每日风暴》的所有者试图为其快速增长的网站招募新作者时,他们发布了一份《风格指南》，或者说是一套指令，供有志于为其供稿的作者使用。《赫芬顿邮报》获取并全文发布了这份长达17页的文件，对网络极端分子为吸引和洗脑新成员，但同时小心翼翼地避开仇恨言论的定义而无情且蓄意使用的策略提供了一种前所未有的洞见。正如《赫芬顿邮报》作者阿什利·范伯格（Ashley Feinberg）所指出的那样，这不仅仅是一本《风格指南》，"更是另类右翼的战术手册"。

《风格指南》中所描述的技巧包括直接教你将仇恨言论与幽默相结合，以此吸引刚开始接触恶意言辞的新读者。（该指南指出："应该始终考虑到，目标受众是刚刚接触这种思维方式的人。"）该指南给出了一系列关于种族主义、厌女和反同辱骂的建议，并给出了一些预防措施，当使用这些辱骂时，"应该给人一种半开玩笑的感觉——就像这是个真实存在的而且所有人看到后都会发笑的种族主义段子……不应让人觉得你是在表达真正尖酸刻薄的愤怒谩骂。这对绝大多数人来说都是一件很扫兴的事情"。

指南中还有关于如何煽动暴力又不明确表达支持的具体指导方针："我极为谨慎，从不建议采取暴力……然而，每当有人做出暴力行为时，他们都应该被调侃、被嘲笑。例如，安德斯·布雷维克应该永远被称为英勇的自由战士。这样表述就很好，因为人们会认为你一定是在开玩笑。但是他们大脑中有一部分并不这么认为。"

这种经过深思熟虑的自我意识令人不寒而栗。安格林非常清楚自己在做什么，而且他非常擅长此道。这是在赤裸裸地承认，"反讽"和幽默是他的工具，而招募年轻人是他的目的。"读者一开始会出于好奇心或被俏皮的幽默所吸引，然后通过反复阅读同样的观点，慢慢意识到现实……没有接受过指导的人应该分辨不出我们是否在开玩笑。"

第七章　剥削其他男性的男性

同样具有讽刺意味的是，男性圈的领导者随时都准备入侵、窃取并揭露与女权主义者家庭和私生活相关的私密信息，但他们当中的许多人却对自己过去的真实情况闪烁其词。伊拉姆和布坎南等男性试图将他们对求偶系统的反感和女性的深恶痛绝，描述为一场纯粹出于意识形态动机的高尚斗争。所以奇怪的是，他们竟对自己多次离婚的经历惊人地保持着沉默，或者在媒体报道提及他们与前妻及生物学子女的紧张关系时会愤怒地予以回应。（也许使用"生物学"这个术语本身存在争议，因为伊拉姆为了避免支付抚养费，试图否认自己是女儿的亲生父亲。）[3]

除了男性网络群体的意识形态传道者和领袖之外，还存在另一个往往深受男性圈和另类右翼成员称颂的群体。他们将男性圈观点推向了远超成员期望的更加主流的地位。这个群体便是政客。

这些政客所获得的关注和影响力，有力地驳斥了男性圈社群仍然默默无闻、无足轻重的论点。

特朗普便是这类政客中最直接、最明显的代表，他的成功使男性圈和另类右翼群体都深受鼓舞。从他形容女人是"肥猪"和"狗"，到他断言让妻子去工作是"危险的"；从他自己承认说过要拿捏住女人"的阴部"，到他暗示女性在月经期间是不稳定的；从他将墨西哥移民描述为强奸犯，到他在推特上告诉四名美国少数族裔女议员"哪来的滚回哪去，先管好她们支离破碎且犯罪猖獗的家乡"——这位总统已然多次发表了严重厌女并带有种族主义色彩的言论，这些言论与男性至上主义者和另类右翼分子的世界观不谋而合。这些人反过来也表达了对特朗普当选的喜悦，而且在许多人看来，他对他们的事业给予了支持并在帮助将其推向主流方面发挥了巨大影响力，这也令他们感到陶醉。

搭讪大师瓦利扎德是最早为特朗普的胜选而大声欢呼的人之一，而且他并不是男性圈唯一一个在选举期间宣称要团结起来支持总统的人。他写道:"庆祝已经结束,我们都开始接受唐纳德·特朗普将成为我们下一任总统的事实,这是我们许多人在过去几个月里积极争取的结果。"他宣称,

> 特朗普当选总统将提高我们的地位……我们现在有了一个侮辱丑女人为"肥猪"的总统喷王,他私下里的大男子主义言论——所有阳刚之气的男人都会这么做——受到了媒体的无情攻击,但在投票站却没有受到惩罚。这就意味着,当你像特朗普一样说话时,你的听众首先想到的会是"他听起来很像美国总统"。[4]

瓦利扎德的想法在非自愿独身论坛上引起了共鸣,当时有一篇很典型的帖子在谈及猥亵和强吻女性的话题时写道:"如果特朗普能做这些事情而不被逮捕,那么一个非自愿独身男性也应当能够如此。"而另一篇帖子则写道:"女仆们,美国已经宣布,特朗普成为总统。再没有人会在意你们这些婊子的哭哭嚷嚷了。现在是时候告诉她们这个真相了。"

在墨尔本最近"为男性举行的大游行"中,游行者自豪地挥舞着"特朗普2020"的横幅,一边埋怨"男人说教"("mansplaining")和"男人流感"这类词过于刻薄,一边向反对抗议者大喊"娘炮"("mangina")和"娘娘腔"("soyboy")。

一位非自愿独身论坛的成员在2018年写道:"每当我觉得没人喜欢我们的时候,我就意识到我们被世界上最有权势的人保护着。特朗普家族支持非自愿独身者,特朗普爱我们,尊重我们。"他接着补充道:"他

第七章 剥削其他男性的男性

每次都会针对穆斯林袭击案发表言论,却在阿列克·米纳西恩事件发生之后缄口不言。"

特朗普就何时对特定事件发表评论或不发表评论所做出的选择,证明了他本人作为一个距离男性圈仅有数步之遥的精神领袖人物,尽管表面上并没有明确提及它,却能够动员其成员。这不仅是因为特朗普的政策——从试图限制堕胎到打击移民——与他们的目标密切一致,也在于他为这些群体辩护和提供支持的方式,包括反复以"狗哨"的方式提及这些群体的特定迷恋和意识形态。他声称许多墨西哥移民是强奸犯,并通过这一种族主义论断为修建隔离墙来阻挡墨西哥移民的必要性进行辩护。在描述移民时,他使用了"他们不是人。他们是动物"的表达。他对从中美洲前往美国的难民"旅行队"做了危言耸听的描述,他声称这些难民大军中"女性被强奸的程度前所未有"。他用这种言辞来为非人道的政策(例如,把年幼的孩子与家人分开并把他们关在笼子里)开脱。这些不仅仅是极右翼政策,还是根植于另类右翼和男性圈意识形态的辩词。

当然,就像男权主义者一样,特朗普似乎只有在可以以此攻击移民和少数族裔时才关注性暴力的女性受害者。克里斯汀·布莱西·福特(Christine Blasey Ford)教授指控当时的最高法院大法官提名人布雷特·卡瓦诺(Brett Kavanaugh)对她进行了性侵犯。特朗普对福特教授的嘲讽明显表达了他本人对待男性圈信息的态度。特朗普在一次集会上粗鲁地模仿福特教授,然后暗示她的证词是出于党派阴谋而捏造的,引来人群的阵阵欢呼。他说道:"他们在毁人,这些人真的很邪恶。"这种言辞直接迎合了男性圈关于虚假强奸指控被用来摧毁男性生活和事业的叙事手法。[5]

如果我们将各种男性圈社群视为一系列相互关联但又截然不同的群体，从极端的非自愿独身者开始，逐渐走向更主流的厌女主义，我们就能明白言辞和观念如何沿着这条链条传递，并随着它们的传播逐渐获得一张正常化的面纱。每个社群都可以与链上直接高于或低于它的社群互动，从而保持观念的整体流动性，但又使较高的层次免受与底层相关的公众谴责和批评。因此，像特朗普这样的人可能不会直接支持非自愿独身者和白人至上主义者，但他可以借用他们的论点，能够通过与班农这样的中间人互动来传达自己表面上的支持，而这些中间人则更明确地支持另类右翼等社群，从而使特朗普能够通过中间人暗示自己与这些社群的直接联系，而不需要实际染指其中。

对于任何熟悉安格林《每日风暴》游戏规则的观察者来说，这些策略都是显而易见的：说完为避免自己受谴责而非说不可的话后，还是要继续兜售你的真实信息。

特朗普的推文和行动与影响极端主义社群宠儿的特定事件之间的关联，呈现出他对这些社群隐含的支持。2017年，在加州大学伯克利分校的抗议活动导致伊安诺普洛斯的演讲被取消后，他公开威胁要取消对该校的联邦资助。特朗普发布推文："如果加州大学伯克利分校不允许言论自由，并对持不同观点的无辜民众实施暴力——是否需要取消拨给该校的联邦基金？"在脸书关闭了包括伊安诺普洛斯在内的一些种族主义、厌恶女性的极右翼人物的账户后，特朗普立即警告说，他将"监督社交媒体平台对美国公民的审查"。

苏吉拉博士认为，特朗普既给极端主义网络社群的观点壮了胆，也使其得到了批准："没错，这绝对是一种批准。当这个星球上最有权势的男人公开进行性别歧视时——好吧，他不只如此，他还是一个厌女的人——当他可以如此这般地公开谈论女性时，显然会给其他人的观点提供辩护理由。"

所以，男性圈完全有理由为此而庆祝，因为有充分的证据表明，他们的观点确实得到了批准。

根据美国塔夫茨大学政治学家布赖恩·F.沙夫纳（Brian F. Schaffner）教授的研究，特朗普在2016年大选期间的言论使性别歧视更容易被共和党人所接受。沙夫纳的研究发现，共和党人"更愿意对来自特朗普而非其他来源的性别歧视言论表示宽容"，而且"更愿意在2016年大选后支持性别歧视言论，这可能是因为特朗普的胜选改变了他们对美国社会性别歧视观点的接受度的看法"。沙夫纳教授还观察到，"性别歧视表达的增加一直持续到2018年"。

女性也感受到特朗普就任总统后对在社会上什么是可接受的内容的影响：2017年接受调查的美国女性中有六分之一的人表示，特朗普在《进入好莱坞》录音带中的言论（他吹嘘自己拿捏住女人"的阴部"）让她们感觉人身更加不安全。

因此，特朗普可能是极端主义边缘思想在政治主流中大行其道的最好例子，但他绝不是唯一一个带头将男性圈意识形态渗透进政府大厅的人。

在很多情况下，来自主要政党的民选政客也为这些观念提供了渠道，比如在英国保守党议员菲利普·戴维斯（Philip Davies）的案例中，他曾多次投票反对旨在解决针对妇女和女孩的暴力行为的措施，并提交了一份用来废除《性别歧视法案》的个人议员法案。虽然可能有许多政客持类似观点，但戴维斯值得更密切的关注，原因有二：他的策略与男性圈喷子的策略如出一辙，而且他本人与男性圈成员有私人关系。

2016年，戴维斯在由英国政党和男权运动中流砥柱J4MB共同组织的男权活动家会议上发表了讲话。参加这场会议的还有一些将社会活动家马拉拉·优素福·扎伊（Malala Yousafzai）比作奥萨马·本·拉登，并呼吁建立一个"愚蠢的妓女登记册"的男权活动家。戴维斯（当时是下议院司法委员会成员）在会上发言时告诉与会者，英国司法系统歧视男性，偏袒女性。

戴维斯宣称"女权主义狂热分子真的什么都想要，既想当婊子，又想立牌坊"，他还抨击"政治正确议程"，并哀叹"女性与男性相比拥有了所有的好处"，这番言辞与男权活动家的经典言论高度契合。而且，在戴维斯的演讲中有一段话可能是直接从男权网站上摘抄过来的，他说："许多女性把孩子用作打击父亲的棍棒，这要么是因为她们出于经济原因对这段失败的关系感到痛苦，要么是因为她们已经从这段感情中走了出来继续向前了。如果她们的新伴侣承担起孩子父亲的角色，那么她们就更容易从这段失败的关系中走出来。"他告诉《卫报》，他出席会议不代表他支持J4MB。

2019年8月，戴维斯在芝加哥举行的男性问题国际会议上发表了演讲，该会议是由"男性之声"发起并组织的一项活动。包括伊拉姆和凯伦·斯特劳恩在内的一些男权活动家也在会议上发表了演讲。

像大多数男权活动家一样，戴维斯也完全不曾尝试采取任何实际行动来解决成年男性和男孩所面临的问题。当一位采访者问到戴维斯是否考虑过提出自己的法案来解决他声称支持的男性问题时，戴维斯似乎突然"词穷了"。2016年，戴维斯加入了妇女与平等委员会，明确表示要努力使性别问题"消失不见"。在媒体对这一任命的报道中，戴维斯反复使用了具有误导性的虚假统计数据，声称三分之一的家庭暴力受害者是男性，这是男权活动家常用的一种策略。然而，与局限于男性圈网站上的极端主义妄语不同，戴维斯重复了这些言论后，它们立即得到了更广泛的传播，而BBC等主要媒体也没有对这些言论提出质疑。

最好的情况是，戴维斯这类男性的滑稽行为会有助于人们认清男权主义者，洞察他们是善于摆布他人的反女权主义者。而最坏的情况则是，当他们自我定位在激进反对女性议程的立场上时，他们可能会冒着积极损害男性在议会中权利的风险。戴维斯之于那些他声称关心的男性，如同他们背上的一根芒刺。

尤其引人注目的是，他明目张胆地大量采用了男性圈的策略，本质上利用了一种现实版的网络攻击或发垃圾帖子而不是通过民主辩论，来推进他的议程。当他反对关于《伊斯坦布尔公约》的法案时，他足足浪费了一个多小时来阻碍议案的通过，迫使女议员不得不缩短自己的演讲时间，以防止该法案被完全扼杀。[6]而当他反对一项关于包容LGBT的性与亲密关系的教育法案时，他并没有提出任何反驳的论点或提供任何证据来支持他的观点，而是花了一个多小时来讲述一项有关海运的法案，以此拖延时间，直到最后无法再就性教育进行投票为止。[7]因此，那些被我们视为无力的互联网"独行侠"所使用的策略，实际上被利用来掌控我们议会的立法议程，以达到厌女的目的。

虽然这些男性在民选公职人员中可能只占少数，但他们绝非个例。其他高调且有权势的政治家也在权力走廊上为男性圈意识形态发声，将其提升到具有全国知名度的程度。

在澳大利亚，来自民粹主义政党单一民族党的参议员波琳·汉森（Pauline Hanso）成功发起了对家庭法庭系统进行调查的动议，她声称（没有提供证据）女性经常在家暴问题上撒谎，以此在法庭诉讼中获得优势。[8]有了主流政客提供的体面包装，我们很容易看明白男性圈的男权活动家所兜售的彻头彻尾的谎言是如何广泛渗透到公众意识中的。在2017年的一项研究中，37%的澳大利亚人表示，他们认为"女性会捏造或夸大暴力行为，以便在监护权争夺战中获得优势"。

这些联系并不局限于政治辞令——它们也可以影响政策本身。单一民族党代表与一个名为"哥们建议"的澳大利亚脸书群组的成员进行了会面。这个只限男性的私人群组拥有超过50万名成员，在2016年因为美化针对女性的暴力行为和强奸而被脸书暂时关闭。这次会面结束六个月后，单一民族党宣布了一项新的家庭暴力政策。该党领袖史蒂夫·迪克森（Steve Dickson）向全国媒体发表讲话，再次提到一项已被彻底证伪的男性圈统计数据："这个国家每周有多达21名父亲自杀，人们需要意识到这一点。"突然间，一个由男权活动家散播的虚假事实被一位支持率很高的政客通过国家媒体传递给了数百万名公民。

贝特西·德沃斯（Betsy DeVos）在受命成为美国教育部部长后，安排会议同男权活动组织讨论校园性侵犯问题，而这些组织则以厌女的观点和对性暴力幸存者的攻击而为人们所熟知。受德沃斯邀请参加咨询的团体之一"制止虐待和暴力环境"（SAVE）因宣扬厌女主义并"游说减少对家庭暴力受害者的服务和对施暴者的惩罚"，已被南方贫困法律中心点名批评。其网站指出了一个"关键事实"："女性发起伴侣暴力是导致女性成为随后暴力受害者的主要原因。"德沃斯还与全国男性联盟取得了联系。

次年，德沃斯提议对大学性骚扰程序进行一次大规模的彻查和修正，包括窄化性骚扰的定义和增加对被指控有不当行为的学生的保护措施。

因此，民选政客和男性圈群体之间的联系不仅仅是一种猜测，而是正在对权力的厅堂产生具体的影响。

英国首相鲍里斯·约翰逊（Boris Johnson）也经常露骨地暗示另类右翼的意识形态，他曾声称女性议员纷纷拥向工党是因为工党"有计划地侵蚀男性自由（例如终止在公共场所饮酒的权利）"，并暗示女性选民转向该党是因为"女性反复无常"。在他的专栏中，他还形容穆斯林女性看起来像"信箱"和"银行劫匪"。约翰逊后来声称，这篇专栏文章是"对女性穿着罩袍权利的有力的、开明的捍卫"。这种厌女的、反穆斯林的言论仿佛完全出自安格林的指南：让人们跟着玩笑一起笑，他们就会开始觉得这个玩笑表达出来的厌女的和恐伊斯兰的中心思想是可以接受的。

但是，我知道你在想什么。仅仅因为约翰逊提出了与男性圈思维一致的论点，并不能证明两者之间有直接联系。这与单一民族党代表们的情况有所不同，因为前者实际上会见了一个极度厌女的、只有男性成员的网络社群。男性圈与约翰逊到底有什么联系呢？

我在前面提到了班农，他是特朗普同男性圈和另类右翼世界之间链条上的一环。班农是布赖特巴特新闻网站的创始成员之一，并于2012年成为其母公司的执行主席。在他的领导下，该媒体充斥着恶毒的厌女和白人民族主义内容，尤其是对另类右翼、厌女主义煽动者伊安诺普洛斯的作品进行重点报道，而班农则有效地拓启了伊安诺普洛斯的职业生涯。在班农任职期间，布赖特巴特新闻网站发表了《为什么要对学习科学的女性设置上限》、《你更希望你的孩子受女权主义荼毒，还是得癌症？》，以及《政治正确保护了穆斯林强奸文化》等文章。班农以其仇视伊斯兰教的倾向而闻名，他为反穆斯林极端主义作家提供了平台，还鼓励伊安诺普洛斯撰写投男性圈所好的长篇大论，例如，《女权主义让女人变丑了吗？》。2016年，班农自豪地对记者说，布赖特巴特新闻网站是"为另类右翼提供的平台"。

2016年11月，当时当选总统的特朗普任命班农为其首席战略师。他成了特朗普和另类右翼之间的缓冲和渠道，帮助特朗普引入了一些可能是直接从白人民族主义者和男性圈社群中挑选出来的政策，例如对以穆斯林为主的一些国家颁布的移民禁令。不出所料，班农的任命受到了几个著名白人至上主义者和厌女者的一致认可，包括斯宾塞、前3K党大佬大卫·杜克（David Duke），以及美国纳粹党主席。另类右翼和白人民族主义者社群的成员在网上对这一消息欢呼雀跃，纷纷评论"班农是我们在白宫的人"和"我们离他妈的总统只有一度分隔或二度分隔之遥了"。

二度分隔实际上是一个非常精确的描述。班农提供了方便的屏障，让特朗普能够与这些社群保持足够远的距离，也可以巧妙地绕过其他人对其公然支持种族主义的指控，却在国家政策层面实现了另类右翼最疯狂的梦想。此外，班农在保护特朗普不与这些团体直接联系的同时，还指导了特朗普的竞选活动，精准地吸引来这些群体的追随者。据说，他在幕后策划了对"大骗子希拉里"的不断攻击，甚至在正式成为特朗普竞选团队的一员之前，就在记者梅根·凯利（Megyn Kelly）敢于质疑特朗普对待女性的方式后，在三天的时间里于布赖特巴特新闻网站上发表了25篇厌女的攻击性文章来对她进行炮轰。[9]

这一切和约翰逊有什么关系吗？所有这一切都跟他有关。因为，与特朗普的情况一样，班农也是约翰逊与男性圈和另类右翼之间的纽带。

第七章 剥削其他男性的男性

2018年9月,记者马修·德安科纳(Matthew d'Ancona)撰写了一篇文章,警告称约翰逊与班农有过接触,而且班农影响了约翰逊的言论,使其突然转向民粹主义。德安科纳特别指出,班农的战略输入与约翰逊在报纸上发表的伊斯兰恐惧症和厌女主义文章之间存在直接的联系。德安科纳后来透露,不久之后,他就接到了约翰逊打来的充满愤怒的轰炸电话。他在新闻媒体龟传媒(Tortoise)上的一篇文章中写道:"在他第15次给我打电话之后,我就没有继续统计次数了——尽管他还在不断打来。""鲍里斯·约翰逊因为我写出了他与史蒂夫·班农的联系而对我大发雷霆。"确切地说,根据德安科纳的说法,约翰逊对记者将班农的建议与他的专栏联系在一起而感到愤怒。他似乎在极力避免让人推断出班农的意见导致了他在主流媒体上大肆宣扬男性圈和另类右翼的经典言论。

约翰逊在专栏里愤怒地写道,有关他和班农之间存在任何联系的说法都是阴谋论和"左派的妄想"。"当然,我在担任外交部长时见过班农先生几次,他当时是特朗普的参谋长,"约翰逊写道,"但从那以后就没见过了。"在接下来的几个月里,约翰逊继续坚称他与班农没有任何联系,他的团队告诉记者,他们唯一的联系是"一条短信——一条被约翰逊拒绝的会面邀请"。

但是,在2019年6月,一条确凿的证据浮出水面。美国电影制作人艾莉森·克莱曼(Alison Klayman)几个月来一直在为一部纪录片跟踪拍摄班农。他向《观察家报》递交了一段视频,显示班农谈论了他与约翰逊的关系,他还吹嘘自己直接给约翰逊提了建议,帮助他精心策划了一场关键的演讲。班农宣称:"我整个周末都在和他讨论这次演讲。"他还表示自己和约翰逊通过电话和短信"来来回回地"沟通了很多次。克莱曼说，班农"毫不含糊"地谈论他与约翰逊的联系。这段视频是在臭名昭著的"信箱"专栏发表前三周拍摄的。一位约翰逊的发言人称："任何有关鲍里斯与班农先生或奈杰尔·法拉奇（Nigel Farage）勾结，或听取他们建议的说法都是完全荒谬的，已经达到了阴谋论的程度。"[10]然而，约翰逊团队突然不再继续否认这两人有过接触。

因此，英国与美国的情况类似，我们认为默默无闻、无权无势的男性圈，实际上可能会利用狡猾的中间人来吸引最有权势的男性的注意。

他们的"狗哨"收到了回应。2019年，工党议员保拉·谢里夫（Paula Sherriff）在英国下议院发言。围绕脱欧话题的分歧升级之际，她指向了议事厅里纪念乔·考克斯（她在自己的选区被一个白人民族主义者杀害）的牌匾。谢里夫说："坐在这个议事厅里的许多人每天都遭受死亡威胁和谩骂，我要告诉首相的是，他们经常引用他的措辞——'投降行为''背叛''叛徒'——我个人对此感到很恶心。我们必须节制我们的语言。"约翰逊是怎么回复她的呢？"我这辈子从未听到过这么多谎言。"谢里夫告诉英国独立电视台，在这次交流后的几天里，她自己收到的死亡威胁和强奸威胁的数量"显著增加了"。换言之，前首相使用的"狗哨"言论与网络厌女极端分子针对一名女性议员的霸凌之间存在明显的联系。而且，这并不是一个孤立的事件。另一位工党议员杰西·菲利普斯（Jess Phillips）透露，她收到了一条死亡威胁，其中不仅引用了首相的话，还提到了他的名字。在约翰逊将女议员的安全问题斥为"谎言"的第二天，一名大声辱骂并拍打门窗的男子在菲利普斯的选区外被逮捕。[11]

还有一些线索表明，政客们可能意识到，当他们利用极端主义社群的意识形态时,就会得到来自这些社群的巨大支持。这类迹象最明显的表现就是政客的处事方式,他们可能会在事后拒绝为自己的言论道歉,或者在遭受质问的时候变本加厉地发出能够吸引同一群体的信息。当特朗普对造成人员伤亡的夏洛茨维尔市白人至上主义者集会做出回应,称"双方都有很好的人"时,我们便可以看到这种迹象。(他后来拒绝道歉,声称这句话说得"很完美"。[12])在约翰逊的言论成为焦点之后,我们也看到了这一点。在接下来的几天里,随着大量女议员举报死亡威胁、强奸威胁和不断升级的霸凌行为,约翰逊的首席特别顾问多米尼克·卡明斯(Dominic Cummings)在接受采访时表示,这些针对议员的愤怒"并不令人惊讶"。他说,虽然应该认真对待暴力"威胁",但他补充道,如果政客同样不尊重英国脱欧公投的结果,"你预计会发生什么?"最后,他总结道:"只有议会兑现尊重这一结果的承诺,才能解决这一问题。"换言之,他对女性议员所面临前所未有的死亡威胁和谩骂轰炸的事实做出了回应,但含蓄地警告说,如果想让这一切不再继续上演,她们最好能够兑现脱欧的承诺。驱动这种表态的逻辑,与死亡威胁的逻辑惊人地相似,这令人不寒而栗。

在其他地方,也许是受到特朗普效应的鼓舞,极端主义精神领袖竞选公职的人数激增——不管他们的竞选结果如何,这样做都能确保主流媒体对之前被认为过于极端而不能播出的观点进行大肆报道。无论观点有多么极端,只要它被纳入竞选政治家的宣言中,都会立即获得尊重并被正常化。

在我为写这本书而进行的研究的过程中,我反复接触到一个大名鼎鼎、极度厌女的男性圈人物,他在网上化名为"阿卡德的萨尔贡"(Sargon of Akkad)。这名厌女者在"玩家门"事件期间通过在油管上宣传反女权主义阴谋论而崭露头角，并参与了针对安妮塔·萨基西恩的定向骚扰运动。2018年，他因使用"种族主义和恐同的侮辱性语言"而被Patreon众筹平台封禁。2016年，在菲利普斯公开谈论网络霸凌后，他在推特上向她发了推文，告诉她："我甚至不会去强奸你。"在这条推文发布后（他的油管订阅用户接近100万人，视频浏览量高达2.8亿次，这也许可以证明这个博主在粉丝中的分量），菲利普斯透露，她在一个晚上就收到了600条强奸威胁。

在罗杰大规模杀人案发生后，"阿卡德的萨尔贡"在油管上发了一段视频，指责女性和女权主义者应当为罗杰的行为负责。他表示："这些别无选择的可怜家伙被永久性地剥夺了权利，你们要对此负责。"他补充道："你们以及所有愚蠢的女权主义狂热分子都需要问一问：是什么导致这些男人成为厌女者？这个女权主义统治的社会对他们做了什么，导致他们失去了理智？"

因此，当我在2019年春天听到"阿卡德的萨尔贡"这个名字出现在晚间新闻上，我着实感到震惊。我抬头看了看电视屏幕，难以置信地看到本名为卡尔·本杰明（Carl Benjamin）的"阿卡德的萨尔贡"，作为英国独立党在欧洲议会选举中西南英格兰地区的候选人身份亮相。本杰明对国家政治的涉足，可能是极端厌女男性圈策略和意识形态通过政治途径渗透到主流的最清晰无误的例子。在突然成为家喻户晓的人物后，他立即巩固了他关于强奸的评论，发布了一段就强奸菲利普斯的话题展开"辩论"的新视频。他在视频中说："如果面临足够大的压力，我可能会屈服。"这段话被全国的新闻报道所引用。伊安诺普洛斯很快就宣布会出现在本杰明的竞选巡游路线上，来支持本杰明。与此同时，随着政治合法性的增强和本杰明粉丝群体的扩大，菲利普斯立即开始感受到现实世界中日益严重的后果。有一天在她下班离开威斯敏斯特后，走在街上被一名男子追赶，问她："为什么卡尔·本杰明不能拿强奸［她］来开玩笑？"

在一些极右翼和民粹主义政党赢得席位、进入联合政府或取得政治控制权的国家，我们可以清楚地看到，线上极右翼和男性圈社群的意识形态可能会对公民产生线下的影响。例如，在西班牙，极右翼政党 Vox 在安达卢西亚加入了一个右翼联合政府，这个呼吁废除家庭暴力法并抨击"精神变态的女权纳粹主义"的组织因此获得了真正的政治权力。

即便没能当选，不论一个注册政党有多小，其平台所赋予的体面外表都可以为极端主义思想进入主流话语提供一个切入点，布坎南在多个热门新闻媒体上的反复露面便很好地证明了这一点。

苏吉拉博士解释称，男性圈社群很善于利用这些与政治职位的联系：

> 这是一张体面的面孔。从我在这些群体内部观察到的情况来看，他们非常热衷于这样做。他们会引用学术界，引用理论，因此在极具影响力的职位拥有可以直接影响政策的人，这绝对也是他们议程的一部分。比方说，如果男权活动家希望启动变革，那么有人能直接跟政策和立法挂钩，就很重要。

当然，政客自己也能从中获益，他们往往会迅速获得来自男性圈广阔网络空间的赞誉和溢美之词，正如瓦利扎德对特朗普的盛誉所揭示的那样。当澳大利亚参议员大卫·莱昂赫尔姆（David Leyonhjelm）在参议院对一位同事的性生活发表粗俗言论，并公开谈论"厌男症"和"将个别罪犯行为归咎于男性"的话题时，他被"男性之声"誉为"新的英雄"，而且还有推文宣称他激起了"沉默的大多数的无限欢喜"。许多政客在计算未来选票时都会有意地依赖这些沉默的大多数。

如果考虑到男性圈网络社群的规模被严重低估，以及政客在向他们抛出橄榄枝的过程中可以吸纳规模更大的、带有轻微性别歧视色彩又不属于非自愿独身者的群体，那么政客故意讨好男性圈社群以获得他们的投票支持的想法，就不像听起来的那么令人惊讶了。

事实上，在2019年10月，剑桥分析公司（Cambridge Analytica）被克里斯托弗·怀利（Christopher Wylie，他揭露该公司收集了5 000万名脸书用户的信息，并利用这些数据帮助特朗普在2016年的总统竞选中争取边缘选民）披露，受该公司服务的班农专门以非自愿独身者为目标。怀利说，班农强调与这些群体的接触可能会对摇摆州的选情产生巨大影响。

本·赫斯特（Ben Hurst）是前文中提到的"好小伙子倡议"项目的协调员和主要推动者，该组织专注辅导男孩并就中学、大学和工作场所的性别不平等组织项目和研讨会。"尽管我认为这样做有充分的理由，"他苦笑着告诉我，"但我们永远不会把自己的这项工作定义为反对男性权利活动家运动激进化的预防性工作。"我对此感到很好奇，而他也有一个现成的解释。"因为执掌这个国家的人就是参与男权运动的人，所以这样做你就无法从他们那里得到资金支持！"他笑了起来，知道这是一个有争议的论点。然而，我们不妨考虑一下，这些运动的论点和思想已经在多大程度上成功地渗透到包括英国议会和美国白宫在内的全球权力中心的各个层面。赫斯特说得有道理。男权运动不仅是通过政治信誉来实现话语的正常化和传播，我们还要认识到这些观点以及代表这些观点的男性可能会对我们的政治、政策和生活产生巨大的影响。

我们不妨考虑一下尤其活跃且恶毒厌女的男性圈论坛"红色药丸"（TheRedPill）的例子。有人在2017年透露，该论坛的创建者和首席版主不是别人，正是共和党籍新罕布什尔州众议员罗伯特·费舍尔（Robert Fisher）。在线下，他是一位受人尊敬的主流政治家。而在线上，他写出"强奸并不全然是坏事，因为至少强奸犯享受了其中的乐趣"这样的文字。他在另一篇帖子中写道："女权主义者对强奸很着迷，因为我们生活在一个强奸幻想的文化中，女权主义者希望自己足够性感，可以被强奸。"当一项调查将"红色药丸"的域名记录与费舍尔联系起来时，他最初拒绝辞职，并在一次公开问询中提供证词。他在证词中宣誓称自己已经很多年没有在"红色药丸"论坛上活跃过了，但这一说法与已经披露的证据直接矛盾。在公众压力下，费舍尔最终还是辞职了。[13]

当然，政治并不是唯一能够使极端主义思想受到尊重、正常化并获得默许的领域。男性圈意识形态在学术界也日益占据一席之地。在学界，男性圈意识形态使用粗制滥造的统计数据和学术来源的传统策略，通过与声名显赫的头衔和职位联系在一起，获得了新的影响力。

以加拿大心理学教授乔丹·彼得森为例，他在油管上的视频内容无所不包，从《圣经》到"马克思主义者关于白人特权的谎言"，无所不谈。这些视频让他成了国际名人。彼得森的一些语录揭示了他的哲学是如何融入传统的性别刻板印象的："男性必须强硬起来，"他在其国际畅销书《生活的12条法则：摆脱混乱的解药》（*12 Rules for Life: An Antidote to Chaos*）中写道，"男性需要它，女性想要它，尽管她们可能不赞同培养并巩固这种强硬的高要求社会进程所必需的严厉和轻蔑的态度。"

彼得森的书告诉我们,"健康"的女性会寻找在智力、收入和地位上都"超过"自己的男性。"如果你跟一个在任何情况下都不会与你争辩的男性谈话,那么你就是在和一个你完全不会尊重的人谈话。"

他所说的一些内容只是一种过时的、生物本质主义观点。《纽约书评》将他的12条生活法则描述为"将一些乖僻的准宗教观点视为实证科学"。彼得森反复强调,男性和女性在生理上更适合不同的角色。他声称:"如果你让男性和女性自行选择,他们不会将自己归到相同的类别中。"他认为,男性天生更想成为工程师,而女性天生就更想成为护士。

尤其具有讽刺意味的是,彼得森之类的男性本应被视为"前卫"和反主流文化的代表,而他们传达的信息却倒退得不能再倒退了。

维多利亚女王曾在一封日期为1870年5月29日的信中写道:"女王非常渴望召集每一个能说话或能写作的人,来共同制止这种疯狂的、邪恶的'女性权利'愚行,以及随之而来的所有可怕后果,这是她那可怜而软弱的性别所追求的,她们忘记了所有的女性情感和礼节。""这个话题让女王怒不可遏。上帝创造了不同的男性和女性,那么就让他们保持各自的位置吧。"她很可能是在模仿彼得森……不过那是在150年前。

彼得森所说的一些话不过是典型的反女权主流言论。他告诉《金融时报》,社会应当"停止给19岁的女孩灌输'她们主要的天命就是事业'的观念"。[14]这句话出自一个给19岁的男孩灌输"他们主要的天命就是强硬起来,主宰一切"的观念的人之口,似乎有些荒谬。而且这条信息对他们产生的弊可能会远大于利。

彼得森在书中所说的一些话听起来很笼统,带有模糊的学术性,但其学术上的模糊性却是一种无法证伪的，关键是无法被反驳的模糊性。"人类意识具有男性的象征特点，从古至今一直如此。""文化在象征上、原型上和神话上都是男性的。"我们不得不怀疑，是不是在彼得森的书中，任何好的东西都是男性的，但如果你想要解释为什么会这样，或者这是由谁来决定，你会立即被先发制人的答案所反驳：我说的是象征性，好吗？那么，你可能会问，什么具有女性的象征特点？彼得森声称，混乱与女性有关。乔丹，我们谢谢你啊。（彼得森将混乱定义为"所有那些我们既不知道也不理解的事情和情况"，所以你可以明白为什么对他个人来说，这可能是对女性的绝佳描述。）

而且，如果你认为进化和社会变革可能会撼动我们的社会，那么你不妨回去再想一想。因为彼得森认为，某些性别问题是不可改变的，也不可能会改变。他提倡的是一种伪知识分子的生物本质主义，这种生物本质主义与非自愿独身意识形态的失败主义宿命论如出一辙：

你知道的，你可以说："嗯，混乱被女性所代表难道不是一件不幸的事情吗？"——嗯，可能是不幸的，但这并不重要，因为事实就是如此。一直以来都是这样的。而且事出有因。你无法改变它，也不可能改变它。一切都是以此为基础的。如果你改变了这些基本范畴，人就不再是人了。

当彼得森坚持认为，我们可以通过"古代智慧"和"历史上的伟大神话和宗教故事"的视角来深刻而准确地看待我们的现代生活时，这应当引起我们的警惕，因为这些流传下来的神话或宗教故事很少是由女性书写的，甚至很少凸显女性，而只是将她们刻画成财产或性奴隶，或者两者兼而有之。(更别提彼得森还反复引用《小美人鱼》来支持自己的论点。)

他的写作风格和方法是慎重而文雅的,而且他也运用了一种知识分子的巧妙手法,使读者从他提出的结构性而非个人化的观点中得出偏执的假设。例如,他最初崭露头角是在2016年,缘起于他多次抗议加拿大一项禁止基于性别认同或性别表达来歧视他人的法案,表示自己拒绝用变性学生认同的代词来称呼他们。彼得森在一次采访中说道:"我不使用其他人要求我使用的词语,尤其是由激进的左翼空想家生造的词语。"[15]

对于彼得森这样一个支持言论自由的人,他表现言论自由的方式着实有些滑稽。2017年,他宣布发起一场运动,希望将他认为在"灌输邪教信仰"的大学课程的选课人数降低75%,其中就包括"女性研究,以及所有的民族研究和种族研究"。彼得森将该项目称为一种"非暴力战争"(尽管据他后来描述,该项目处于"中断"状态)。而当言论自由的原则适用于他自己的批评者和诋毁者时,他似乎就不那么喜欢这一原则了。他经常威胁要起诉他认为歪曲自己观点的作者,他会在个人博客上写下愤怒的长文,谴责那些对他的言论"断章取义"的做法。也就是说,当合理的理性辩论的烟幕弹有可能转移到足以让人们窥探其背后反动的、有时带有严重偏见的内容时,他就会采取防御措施。和特朗普一样,他也受益于这种双管齐下的宣传方式。两人都拥有庞大的网络粉丝群,并绕过主流媒体,利用互联网平台直接与粉丝对话。他们都声称新闻媒体排斥他们,对他们避之不及,但他们受益于媒体所给予他们的巨大关注。这些媒体迫切地希望报道他们的内容输出,因为这些内容具有震撼力和能够吸引点击量的争议性。

第七章 剥削其他男性的男性

《纽约书评》称彼得森的观点"与当代的偏见极为契合"。事实上,他的许多论点似乎的确呈现了一个明晰可辨的纯净版男性圈陈词滥调。"男性精神正在受到攻击。""女权主义(以女性游行为代表)是一种'凶残的公平理论'。""我们正在疏远年轻男性。我们告诉他们,他们是父权压迫者和强奸文化的常客……这太可怕了。这是毁灭性的。这太没必要了。而且这太可悲了。"[16]

所有这些都是男权活动家钟爱的论点:男性在遭受攻击;女权主义是一种邪恶的、报复性的运动,实际上可以杀死男性;我们正身处一场针对所有男性的政治迫害之中。

还有与另类右翼思维的融合:他在油管上的一段演讲视频中说,"白人特权"是"马克思主义者的谎言";他还在一条推文里写道,女权主义者支持穆斯林的权利,因为她们"潜意识中渴望残暴的男性统治"。这种论调与极度厌女的白人至上主义者对出生率和被入侵男性所玷污的白人女性的痴迷仅有一步之遥。但彼得森似乎很清楚如何站在红线正确的一侧跳舞。

他在《生活的12条法则》中写道:"人类女性的挑剔也是我们同人类和黑猩猩的共同祖先迥然相异的原因。""女性说'不'的偏好,比其他任何力量都更能塑造我们的进化。"换言之,彼得森和非自愿独身者一样,非常重视"性市场是由女性主导的"这一观点,认为在做出情爱关系选择时,女性占据着上风。同非自愿独身者一样,他也描述了当女性拒绝男性的约会请求时,拒绝本身所具有的"毁灭性力量"。

他将动物生物学和人类行为联系起来,为男权统治的必然性这一男性圈论点赋予了一种整洁的学术严肃感。彼得森在脸书上写道:"在我们拥有皮肤、手、肺或骨骼之前,我们就一直寻求着主从次序。""统治等级制度比树木还要古老。"虽然生物学不是彼得森的学术专长领域，但这对他的数百万名网络粉丝而言似乎并没什么影响。事实上，通常是在彼得森离自己的专业学术领域最远的时候，他的学术资历才会被最轰动地利用起来，用来支持他在实际上缺乏或几乎没有专业知识的领域里发表的论点。

这样做的风险是不言而喻的。在一次采访中，彼得森谈到了"女性的疯狂"并表示"控制疯狂的女性"是不可能的，因为社会习俗不允许男性与她们发生身体上的接触。一位男性读者如此驳斥评论里女性的反对意见："这家伙有博士学位。我想他知道自己在说什么。"[17]

虽然彼得森始终在"游移不定"，谨慎地保持着距离，但其面纱似乎也偶尔会被短暂地揭开，其言论与男性圈成员言论之间的相似之处会更加清晰地显露出来。当彼得森在讨论厌女的大规模杀人案凶手时，这种情况最为明显。在最近接受《纽约时报》采访时，他呼应了非自愿独身者对联邦应插手"性别再分配"的态度，他似乎在暗示，如果大规模杀人案凶手阿列克·米纳西恩此前没有遭到女性的拒绝，他的内心可能会得到安抚，也不至于最终酿成惨案。[18]

"他对上帝很生气，因为女性拒绝了他，"彼得森说道，"解决这个问题的办法就是强制实行一夫一妻制。这就是一夫一妻制出现的原因。"采访者补充道："彼得森说这话时没有停顿。对他来说，强制实行一夫一妻制竟是一个合理的解决方案。他解释说，若非如此，女性只会选择地位最高的男性，而这最终会导致两性都不幸福。"

"有一半的男性都是失败者，"彼得森补充道，"而且，没有人会关心失败的男性。"在拥有众多择偶选择的情况下，"一小部分男性有大量接触女性的机会"。这是一种不折不扣的非自愿独身意识形态，典型的

"二八定律"。

当他受到轻度的反对时，彼得森很快就在其网站上为其言论辩护，声称"强制实行一夫一妻制"是一个众所周知的人类学和科学概念，而他指的是"社会提倡的、文化灌输的一夫一妻制"，而不是"将未婚女性任意地分配给非自愿独身者"。但是这番说辞没办法抵消他关于"造成死亡的罪魁祸首是女性的性自主，而不是米纳西恩的杀人意图和行为"的暗示，也没能撤销他在如此主流的平台上，打着学术严谨的幌子，表达出来的非自愿独身逻辑，以及对该群体的辩护。

当然，必须指出的是，彼得森有可能完全不了解男性圈社群，甚至会对其持批评态度，而他为男性圈社群的基本信条提供"氧气"的倾向，可能完全是出于巧合。

彼得森确实提到过"米格道"，他在一次演讲中称呼他们为"可怜的黄鼠狼"，并因他们对愤愤不平的年轻人产生了过度影响而表示失望——然后他又不同寻常地撤回了批评言论，声称自己之前对他们太苛刻了，并认为他们说的"有一定道理"。

但是很明显的是，他对厌女的右翼网络暴民的动态机制有着敏锐的理解。彼得森在一段播客采访中说："我不该这么说，但我还是要说，因为这太他妈有趣了，我忍不住要说出来：我已经想好了如何利用社会正义战士来赚钱。如果他们允许我发言，我就说出来，然后在 Patreon 上赚更多的钱……如果他们抗议我，我就把内容上传到油管，然后我的 Patreon 账户数额也会大大增加。"Patreon 是一个网络平台，它允许内容创作者的粉丝成为订阅用户，定期支付一定金额以访问创作者的艺术或智力成果。在油管上，彼得森拥有 200 多万名粉丝，他自己也承认他的粉丝群体中 80% 是男性。

但彼得森及其粉丝会很敏锐地驳斥关于他是另类右翼思想传播者的指责。在他的书中，他称另类右翼政党的崛起是"邪恶的"。他甚至声称自己在缓和年轻人的政治观点，在让他们远离极端主义的方面发挥了作用，尽管他提供的证据似乎纯属偶然。[19] 然而，他在男性至上主义者和男性圈喷子中也有一批狂热的追随者，这一点对他来说就更难以解释了。彼得森在油管上发布的视频如果被包装成对女权主义者或跨性别者的粗暴抨击，就会吸引大量观看者。无论彼得森是否主动向他们示好，数以千计的讨论帖都显示，他在红迪的"红色药丸"等男性至上主义子版块拥有大量粉丝。一篇具有代表性的帖子赞扬彼得森"融化了雪花"，声称："老实说，如果'红色药丸'子版块上的大多数人到现在都还不熟悉他，我会感到很惊讶。"与之更为相关的是，第四台（Channel 4）《新闻》节目主播凯茜·纽曼（Cathy Newman）在一段采访中挑战了彼得森的观点，之后便遭受了蜂拥而至的威胁。纽曼描述了自己被"数千条辱骂性推文"的"洪流"所淹没的经历——这是一场部分有组织的运动。辱骂推文的内容从常见的"荡妇、婊子、愚蠢的金发女郎"，到"我要找到你的住处，然后处决你"，不一而足。她的雇主被迫聘请安全专家，警方也介入进来。这表明彼得森与网络喷子之间的关系即便是单向的，也绝非中立。

当纽曼遭受辱骂成为头条新闻时，彼得森本人在推特上写道："如果你正在威胁她，请停止。"但他在不久后的一次采访中对这次霸凌行为发表的评论，改变了这条推文的含义："他们没有出示任何证据，表明这些批评构成了威胁。网上确实有一些令人不悦的俏皮话，但认为这在某种程度上反映了一种根本的厌女情绪，并认为正是该情绪导致了这种情况的出现，则是荒谬的。"[20]

第七章 剥削其他男性的男性

彼得森个人的实际观点输出中并没有多少是专门讨论性别问题的，然而他却成了反女权运动的象征性人物，这一点耐人寻味。其《生活的12条法则》充满了平庸且老生常谈的引用，读起来就像一本励志图书，其宣传海报会配上一张日落时分的海滩照片。"在世界正在铺展开来的命运中，你们扮演着至关重要的角色。""与昨天的自己较劲，而不是同今天的他人比较。"他最有名的建议就是敦促读者整理房间、挺直腰杆。

反女权主义哲学成为他最著名的理论，也许正是媒体痴迷于制造标题党新闻争议的证据。媒体故意将女权主义者（她们更愿意讨论如何为强奸危机中心保障可持续的资金）与那些只愿意花二十分钟时间告诉她们父权制并不存在的男性对立起来。这就催生了一个经典的男性圈视频——"乔丹·彼得森摧毁戴鼻环的女权猪"（彼得森本人与该视频的制作毫无关系），而它在油管算法的推广下，获得了数百万次赞、点击和广告浏览量。

不过，鉴于彼得森在公开介入性别代词的争论后而一举成名，他本人可能并非完全没有意识到引发争议所带来的宣传效果。

而且，这样做还有利可图，而且利益颇为丰厚。当伊拉姆沦落到老是抨击追随者并恳求他们给他个人腰包捐几美元的时候，彼得森据说每月可以通过 Patreon 从粉丝的捐款中获得 8 万美元的收入，他的图书总销量也达到了数百万册。

像彼得森这样，有意无意地为男性圈所钟爱的厌女论点披上学术真实性外衣的男性并不只有一个。在某些情况下，作者的学术资历被用来暗示他们的论点是有力的，即便他们实际上根本没有提供科学证据来支持其论点。例如，《每日邮报》的一篇文章就明目张胆地使用了这一技巧，从文章标题"学者称剥夺丈夫性生活的妻子正在破坏社会"便可以看出来。仅从标题来看，人们会很自然地认为，这位未具名的"学者"是从自己的科学研究出发，为这一特定主张提供了科学依据。然而，这篇文章包含了大量作者凯瑟琳·哈基姆（Catherine Hakim）博士极度厌女的耸人听闻的言论，但除了一些引自她书中的内容之外，并没有提供任何支持这些言论的科学研究。哈基姆博士在回顾非自愿独身意识形态时写道："性饥渴的男性更有可能嫖娼、看色情电影，在最严重的情况下，甚至会猥亵女性……我们都心知肚明，男人在面对性饥渴和由性饥渴造成的不可避免的怨恨时会出轨，甚至做出更糟糕的事情。"

除了指责"玩忽职守的妻子"没有与丈夫进行足够的性生活，从而"给他们的生活带来混乱"之外，她还将女性被强奸的责任归咎到她们身上："更令人担忧的是，在我看来，性挫折会毫无疑问地导致对妇女的攻击，尽管我绝不是在为这种行为开脱。"

哈基姆博士反复使用科学语言来阐述非自愿独身者的逻辑，而这恰恰是非自愿独身者所渴望的体面学术外表。她引用的统计数据看起来可能与当前的问题有模糊的联系，但实际上与其论点毫无关系。"英国的一项性调查发现，年龄在45岁至59岁之间的女性，有五分之一已经独身一年以上。""在一项调查中，有四分之一的男性表示，只要有机会，他们愿意每天都过性生活。""世界上男性比女性多出6%，也许这是人类历史上首次出现这种情况。"这些数据与哈基姆博士声称性生活次数少于自己意愿的男性更有可能实施侵犯行为的说法没有任何关系，与她将这些性暴力行为归咎于女性的性自主权这样的因果关系也没有任何关系。[21]

性别公正非政府组织Promundo的创始人兼首席执行官加里·巴克

（Gary Barker）认为，冠冕堂皇地将此类观点与学术联系在一起所带来的正常化，比非自愿独身者本身更具有威胁性。他告诉我：

> 我可能会因为乔丹·彼得森如何让自己的言论正常化，以及他和其他像他一样的男性是如何用伪科学来包装自己，而失眠。它给人的感觉是借鉴了进化科学（在彼得森的案例中，它借鉴了犹太教-基督教传统，仿佛那也是科学）。我担心这种现象会成为主流，这并不是说我不担心非自愿独身者和少数人具体的所作所为，但我更担心的是我们周围的人的思想……他们可能看起来像我们朋友的兄弟，以及公共场合彬彬有礼的伙伴，一点也不像是厌女的人，却被他引向了一个空间，上面写着："没错，我们不必关注女权主义。"这种说法更让我担忧。

我们的生活中有一些事情会引起我们的质疑。有些事情我们只会径直接受。我们生活的社会鼓励我们把报纸上的文字当作事实来接受。在这样的社会里，我们会假定学者是特定主题的权威。在这样的社会里，许多人根本不会质疑"性冷淡的妻子会导致男人强奸其他女人"这种极端厌女的观点，因为它来自我们已经学会信任的出处。而由此衍生而来的，还有很多事情未说出口。比如，"强奸是男人情不自禁的事情"。比如，当强奸发生时，女性才是罪魁祸首。比如，我们应该设法理解和同情强奸犯。

这会影响到所有人。即使是那些从未听说过彼得森，也不了解其他在男性圈被奉为偶像的男性的人也不例外。这些观点通过我们都被教导要相信的传声筒而被灌输给我们。而我们的生活早已习以为常的基础性的性别歧视毫无疑问地促使我们接受这些观点，而不会提出质疑。从性别化的玩具货柜陈列到"消防男"（"fireman"）这样的单词，不曾遭受质疑的都是这些细枝末节的小事。而女性敢于讨论这些争议话题就会被贴上"猖獗的女权纳粹分子"标签。这些都令我们更容易相信，当一家全国性报纸或一个拥有学术头衔的人发表一些带有严重性别歧视的言论时，它们只是在陈述一个让人感到不舒服的事实。通常，正是这些报纸先发制人地防范批评，把我们称为女权纳粹分子，好为其观点的被接纳铺平道路。

巴克还担心，彼得森拥有数百万名网络粉丝，他们喜好发动厌女的霸凌，而当他利用如此庞大数量的粉丝的影响力来强调自己的论点时，可能会对言论自由产生令人不寒而栗的影响。在目睹纽曼遭受的强奸威胁和死亡威胁之后，有多少女性记者会认真考虑去挑战彼得森？这对其他可能寻求公开挑战彼得森意识形态的学者又会产生什么样的影响？巴克提到了自己最近为《华盛顿邮报》上一篇关于彼得森的文章而做的采访。"写这篇文章的记者说：'大家都不想以自己的真名来批评他。'"最后，媒体评论员也会对这些问题进行净化并将其纳入主流，这不仅体现在对节目主持人的选择和对这些人的采访方式上，也体现在他们自己的言辞方面。皮尔斯·摩根（Piers Morgan）这个名字在我的采访中反复出现。他本人便是这两个问题的例证：他对特朗普满是奉承的垒球电视采访便是前者最著名的证据；而后者体现在他社交媒体和广播中反复提到的关于女性、女权主义和男子气概的评论。电视主持人如果发表传统意义上属于男性圈的论点，会使这些论点拥有新的可接受性和生命力。

"我所说所写的一切都会严重冒犯那些为政治正确疯狂的'雪花一代'白痴。"这是摩根的一条非常典型的推文。他写给700多万名关注者的信息中会提到"脆弱的雪花"和"男子气概"之类的表达，而且还频频将怒火集中在女权主义者身上。在女性游行当天，他发布推文163次。他的推文大意如下："我计划发起一次'男性游行'，以抗议狂热的女权主义者在全球范围内对我的性别进行阉割。"

摩根除了在社交媒体上输出内容外，还定期在小报上写专栏，他往往专注于谈论"不要让虚伪的激进女权主义者把男性变成一群被阉割的、卑躬屈膝的、涕泪横流的傀儡"或"我已经厌倦了这场针对男子气概的战争，而且我并不孤单"之类的话题。此外，他还是英国独立电视台早间节目《早安英国》的主持人。摩根巧妙地利用这个角色来升级和宣传他在推特上刻意制造的"争议"和争执。换句话说，摩根正好迎合了网络上对具有反动性的、"为政治正确疯狂的"女权主义的反对声音的大量需求，并以理性辩论和道德优越感等先发制人的防御性言辞精心修饰。

摩根及其雇主都能从中获益，这一点从该循环的公式化本质中就可以明显看出来。摩根向他的数百万名粉丝推送一些具有煽动性和性别歧视的内容，等着看谁会上钩，然后将争议推向可能达到的高潮。第二天早上，推特上的口水战在他的节目中被设定为"具有新闻价值"的内容，该节目故意讨论最琐碎和最次要的问题，以便让女权主义和其他社会正义运动显得既荒谬又极端。该节目还利用人们对其标题党内容所表达的愤怒，在推特上发布极具煽动性的片段，吸引人们访问他们的网站并观看更多内容。如此循环往复。

这是一片肥沃的土地，而摩根对其了如指掌。他的典型关注领域包括"狼嚎"、对自称女权主义者但敢于拍摄身体照片的个别女性的批评，以及对个别男性的"可怕罪行"的狂轰滥炸：他曾在推特上因丹尼尔·克雷格（Daniel Craig）胆敢用婴儿兜抱孩子而对他大加挞伐，并称詹姆斯·邦德已被"阉割"。

摩根的这场游戏并不神秘，却也令人厌烦。当摩根制造出的虚假积怨波及到更广泛的观众时，他常常幸灾乐祸地欢呼。在克雷格争议期间，他在推特上写道："最初是《华盛顿邮报》，现在是BBC新闻。'婴儿兜门事件'现在闹得比'水门事件'还要大。"

但是，在煽动的愤怒（这种愤怒总是缺乏实质内容）表象之下，还有一些"狗哨式"的暗示吸引着更加阴险的追随者。

摩根在2019年1月的专栏中写道："我受够了这场关于男子气概的战争。"摩根对吉列剃须刀公司发布的一则广告表示不满，该广告鼓励男性在看到性别歧视行为或性骚扰时挺身介入。摩根将这则广告的内容描述为"阉割行为"，称其暗示"所有男性都是可耻的坏人"。不久之后，创作这则广告的一位女性透露，自从摩根的文章发表以来，她遭受了一连串令人惊恐的霸凌。她发布了其中一些霸凌信息，其语气表明那些似乎受到摩根专栏的召唤而武装起来的男性都是典型的男性圈居民。其中一条信息写道："下流的妓女，如果你们继续对我们施压，我会让你们这些人（仇视男性的女性中心女权主义者）下地狱的。"这条信息明显充斥着网络极端主义的言辞。它接着写道："在这一整个该死的世界上，我们白人男性对待女性是最好的，而你们把我们当屎一样对待……你们想见识见识'有毒的男子气概'吗？贱人，问得好啊（不会有回头路可走）。"

有时，摩根的言辞与男性圈话语精准契合到令人震惊的程度。例如，当他声称要发起一场"男性夺回国家掌控权的运动"时，他说"人类的未来取决于此"。

第七章 剥削其他男性的男性

"好小伙子倡议"项目的推动者赫斯特评论道：

> 我认为像皮尔斯·摩根这样的人……对他们所说的话和说话的方式都很谨慎……这些男性也[是]其他人眼中的成功人士。这意味着，他们所说的话不会[被认为]那么具有攻击性或冒犯性。他们在社会中的地位和拥有的权力意味着他们传达的信息对男性来说已经变得可以接受了。
>
> 有些孩子真的很关注皮尔斯·摩根所说的话——他可能是英国最容易被接受的男性权利活动家面孔，尽管我认为他甚至不一定会以这种方式表明自己的身份，但他绝对对这些情绪有共鸣，也会表达这种意见和观点。

当被指责厌女时，摩根往往会抗议说自己"热爱女性"，只是"不喜欢狂热的女权主义者"。

因此，政治家、学者和媒体人士附和并传达着被低估的网络大众的声音，将男性圈意识形态引领进主流讨论。这是一种互惠互利的关系。对于这些男性圈的非官方发言人来说，男性圈在提高投票率、图书销量或浏览量等方面都代表着一种强大的力量。而对于男性圈社群而言，这些名人则将他们的言论远远推向网络回音室之外，将其悄悄带入更广泛的对话中。

雅各布·戴维指出："如果你访问边缘论坛，你会发现人们在说：'他实际上很有用，因为他可以让更多人加入我们的事业。'……他们肯定意识到了，可以利用这些人来扩大范围，进一步向外打开窗口。"

他对"窗口"一词的使用并非巧合——男性圈和白人至上主义者

隐秘的角落

论坛都痴迷于"奥弗顿窗口"的概念，指的是公共话语所容忍的思想范围。当像摩根这样的人物使用以前可能被认为很激进或不可接受的言论，或者像特朗普这样的政客表达任何一个前总统都可能无法想象的观点时，另类右翼和非自愿独身论坛就会欢呼雀跃，认为"奥弗顿窗口"已经进一步打开，为他们更为极端的观点进入主流打开了更大的缺口。

所以，我们能看到一条清晰的链条，链条的起点是最极端的在线论坛：马特·福尼等男性明确主张殴打女性，而非自愿独身者则讨论将女性当作性奴。然后是这些社群的直接领导人：不断煽动追随者的瓦利扎德和提倡"痛打暴力婊子月"的伊拉姆。接下来是像伊安诺普洛斯这样的男性，他们尽情歌唱，而拥趸为其欢呼的纳粹礼炮声如雨点般落下，但当他们陷入麻烦时，则会睁大眼睛做无辜状；他们重复着网络暴民最离谱的理想，但总是声称自己"只是在讽刺"；他们游走在线上偶像和线下挑衅者的形象之间，有时也会惹火烧身。接着还有像班农这样充当中间人的男性，他们熟悉这一领域以及链条上处在他们后面的群体——甚至可能与他们直接进行密切的战略沟通——但他们使用更温和的措辞，让自己保持更安全的距离。或者是像彼得森这样的男性，他们提出了相似观念的净化版本。最后，我们来到这条链条最顶端的环节：政客和有影响力的媒体评论员，他们又抽身往后退了一步，并利用进一步的疏离来保持合理的否认，但他们的言论和淡化政策则是相同信息的社会可接受版本。处于链条中间的人能够动员来自链条更下端的支持，并对他们发出警报，同时，他们也足够受人尊敬，可以吸引新的、更温和的思考者开始他们自己的探索之旅。而处于链条顶端的人不需要一字不差地重复底层的意识形态。事实上，如果他们真这样做，那将会毁掉一切：它不仅会让他们遭受批评（而现有的模式巧妙地保护了他们），而且会在新成员走向激进之前先引起他们的反感。

处于链条顶端的人不需要做"杀鱼"的脏活累活。他们只需要拿出诱饵，等待鱼儿一点点地咬钩。那些受到引诱而吞下鱼钩的人，会想办法沿着路线往下走。而那些手握鱼竿的人能够大赚一笔，收获金钱、网络上的崇拜或选票。"奥弗顿窗口"已经发生了很大的转变，足以让那些刚接触男性圈的人说服自己，他们的所作所为并没有什么离谱之处，结果很快就达到了离谱的地步。即使是没有彻底激进化的人，也无法全身而退。那些温和派哪怕稍稍向右翼摇摆，对厌女主义或种族主义的容忍度稍高一些（毕竟，如果总统都这样说了，那就不会错得太离谱），也仍然构成了社会接受度的转变潮流的一部分，而这种转变潮流使得从链条底端传递上来的观念和政策具有更大的影响力，并产生更广泛的影响。这并不是说，将非自愿独身意识形态主流化就一定是每个参与其中的人的最终目的。对于某些人而言，只要能获得足够的支持，使他们的竞选活动免受他们所认为的政治正确浪潮的侵袭，就已经是一笔不小的回报了。而让极端主义思想悄无声息地进入公众讨论，不过是一个他们安之若素的副作用。

毋庸置疑，网络极端主义社群的领导者意识到并有意利用了这一链条。至于链条底部的人是有意地还是完全不知情地扮演着自己的角色，就不那么清楚了。然而，真正的受害者却是这些底部的男性，他们的偶像为获取个人利益而贩卖着刻薄、僵化、过时的刻板印象，受害男性深陷其中，无法脱身。

这一切的最终结果在《纽约客》对男性至上主义者麦克·切尔诺维奇的采访中异常清晰地呈现了出来。这段采访描述了记者亲眼所见的一

隐秘的角落

场由切尔诺维奇精心策划的事件。在这个事件中，切尔诺维奇利用社交媒体平台Periscope上的一段视频，使用#希拉里是黑客的标签，将数千名关注者聚集到他精心制作的关于希拉里·克林顿电子邮件的谣言中。在切尔诺维奇完成拍摄之前，这个标签就已经开始在推特上流行起来。在一天之内，超过42 000条推文被贴上了这个标签。这个话题在红迪上也被广泛讨论，致使权威媒体也对此进行了报道，随后一名国会议员提醒华盛顿的检察官进行调查。这个链条是完整的。但至关重要的是，在它渗透到主流媒体之前，它已经被足够多还算体面的人接触过，给漫不经心的媒体消费者带来一种真实可靠的感觉。而且，当它到达华盛顿检察官的办公室时，摆放在厌女者切尔诺维奇厨房桌上的iPad已经几乎找不到任何关于它起源何处的痕迹。

第八章

畏惧女性的男性

"这是一场'猎巫行动'吗?"

——约翰·哈姆弗斯在BBC四台《今天》
节目上评论#MeToo运动

如今的男人都被吓坏了。他们生活在一个距离迫害和威胁仅有一步之遥的世界里。他们中的任何一个人,无论其过去的行为或人际关系如何,都有可能眼睁睁地看着自己的幸福毁于一旦,看着自己的事业遭到严重破坏。

愤怒、狡诈、善于操纵的女人随时都可能会大发雷霆,没有男人能不被波及。蓄意的扭曲和破坏无孔不入,在这样的风波之下,任何历史都可能会受到指摘。

有些歇斯底里的过度反应将完全无辜的互动描绘成了污秽的霸凌行为。有些拜金的职业受害者会在三十年后轻而易举地"记起"一次手部擦伤,恬不知耻地寻求关注、赔偿和"五分钟的成名"。

这还不算,道德沦丧的女人会凭空捏造故事,毁掉一个无辜男人的整个名誉和生计,只是因为她们有这个本事。

"不是崇尚'无罪推定'吗?"我听到你们在高呼。哦,不存在的。在当今这个充斥着女权纳粹分子的推特攻击和政治正确的歇斯底里的疯狂世界里,这种原则根本不存在。#MeToo运动已经变得如此强大,以至于企业在没有正当程序的情况下,仅仅根据网上流传的一个谣言,就抛弃了它们左翼、右翼和中间派的最资深的员工。

这就是一场"猎巫行动",一定不要犯任何错误。任何男性都可能成为下一个受害者。

以上是对#MeToo运动最新一轮抵制活动所做的一个不可谓不准确的概括。#MeToo运动由塔拉纳·伯克(Tarana Burke)于2006年发起,并于2017年在好莱坞制片人哈维·韦恩斯坦(Harvey Weinstein)被指控犯有性虐待之后,在社交媒体上变得流行起来。这场运动让全世界数百万名女性分享了她们被性骚扰和性侵犯的经历,从最初的工作场所一直延伸到其他地方。

如果上述表述听起来有些夸张,不妨看看以下这些关于#MeToo运动的新闻标题和语录,它们都摘录自世界上一些最著名、最受尊敬的媒体平台:

"#MeToo运动已经疯狂。"——《周刊》

"当#MeToo运动愈发离谱。"——《纽约时报》

"这是一场'猎巫行动'吗?"——BBC《今天》

"千禧一代的女性急于羞辱男性。"——《泰晤士报》

"对不起,女士们,但晚餐时笨拙的擦肩而过并不是性侵犯。"——《每日邮报》

"女性会从这些关于性害虫的争吵中得到什么呢?一副罩

第八章 畏惧女性的男性

袍。"——《星期日邮报》

然后不妨再看看男性圈成员在网上发表的以下评论：

"我觉得这对男性来说很可怕。这是一个关于恐惧的故事。在这个故事里，你会因为你根本没有做的事情而受到惩罚。"——艾瑞克·冯·马可维克（"谜男"）在BuzzFeed网站上发表的关于#MeToo运动的评论

"这个星球上的每一个女人，无论她的教育程度或背景如何，都是婊子、贱货、荡妇、拜金女、怪咖、骗子、背后捅刀子的人、自恋狂和渴望参加社交活动并成为关注焦点的贱人……恐怕这就是女人的本性。如果社会不对女性的行为和选择施加约束或限制，她们将肆无忌惮地这么做。"——达鲁什·瓦利扎德（"鲁什V"）一篇题为"女性的真正本性"的博客文章

"自从#MeToo运动发起，以及所有关于骚扰和强奸的指控出现后，我甚至不敢接近女性……骚扰指控把我都吓出屎了。还有，女人的'欲擒故纵'与'说不就是不'是两回事这观点……这一切都让我很困惑，因为我本来就不擅长和女孩相处。"——摘自一位男性圈论坛用户在一条题目为"MeToo让［男性］变得软弱了吗？"的主题帖中的发言

注意到相似之处了吗？

在男性圈最隐秘的角落里掀起的歇斯底里和恐慌的情绪，如同野火一般在网上蔓延，通过论坛、博客、网站和平台迅速而有效地扩散开

来，其影响范围已经远远超出了非自愿独身者、男权活动家和搭讪艺术家等群体的单个领域。事实上，它的传播是如此全面，已经进入了主流意识，几乎成为尽人皆知的事情。尽管事实证据与此相反，尽管你甚至说不出哪个名人因为毫无根据的指控而突然垮台；尽管事实上，与数百万名讲述自己遭受虐待的经历却从未看到正义得以伸张的女性相比，只有相对少数的知名男性面对了后果；尽管许多被数十名女性指控实施性暴力的知名男性继续逍遥法外……尽管如此，这种声称"这是假新闻"的观点已经成为被普遍接受且可被接受的叙事。它不再是边缘或极端的叙事，而是一种常态。

这些都是男性圈的观点。厌女的边缘群体在人们的注意力之外蓬勃发展，从未被讨论和研究过，也从未受到过制约。他们的观点为了迎合大众而进行重新包装和粉饰——通过那些充当渠道的较为体面的人物，通过赋予其内容以过度的曝光从而使其看起来像是被更广泛地接受的社交媒体算法，以及通过寻求争议、"标题党"和表面的"平衡"的媒体，小心翼翼地融入主流对话——再度被呈现出来时，它们看起来已与最开始时不尽相同。最初的仇恨被改造成另一种东西：恐惧。厌女的男性会让其他男性害怕女性。

然而，男性圈逻辑与论证的策略和特征仍然清晰可见。他们会运用翻别人旧账的策略来分散对有效论点的注意力，会利用伪科学或彻头彻尾的谎言来暗示不同的现实，从而破坏真实的统计数据。

让我们从一开始就搞清楚，这种厌女的叙述并没有事实依据。

例如，围绕#MeToo这场一再被描绘成"猎巫行动"的运动，我们来看看相关数据。根据《纽约时报》的一项分析，在公开被指控性骚扰后，美国约有200名"杰出"男性失去了工作、身份、职业关系或项目，而他们当中只有少数人面临刑事指控。[1] 相比之下，仅在#MeToo发起后的四个月内，就有超过1 200万条推文使用#MeToo标签发送，这还不包括数百万名在其他社交媒体平台上分享自己故事的女性。即使我们假设使用该标签的人中有很大一部分是在批评或评论这场运动，而不是在分享个人经历，并且其中一些标签的使用发生在美国境外，但它依然可以很清晰地说明，举报性骚扰或性侵犯的女性人数与受到法律制裁的男性人数之间的差距仍然非常明显，而且这种差距尚未达到对男性不利的程度。

随着这场运动"愈发离谱"，有人曾戏剧性地宣称"形势已经发生了逆转"，性别权力的平衡已然朝着相反的方向倾斜，这种观点纯属无稽之谈。我们几乎没有看到任何迹象。还有一种观点认为，一个女人的虚假指控就足以毁掉一个无辜男人的生计。现实情况同样与之大相径庭。我们一次又一次地看到，即使有多名指控者或数十项相关指控，往往也不足以让权势人物的职业生涯脱轨，唐纳德·特朗普和布雷特·卡瓦诺等知名人士的人生轨迹已经清楚地说明了这一点。

事实上，《纽约时报》的调查显示，他们所调查的200名男性至少与920人提出的性行为不端指控相关，这表明平均每起案件有4.6名指控者。调查进一步指出，"超过10%的被撤职男性曾试图东山再起，或表达了东山再起的愿望，而且他们当中有很多人从未失去经济权力"。因此，即使在极少数真正面临影响的男性中，许多人还是挽救了自己的事业和收入来源。

最后，尽管媒体对男性"未经审判即被处决"的戏剧性报道试图将名誉或个人身份的丧失描述为等同于监禁甚至死亡，但现实情况是，这些男子中的许多人将在远离公众视线的地方悄然恢复生计。他们通常都能在新的岗位上继续自己的职业生涯，最知名的犯罪者之一、喜剧演员路易斯·CK（Louis CK）迅速重返工作岗位的例子便很好地证明了这一点。同样，优步总经理埃亚尔·古滕塔格（Eyal Gutentag）虽然在被目击性侵一名女同事后辞职，但他很快就成为另一家打车服务公司的首席运营官，然后又成为一家市值数十亿美元的公司的首席营销官。他这样的案例并不稀奇：据报道，尤其是在科技行业，"很多被指控并承认性行为不端的男性（有时甚至会在指控曝光后的几个月内）返回职场。许多人在投资者的支持下携新创业公司或风险基金卷土重来，而这些投资者对他们过去的行为都十分了解"。[2]

在刑事指控方面，司法差距甚至更大。尽管一些男性面临短期的职业后果，但是绝大多数男性都不曾面临长期判决或刑事司法判决。究其原因，这是综合诉讼时效、受害者羞耻感和司法系统失灵等诸多因素之后的结果。但是，对于许多性暴力的女性受害者而言，可以毫不夸张地说，她们在心理、身体还有职业上遭受的影响实际上无异于无期徒刑。

然而，尽管有这些确凿的证据，主流媒体围绕#MeToo的叙事更偏向于男性圈的歇斯底里，而偏离了实际的事实。

在#MeToo运动兴起期间，我收到了大量邀请，让我在广播和电视上谈论这一问题。其中一些邀请似乎是出于善意，希望能突出女性的经历，探讨性骚扰和性侵犯问题。但是，我在此期间接受的所有采访请求中，只有一次采访，记者完全没有对女性的证词提出质疑，也没有询问虚假指控的情况，更没有笼统地暗示整个问题是男女之间平衡的"辩论"。

这一切是怎么发生的？无数男性圈论坛上的反女权阴谋论是如何进入我们关于性侵的全国性叙事之中的？真相就是，它是以多种方式发生的。男性圈的观点得以从论坛扩散到推特等流行的社交媒体网站上，往往是在网络喷子蓄意策划的推动下实现的，#HimToo（#他也一样）之类的标签因此在全球范围内流行。这就让记者有借口抓住推特上的流行趋势，将其描述成正规新闻，并在稿件中大篇幅引用推文来作为"证据"。他们撰写的文章将这一问题描绘成一场"激烈的网络辩论"，而不是一场合法运动被一群极端分子控制的数百个"马甲"账户所围攻。一旦出现在全国性媒体上，主流电台和电视节目上的讨论就会演变成一场关于公平的游戏，而"平衡"的概念往往会将气候变化或性侵犯等紧迫的问题描绘成辩论中处于均势的一方。

许多评论家都发现了与男性圈人群打交道的好处，他们还发现这些"极端网络分子"会大量分享和评论那些重复他们言论和世界观的文章。因此，我们在全国性报纸上看到了一些刻意发表极端观点和混淆视听的文章，呈现了男权活动家或"米格道"论坛上未经净化的评论。

《泰晤士报》刊登了专栏作家贾尔斯·科伦（Giles Coren）一篇题为《几个XX就可能终结我辉煌的职业生涯》的文章，它指出在当前的形势氛围下，在短信结尾处附上一个无辜的吻，就足以毁掉一个男人的生计。科伦高调地在平台上表达了网络大众的抱怨和恐惧，他写道（并未列举证据或实例）：

> 在过去的几年里，当一名女性站出来提出这样或那样的性侵犯指控时，一个又一个为公众所瞩目的男性迎来了倒台……然后，在没有对这些故事进行任何交叉盘问的情况下，这名男性就完蛋了。没有试错或重新来过的机会……别再对女服务员"施展魅力"了。别再试图逗女人笑了。一次并未发动的调情，就可能会让我因

此失去工作，被公众回避，最后进了监狱。有很多女性可以让这一切发生。真实的或想象的历史罪行，正等待着你的一个错误举动。

当然，科伦可能会为这篇专栏文章辩护，称其只是一种讽刺。但是，考虑到他的观点与一大批男性的担忧和态度如出一辙，而这些男性在线上和线下都以类似的情绪回应了#MeToo运动，那么尽管他的言论在现实中是无稽之谈，但很多读者还是可能会信以为真。雇主完全没有试图核实工作场所不当行为的指控，就随意解雇完全无辜的男性，这种说法完全是错误的。幸亏有确凿的统计证据，我们所知道的是，成千上万的女性在工作场所遭受过性骚扰和性侵犯，然而她们的雇主经常对此不采取任何措施，而且绝大多数女性（与媒体脑补出的那种故意暗算、善于操纵的指控者幽灵形象相去甚远）根本就没有举报过所发生的事情。大多数女性都疑虑太重，害怕没有人会相信她们，害怕自己会被列入黑名单或被视为"惹麻烦的人"，或者害怕自己的职业生涯会因此受到影响。

这些担心是有根据的。2016年，YouGov为英国工会联盟和"日常性别歧视项目"进行了一项针对1 500多名女性的英国民意调查。结果发现，一半以上的女性，以及近三分之二的年轻女性，都曾遭遇过工作场所的性骚扰，而80%的女性认为无法向雇主举报。在举报的人当中，有近四分之三的人表示她们的举报没有带来任何改变，16%的人说她们因此受到了更糟糕的对待。科伦的论点采用了颠倒受害者和犯罪者立场的男性圈惯用策略，这并不意味着他是非自愿独身者或男权活动家群体的秘密成员。这甚至并不意味着他一定知道这些社群。

但它确实揭示了男性圈的逻辑同围绕性骚扰和性暴力的主流言论是多么紧密地结合在一起。它揭示了一种共生关系，即主流媒体的这种言论可能会助长和鼓励网络极端分子，而极端分子社群的热情回应则给编辑带来点击量和分享量。

2017年，我受邀在BBC四台的《道德迷宫》节目中讨论性暴力指控大量涌现的话题，在这个备受尊敬的国家媒体平台上，我却面临着一些明确试图指责和削弱那些站出来讲述自己受虐经历的受害者的论点——在当时讨论的案件中，受害者指的是那些指控韦恩斯坦性侵的女性，而韦恩斯坦如今已被定罪。我被问到的问题包括：

"就好莱坞而言，我们难道不能合理地认为其中一些女演员看到了自己事业发展的机会？"

"你不觉得年轻男演员也可能参与其中吗？这都是心知肚明的事，连那些来到好莱坞的底层人士都明白……他们正在进入一个他们心知肚明的情境之中。"

"你认为，他们到了星光之城会对此感到惊讶吗？"

我相信，当我们回过头来看这些叙述时，我们会感到震惊和骇然，因为我们国家对在审判中提供了令人不寒而栗的证据，来证明自己被性侵、被强奸的女性的经历，竟然做出这样的反应。[3]当我们这样做的时候，我们会问自己一个问题：这些态度从何而来？男性，尤其是受男性圈或其意识形态影响的男性，不仅害怕提出性侵指控的女性，他们对女性在工作场所取得的进步也感到恐惧。具体而言，他们被引导着去相信，女性的收获只能通过男性利益的牺牲来实现。2017年，谷歌工程师詹姆斯·达莫尔（James Damore）写下一份著名的备忘录，将其分享给内部邮件列表上的人，后来被泄露到媒体上。在这份备忘录中，达莫

隐秘的角落

尔批评谷歌的多元化和包容性计划是"为了同时吸引男性和女性而搞的武断的技术社会工程"。达莫尔在这份长达10页的备忘录中重点论述了男女之间（及其大脑）的"生物学"差异，声称这种差异使得男性天生就对软件工程等技术职位更感兴趣。他将公司为女性和少数族裔提供的指导或计划描述为"歧视性做法"，暗示公司在招聘"多元化候选人"时降低了门槛，并指责公司宣扬"隐蔽的左翼意识形态"，可能会造成无法弥补的"伤害"。

有很多具有说服力的因素可以将达莫尔与男性圈联系起来。备忘录中不切主题地提到了共产主义和"马克思主义……阶级斗争"，抨击了将"白人、异性恋、顺性别父权制"描绘成"压迫者"的阴谋。达莫尔在最终被开除后，继续大肆宣扬自己的观点，并认为谷歌歧视作为白人男性的他。他接受了红迪、油管频道以及一些男性平台的采访，而后来的一份报告认定，这些采访者都隶属于一个强大而富有影响力的网络，他们会宣扬反动的、往往是厌女的、反左翼的或另类右翼的观点。

在被解雇的几天后，达莫尔就在前公司总部外拍了一张照片，他身穿一件T恤，上面用谷歌标志所使用的字体和颜色写着"Goolag"，这是在利用"古拉格"（一个20世纪苏联的强制劳动营）一词来进行恶搞。这张照片的拍摄者是彼得·杜克（Peter Duke），他被《纽约时报》称为"另类右翼的安妮·莱博维茨[①]"，因拍摄米洛·伊安诺普洛斯和麦克·切尔诺维奇等男性而闻名。有迹象表明，达莫尔可能得到了与网络喷子关系密切的人的支持，虚假的反谷歌广告也突然出现在谷歌洛杉矶办公室周围，这些广告上也都带有"Goolag"的双关语。

---

① 安妮·莱博维茨（Annie Leibovitz），美国著名肖像摄影师，曾为许多名流拍摄照片，其最著名的作品是约翰·列侬和小野洋子的亲密肖像照。

第八章 畏惧女性的男性

无论达莫尔是在刻意宣扬男性圈的意识形态，还是他本人受到了男性圈在自身领域之外煽动的普遍恐怖情绪的影响，这在随后的无情攻击狂潮中都变得无关紧要了。媒体对这起案件进行了报复性报道，借机来辩论白人男性在工作场所受到的迫害。这些片段都在暗示，男性个体的偶发经历与其他群体（如女性和有色人种）所面临的已证实的系统性歧视和不利条件之间存在合理的相关性。这是男性圈观点渗入主流的又一个绝佳机会。

媒体将达莫尔的被解雇被描述为对他勇敢选择向权力说出真相的政治正确惩罚。（却罔顾他关于女性不如男性擅长工作的全面性别歧视言论明显违反了雇主的工作场所政策这一事实。）媒体旋涡再次对达莫尔过时的伪科学和厌女的观点信以为真，并真诚地进行了辩论，其总体结果营造了一种印象：在为政治正确而疯狂的老板的支持下，女性拥入工作场所，抢走了更能胜任的男性的工作。

这是一种正在上演的模式。我们在2012年看到过这种情况的发生，当时两名年轻男子在斯托本维尔案中被判犯有强奸未成年人罪。[4] 媒体没有引导公众把愤怒集中在受害者悲痛欲绝的生活上，没有将她的痛苦经历拍摄下来并在社交媒体上传播，反而让大家关注犯罪者"被摧毁的"生活，CNN记者称他们是"橄榄球明星球员，好学生"。现场直播告诉我们，袭击者是如何被迫眼睁睁地看着"在判决下达的时候……他们的生活分崩离析"。

我们在2014年也见到过这种情况的发生，《华盛顿邮报》专栏作家乔治·威尔（George Will）在回应奥巴马政府关于校园性侵犯的一份重要报告时，试图对数据轻描淡写，将报告描述为对无辜年轻男性的攻击。威尔在接受C-SPAN采访时说："这会让年轻男性受到惩罚，他们的

259

生活常常因此遭受永久性的严重摧残——他们无法升入医学院，他们无法升入法学院，以及所有受到推崇的行业。"然而，当威尔自己试图"重新解读"这些数据，暗示这些数据被夸大且不准确时，事实却证明其解读基于一个右翼群体的可疑分析，而该群体长期以来一直试图扭曲公众对校园强奸问题的看法。[5]

我们在2016年也见到过这种情况的发生，当时，BBC为非裔、亚裔和其他少数族裔应聘者额外提供实习机会的做法引发了诸如"BBC禁止白人应聘"之类的愤怒标题，巧妙地将一家正在努力解决严重性别和种族薪酬差距的公司描绘成一家对白人男性有严重歧视的公司。当杰里米·克拉克森（Jeremy Clarkson）评论"男性现在在BBC根本找不到工作"的言论被广泛报道时，我们也看到了这一点。为实现平等所做的哪怕最适度的努力，都被愤怒的白人男性重新定位为对其生计的潜在威胁。因此，其他男性被鼓励去畏惧进步，而不是为进步感到欣喜。

我们一次又一次地见证这种情况的发生。媒体乐于突出虚假强奸指控的罕见事例，以此激起争议，招惹网络暴民的愤怒，并且倾向于将对虚假指控者的惩罚与对性侵犯者的判决进行比较，试图暗示这两个问题是直接等同的，从而制造误解，暗示这两种犯罪有着相似的发生率。2019年7月，当DJ保罗·甘巴奇尼（Paul Gambaccini）和音乐家克里夫·理查德爵士（Sir Cliff Richard）发起请愿，呼吁保护性犯罪嫌疑人的匿名权利时，虚假强奸指控与性侵犯之间错误的等同也被惊人地大肆鼓吹。甘巴奇尼在接受《今日》节目采访时说："这不是在比谁受到的伤害最大。实际上存在两种危机——一种是性虐待危机，另一种则是虚假指控危机。"他说，对性暴力指控者的匿名保护，"确实会鼓励包括骗子和疯子在内的所有人去做出虚假的指控并参与其中"。这种说法危害极大，完全不符合实际情况。在英国，一名男子被强奸的可能性是被诬告强奸的230倍，因为虚假指控的数量非常低。与此同时，英国每年有85 000名女性遭遇过强奸或强奸未遂。而且，我们的司法系统并未无可救药地偏袒原告，在所有向警方报案的强奸案件中，仅有1.5%的案件最终被起诉或传唤，比例之低令人羞愧。但是，媒体是否对甘巴奇尼的说法进行了检视？并没有。媒体反而抓住机会进行了更多能令它们有利可图的"辩论"。包括"甘巴奇尼警告称存在'虚假指控危机'"在内的一个接一个的标题，无不向漫不经心的观察者暗示，说谎的女性假装受害者的现象很普遍。

仅在2012年至2013年，《每日邮报》就在54个标题中使用了"虚假强奸"（cried rape）一词——这是对问题严重性的男性圈式戏剧性歪曲。英国皇家检察署在2011年至2013年间进行了长达17个月的审查，发现在此期间，因虚假强奸指控而被起诉的案件只有35起。换言之，《每日邮报》对虚假强奸指控的报道比此类事件的实际发生率高出54%。"指控虚假强奸的邪恶女人被三人同床的照片所困"这个标题便是一个典型的例子，从中可以看出此类报道的耸人听闻和诋毁的基调。

它们再次证明，所有这些都是男性圈的惯用叙事伎俩和策略。有大范围的、具有代表性的统计数据展现出一个系统性的问题，而他们试图表明这个问题并非真正存在，因为女性受害者是"自找的"，然后通过将犯罪者描述为社会偏见和压迫的真正受害者来扭转这种叙述：这是经典的非自愿独身意识形态。

这也是男权活动家最青睐的一种策略：利用个别的、罕见的司法不公来暗示整个司法系统对男性不公平，以及女性操纵行为和谎言的普遍存在。

这也是典型的"米格道"哲学：认为现在的形势氛围对男性充满敌意，即使男性只是同女性共享生活，也有让自己职业生涯和前景都毁于一旦的风险。

过度关注虚假的强奸指控，故意传播虚假的统计数据，以煽动恐惧气氛，削弱受害者，这是瓦利扎德之类的搭讪艺术家的共同阵地。

在撰写本文时，瓦利扎德的网站上有100多篇关于虚假强奸指控的文章，其中包括一篇《所有公开的强奸指控都是虚假的》，以及正式告知男性虚假强奸指控的比例可能高达90%的博文，然后再无缝衔接地转入对搭讪艺术家社区的宣传，其论点是："把妹的游戏可以保护你免受虚假强奸指控。"

尼尔·施特劳斯在《把妹圣经》中写道："搭讪艺术家不恨女性，他们害怕女性。"

所以你还在奇怪为什么世界各地的男性都这么害怕吗？

主流媒体有时会通过一种不那么迂回的途径来获取男性圈的观点：它们采纳源自非自愿独身社区的论点，在国家平台上将其直接作为有效的主张进行辩论，从而帮助其实现正常化。最近的一个例子是关于所谓"性生活再分配"的引起广泛讨论和注目的例子，这个概念起源于男性圈，被认为是一种可以防止非自愿独身者参与大规模暴力的措施。

长期以来，这一论点在男性圈网站和博客上反复出现，并在非自愿独身论坛上引起无休止的争论。瓦利扎德在其网站的一篇文章中对这一论点进行了大致的总结。《如何阻止非自愿独身者杀人》这篇文章写在多伦多货车袭击事件发生之后，直接回应了对非自愿独身者的批评。瓦利扎德为像阿列克·米纳西恩那样的非自愿独身者杀人犯开脱责任,将大规模谋杀行为合理化,认为"被社会完全抛弃的"男性只是为了引起关注才这样做的。他写道:"非自愿独身者之所以杀人,仅仅是因为他们未能与女性建立浪漫关系或性关系……他们只能诉之于他们所知道的唯一引起关注的方式:杀人。"

瓦利扎德和其他男性圈社区成员对这一案例做了进一步拓展,认为国家应该提供性工作者来"服务"非自愿独身者。(参与该计划的妓女将接受特殊培训,要称非自愿独身者为"帅哥"、"壮汉"和"知己",让他们觉得自己很特别。)他们认为,应通过征收节育产品税来迫使单身女性为这一计划买单。瓦利扎德轻描淡写地威胁道:"如果不实施这样的计划,如果公众态度不向更同情非自愿独身者的方向转变,那么将来还会有更多的非自愿独身者疯狂开枪扫射。"

这显然是荒谬且厌女的。在男性圈中出现的性生活再分配的观点,本身就建立在一些严重的性别歧视和有害的假设前提之上,每一个前提都应该让主流媒体平台在放大这一理念或暗示其有效性之前三思而后行。然而,这一论点却在主要的国际媒体上得到了采纳和广泛讨论,让它暴露在比男性圈更广阔的受众面前,并借由这些平台所赋予的所有体面和暗含的有效性,向更广泛的受众传播。专栏作家罗斯·杜特(Ross Douthat)在《纽约时报》上呼应了非自愿独身论坛的观点,他写道:"性革命创造了新的赢家和输家,新的等级制度取代了旧的等级制度,以新的方式赋予了美丽、富有和善于社交的人特权,而其他人则陷入了新的孤独和挫败之中。"

杜特承认,那些因脆弱和痛苦而转向非自愿独身社群的人,与那些有暴力意图的人是有区别的,但他随后表示,他们都应该得到同样的对待。这就强化了一种观点,即性剥夺是米纳西恩等凶手杀人的真正动机,并暗示对女性的暴力行为是微不足道的。"我希望商业和技术的逻辑能够得到有意识的利用,正如色情作品那样,以此来消解那些愤怒、危险或者仅仅是沮丧和绝望的非自愿独身者的不悦。"

杜特认为,"到了某个时刻",我们都会屈服于这个明智的非自愿独身者计划。"用不着任何人对性权利的概念进行正式辩论,思想正常的人会直截了当地同意存在这样一种权利,并认为通过法律的修改、新技术的应用和风俗的演变来实现这一权利是合理的。"

乔治梅森大学教授、保守派博客作者罗宾·汉森（Robin Hanson）在自己的博客中写道：

> 人们有理由认为,那些不太有机会获得性生活的人遭受的痛苦程度与低收入者相似,并且可能同样希望围绕这一身份组织起来,游说人们沿着这条轴线进行再分配,如果他们的要求得不到满足,他们至少会含蓄地威胁使用暴力。

他接着思考了实施性生活再分配的可能性,并补充道:"性可以直接重新分配,也可以用重新分配现金来作为补偿。"因此,女性在非自愿独身文化中被完全等同于无生命的商品,供人占有和交易。

《旁观者》刊登了托比·扬（Toby Young）一篇题为《这是每个人类都需要的东西：一个性爱机器人》的文章。他在文章中问道："为什么当涉及性的不平等分配时,对没有性生活的人的同情如此之少？这一定是因为这类歧视的"受害者"几乎都是男性,因此才会被归类为压迫者而非受压迫者。"

这些主流媒体和知名评论员对其信以为真,并鼓励他们的数百万名读者也这样做,这有意无意地放大了非自愿独身意识形态。这种影响可能是无意的,但它的危害性丝毫不减。它们没有从非自愿独身者仇视女性的根源上来审视真正的厌女和权力的动力机制,却只会采纳并讨论男性圈自身观点中存在严重缺陷的前提。

非自愿独身者意识形态和性生活再分配的论点实际上是一种恐怖主义。瓦利扎德之类的男性圈人物,以及许多像他一样的人,实际上是在要挟女性,声称如果非自愿独身者的性需求得不到满足,就会有更多女性死亡。但不知何故,在"只有"女性处于危险中时,我们关于不可以同恐怖分子谈判的社会规范似乎被尽数抛到九霄云外。突然间,我们似乎很愿意接受这样一种可能性:牺牲一些女性,尤其是"仅仅是性工作者"的女性,似乎是一笔不错的交易。而当我们参与这场辩论,将其作为一个思想实验而加以幽默化,为其提供宣传的氧气时,我们也会传递出如下信息:无论这些恐怖分子的观点是否在专栏文章和博客中遭到反驳,他们都是我们值得与之谈判的。

这可不只是一种似是而非的比喻。米纳西恩、埃利奥特·罗杰及其他诸如此类的非自愿独身者杀人犯与恐怖分子并不只是"相似"。他们就是恐怖分子。因此我们可以说,当主流媒体在挑起关于性生活再分配的"辩论"时,就是在与恐怖主义杀人犯的同情者和辩护者打交道。而且,正如媒体最初对这些杀人事件的描述并未将其确定为恐怖主义行为一样,这些回应对我们关于这一问题的社会认知产生了深刻而持久的影响。

有鉴于此,杜特的专栏得以发表,尤其是考虑到其开场文字,着实令人难以置信。"我们或许可以从西方近代史中得出这样一个经验:

有时候，极端分子、激进分子和古怪的人比体面、温和且富有理智的人更能清楚地看透这个世界。"想象一下，如果这段话（或者加拿大媒体《全国邮报》上一篇类似文章的标题"关于危险的'非自愿独身者'，我们应当做些什么？或许我们应该帮助他们"）被重新运用到其他恐怖主义事件的语境里，会有什么样的后果？

在这件事情上，重要的是，这种叙述变得如此有说服力，且最终被如此可靠的来源重复提及，已经变得极其令人信服。那些从未听说过男性圈社群、真正相信平等、善良、通情达理的男性，开始被一种隐隐的担忧所感染。那些真正谴责性暴力并希望女性在工作场所享有平等机会的男性，开始面临一种朦胧的恐惧，担心摇摆不定的局势可能朝着相反的方向摆动得太远。一颗怀疑的种子被播下了，悄声嘀咕着，也许他们为女性的进步所付出的代价比他们意识到的还要高。他们可能会稍停片刻，开始思考。我完全支持平等，但这真的是这里正在发生的事情吗？

这些男性没有犯下性暴力，但他们对#MeToo运动的对话仍抱有一种挥之不去的不适感。他们是那种正派、正常的人，他们一次又一次地出现在新闻报道中，声称"你似乎再也无法说出你关于任何事情的想法了，因为你必定因此被猎巫"，或"这一切都有点过头了"。这种男性可能会回顾过去的恋爱关系和性经历，然后突然胃部一紧，想知道自己是否有过不当行为。他们中的一些人很可能确实有过不当行为。然而，他们并没有以一种良心不安的、有益的方式来反思，而贾尔斯·科伦及其同党甚至敦促他们将自己视为被迫害的潜在受害者。到目前为止，科伦文章中最能揭露真相的一句话便是："**真实的或想象的**历史罪行，正等待着你的一个错误举动。"（我在引用中用黑体添加了强调的重点。）

畏惧女性的男性其实是在畏惧其他男性。他们畏惧其他男性创造的神话，对此不加审视就信以为真。他们畏惧的是一种想法，而不是现实。他们畏惧的是一种巧妙捏造、精心传播的观念，以为有一种神秘莫测的危险悬浮在某处，等着让他们深陷其中。他们的地位，他们的权利，甚至他们的男性身份认同都被一股神秘力量置于危险之中。不知何故，特权的天平在不知不觉中已经偏转，男性已经成为受迫害的少数群体，一旦为自己辩护，就会被指控犯有越来越严重的反进步价值观的罪行。但这并不是女性所要求的。我们要求尊严，要求正义，要求结束有罪不罚的现象。简而言之，许多人对一种并不存在的威胁产生了恐惧。

一位美国女性在推特上写道，她担心自己善良、无辜的儿子可能会被莫名其妙的虚假指控毁掉一生，因此她鼓励儿子用拍视频的方式记录下每一次浪漫邂逅，并花费大量金钱购买用于监控和记录网络互动的技术和软件。另一位推特用户回应说，这似乎需要花费过多不必要的精力和金钱，其实这位母亲只需教育儿子不要攻击女性就能达到同样的效果，大可不必如此。

我们看着媒体上演着歇斯底里的情绪。报纸上说，无辜的男性会因为冒失地恭维女性而被关进监狱。"吹流氓哨"会突然变成犯罪。这个世界已经疯了。只不过现实恰恰相反。如果说有一件事我们可以绝对肯定，那就是女性不会希望去向警方举报"次要"问题。我们所掌握的每一项统计数据都证明了相反的情况：即使是最重大、最具破坏性的犯罪，女性也不愿报案。她们尤其不愿意报告自己被强奸。究竟是什么让他们突然担心我们会成群结队地去抱怨"吹流氓哨"呢？

整个事件的有趣之处在于，它建立在一套如此经不起考验的谎言之上，就连最不经意的审视都会让这一切被粉碎。说到底，这种论调的主旨在于，当无辜的男性接近、触碰或以其他方式与女性互动时，性行为或不恰当行为并未真正发生，只是女权主义暴徒自以为如此。然而，当你指出一个奇怪的事实时，这种争论就会瞬间烟消云散：这些声称不知道这些行为是性行为或不恰当行为的男性，却没有以这种方式对待其他男性。

再举一个例子：根据"近乎所有男性"的呼声，以及来自同一群人的反复争论，"雪花一代"歇斯底里的时刻已经为现代男性创造了一个政治正确的雷区，他们连在女性身边打个喷嚏都无可避免地被意外指控为性骚扰。如果女同事与这位男性对无伤大雅的"赞美"的解读大相径庭，那么，这就不是他的错了。女性眼中的"性侵犯"只不过是某人在她的膝盖上轻轻拍了一下，而男性就是在这样的世界里绝望地游荡着。

只不过……"近乎所有男性"和"意外"这两种平行的说法直接相矛盾。要么错的是"近乎所有男性"——在这种情况下，我们必须推断这只是一小群特定的男性，他们蓄意实施骚扰和侵犯行为（我大致认同这一结论）；要么，这种"意外"就发生在因为大意而犯下错误的全体可怜男性，他们在这样一个即便行为举止完全体面，但仍有可能会因不可控因素被误解的世界里犯下无辜的错误。在这种情况下，我们谈论的想必是所有男性，因为其具体含义是任何人都有可能面临这种情况。因此，逻辑再一次直接崩溃。

他们的逻辑之所以会崩溃，是因为这些论点并非以诚实恰当的方式确立，而只是试图去驳回和削弱女性投诉的有效性。当然，具有讽刺意味的是，恰恰是这类回应，可能会让不少男性被当成是一丘之貉。的确，在工作场所和其他地方蓄意犯下性骚扰或性侵犯罪行的可能只是一小部分男性，但是，如果许多男性听到这个消息后的反应是立即跳出来为自己的性别辩护并试图对受害者证词的真实性表示怀疑，那么这无助

第八章　畏惧女性的男性

于说明并非所有男性都与这个问题有牵连。当然不是所有的男性都在做出这些行为，但如果这些男性在面临问责之际选择通过诋毁受害者的方式来回应，那么，他们仍然是在助长一个令受害者噤声、维持特权者现状的广泛系统，使其一如既往地继续奏效。

当男性被鼓励去畏惧女性时，其结果往往对最脆弱的女性最具毁灭性。这个问题被描述为容易受到虚假指控或失去要职之人的个人问题时，这个问题的系统性本质在很大程度上被回避了，而且它还将解决方案和改革的重要性从叙述中抹去了，而这些解决方案和改革将对女性的工作场所的权利和安全产生广泛的影响。

人们对突出案件的哗众取宠式的关注，忽视了实际上占工作场所性骚扰受害者绝大多数的女性：那些从事面对公众的低薪服务业工作的女性。这些女性受害者的工作不稳定，也没有可供她们投诉的人力资源部门。那些签订临时工合同的女性，在英国工会联盟的研究中被认为是"一个似乎更容易经历某些类型的骚扰但不太可能会去举报的群体"。

当这些试图讨论严肃而复杂的问题的女性被夺走媒体话语权时，我们陷入了一种四处灭火的困境：花费宝贵的专栏篇幅或银幕时间为工作场所存在性骚扰的前提辩护，或者去驳斥"大多数指控都是虚假的"这种说法。因此，这个问题真正重要的方面被完全排除在关注之外。例如，我们从来没有抽出时间来讨论移民和难民群体的女性，因为如果她们胆敢向主管部门举报，我们是无法保护她们免受因此而产生的后果的。

然而，媒体的话题却反复地集中在男性的需求、恐惧和权利上。当所有这一切汇聚在一起时，我们见证了一场完美风暴：互联网、社交媒体、主流媒体、评论员和政客都有意无意地参与演奏了这场"交响乐"，放大了男性圈意识形态的基本原则，最终达到了相同的目的，即传播畏惧。畏惧女性，畏惧女权主义，畏惧#MeToo运动，畏惧进步，畏惧改变。对于反对平等进程的人来说，让其他人对此感到畏惧比运用逻辑或论据来公开反对进步要有效得多。畏惧是人类行为的一个主导因素。正因为畏惧受到攻击，畏惧受到他们甚至没有意识到存在的威胁，才这使人们最有可能屈服于对他人的仇恨和气愤。这使他们无法同情"他者"，无论他们是难民还是职场女性，因为这种同情突然变得与他们自身的最大利益直接对立。

因此，即使是善良、温和的男性，也变得不愿意相信女性，而是更倾向于去怀疑她们心存恶意。2017年，47%的共和党男性认为"大多数女性将无辜的言论或行为解读为性别歧视"。一年之后，克里斯汀·布莱西·福特教授对卡瓦诺的指控在男性圈沦为笑谈，媒体将其描绘成一场操纵党派来打倒无辜男性的阴谋，而且还受到总统本人的嘲笑，使上述数字跃升至68%。与此同时，认为"性别歧视是一个社会问题"的共和党男性人数则有所下降。

我们变得心怀畏惧，对现实中极不可能影响我们的问题变得忧心忡忡。鉴于我们的社会对虚假强奸指控的痴迷，请思考以下内容。2018年10月，BBC第四台借助可靠的国家统计数据进行了详细调查，结果显示英格兰和威尔士的成年男性在一年内被诬告强奸的概率为0.000 2%。当我和大多数人讨论这个问题时，他们都会觉得这个数据简直令人震惊。他们认为真实数字要比它高得多。这清楚地表明，关于撒谎的女人和政治迫害的假设是如何潜移默化地渗透到我们的集体意识之中。

因此，越来越畏惧女性的男性不只有非自愿独身者或被仇恨情绪煽动的网络极端分子，也不只有在社会可接受的范围的边缘以富含挑衅性质的性别歧视为营生的主流评论家。他们还包括善良、正派、普通的男性，他们只是过着自己的日常生活，努力在这个世界上走好自己的路，然而他们身边却充斥着无数细小的暗示，微妙地告诉他们，女性想从他们身上夺走些什么，他们最好小心点。这些男性会因为被指责为"厌女者"而感到震惊，会迅速地声明自己全力支持性别平等，真诚地希望把自己最好的一切给予妻子和女儿。他们也不是那种会实施性侵或在大街上对女性大喊大叫的男性。但哪怕不是一名"厌女者"，也不意味着你不会偶尔表现出性别歧视。我们都做过这样的事情。当我们对某人是否适合某个特定角色做出不假思索的假设时，我们就表现出了性别歧视。当我们赞美女儿的容貌，赞美儿子的力量时，我们表现出了性别歧视。当我们不过大脑地用"婊子"来形容一个做出为我们所不喜的行为的女性时，亦是如此。这并不是极端的厌女主义，但它确实存在，而且会产生影响。我们的社会肯定不会有半数男性是极端厌女者。但最近的一项调查发现，几乎一半的美国男性认为，男女薪酬差距是"为了服务政治目的而捏造出来的概念"。这就是制造恐慌的极其成功的例子。

所以，当你身处文化节的座谈席上，你面前有一个看起来非常友好、充满善意的男性观众，他半带歉意地问你，当有"证据"表明成千上万名无辜的男性正无缘无故地失去工作时，男性该如何支持像#MeToo这样的运动。你想问他："哪来的证据？你是从哪里得到这个观点的？它来自何处？你怎么确信你是对的？"但这恰巧就是他相信的观点。这种观点源于仇恨，慢慢地、潜移默化地通过一系列社群、网站、对谈者和评论员的链条传递，直到演变成一种不容易理解或反驳的恐惧感，虽然很模糊，却弥漫于我们的公众意识之中。虽然他们不知道这种观点源自何处，但你已经知晓答案。

第九章

厌女而不自知的男性

> "我听到很多人讲'现在女性正在抢走我们的工作'之类的事情;用不了多久,她们就会拥有比我们更多的权利……"
>
> ——汤姆,一名15岁的受访学生

"但是,我怎么才能确认你说的是事实?"

我眨了眨眼睛,看着这个非常有礼貌的男孩的眼睛,他也盯着我看。

"如果整个事情很可能是你编造出来的,"他继续说,"那我为什么要参与其中?"

我不知道该怎么跟他说。

我刚刚花了一个小时和一群男孩谈论性别不平等的问题,我们讨论了从媒体性别歧视到街头骚扰、心理健康、榜样、政治代表等方方面面的话题。我从自己被性侵的经历讲起,那是在一辆公共汽车上发生的,时间已经很晚了,即使我大声喊出正在发生的事情,周围的人也都没有理会。在演讲结束时,我又回到了这个故事,表示我希望听我分享的学生,如果将来目睹类似的事情发生,能够有人大胆发声。

第九章　厌女而不自知的男性

有时候，当我和年轻人谈论如何做一名积极的旁观者，或者出面反对街头骚扰之类的事情时，他们会提及一些可以理解且非常正当的问题，比如安全问题，以及介入这些事情是否总是明智的。答案是：并不总是安全，而他们的安全必须永远放在第一位，不过还可以通过其他非对抗性的方式来采取行动，比如事后去举报发生的事情，或者在不与犯罪者直接纠缠的情况下为受害者提供支持。

但是这次不一样。这个男孩想知道为什么他要不遗余力地去支持一个被性侵犯的女性，因为他首先会假定她可能在撒谎。而且，这并不是哪个虚构的女性。我就站在他面前。我已经讲了一个小时，解释了这次经历如何激励我采取行动反对性暴力，描述了这次经历对我的持久影响。而他却以一种平静而礼貌的语气回复我，说我可能在说谎。这让我感到非常痛苦。让我不禁想知道他的这个假设到底从何而来。我也不知道该如何改变他的想法。

当然，事情并非总是如此。自从我在2012年启动"日常性别歧视项目"以来，我大约每周访问一到两所学校，通常每次都要以小组或全校集会的形式与数百名学生交谈，进行演讲，举办研讨会，或者进行非正式的聊天。在最初的几年里，人们的反应各不相同，有时还会出现争论，但它们逐渐固定下来，形成了一种可预测的模式。对许多学生来说，这是第一次有人跟他们谈论性别歧视或性别不平等的话题。他们有时候会感到震惊或惊讶；他们通常一开始会感到难堪和尴尬，看到我用来展示媒体物化女性的比基尼女郎照片时会咯咯地傻笑，当我让他们思考"婊子"或"荡妇"之类的词语时，他们会倒抽一口凉气。

成年人似乎有一种预感，我会在某种特定"类型"的学校里发现某种特定的反应模式——例如，他们假设公立学校的性别歧视会更明显，或者女子学校就不存在性别歧视。其实不然，这个问题是普遍存在的，私立学校的问题和其他地方一样明显（有时甚至更明显），混合学校和单性别学校也在努力解决类似的问题，教师们往往陷入一种两难的境地，既真心希望解决性别歧视问题，但又缺乏培训和资源来帮助他们实现这一点。

我逐渐意识到，学生的直接反馈是反映任何一所学校总体氛围的有力指标。在一所已经致力于应对性别歧视的学校里，学生会觉得性别歧视是不可接受的。这些学校通常会有更多的开放式对话，男孩和女孩可以平等地提出问题并参与讨论。在一所性别歧视盛行的学校里，我看到男孩嘲笑女老师，然后在男老师走进来时迅速立正。有一个例子让我感到特别难受：当男学生用难以置信的口吻拿性侵犯受害者来开玩笑时，一名女老师流着眼泪离开了教室。

在性别不平等问题较严重的学校里，女孩会在单性别活动中大胆地畅所欲言，倾诉她们遭受骚扰或侵犯的经历，却在混合小组中完全噤声，或倒戈谴责女权主义，否认问题的存在（同时向我投来抱歉的目光）。在这些学校里，男生有时会故意捣乱：有一次，我走到演讲台上，所有男生都事先组织好，开始齐声对我吹流氓哨。

但是，随着时间的推移，我发现即使是这种程度的阻力，也可以通过坦诚的谈话和相互尊重的对话来克服。如果有人对讲台上的我吹流氓哨，我会请其他同学为他们鼓掌，因为他们提供了一个很好的性别歧视案例，而且我们会讨论为什么女生更容易有被吹流氓哨的经历，而男生会迫于同侪压力去吹流氓哨。当谈到网络色情的话题时，我并不把看色情片的男孩定义为"坏人"或性别歧视者，而是谈论性快感，以及我们在色情片中看到的许多技巧如何不能在现实生活中引起女性性兴奋。我也承认，比起明显的厌女情绪，紧张兮兮地想要学习如何成为一个好情人，更有可能促使许多男孩上网观看色情片。

那些在演讲伊始表现出抵触情绪的男孩，他们这么做通常是因为他们感到尴尬，他们认为整件事情都是针对他们的玩笑，或者他们担心"性别歧视"意味着他们会遭到严厉的责备。我们会讨论性别刻板印象对成年男性和男孩的多方面影响，谈论心理健康和男性榜样，当男孩们意识到这不是对他们的攻击时，他们会越来越积极地参与对话。

当我访问一所女子学校时，这种现象体现得最为明显，当时附近的一所男子学校的学生也加入我们，参与对话。这两所学校经常共同举办活动，所以学生们彼此之间相当了解。在我即将到达的那天早上，女孩开始注意到男孩的社交媒体账户上突然出现了挑衅性的评论。他们质问自己为什么要被迫全程坐在那里，听一场关于性别歧视的愚蠢讲座，而且他们开始计划制造混乱，确保整个活动中都有人发出嘲笑声和窃笑声。女生们没有报告这些信息，而是询问老师是否可以提前几分钟结束上午的最后一节课，这样她们就有时间在男生之前到达演讲大厅。她们分散开来，每隔一个座位坐一个人，坐满了整个礼堂。当男孩到达时，他们便遇到了阻碍。他们每个人都被夹在两个女孩之间，因此也就不能像捣乱集团那样去虚张声势，被迫真正地倾听女孩想要的对话。结果发生了大转变。学生提出并讨论了一些真正的问题。误解被温和地纠正过来。随后进行了相互尊重的辩论。对话真正奏效了。

当然，有时仍会遇到挑战。那些坚决不服输的男生偶尔会发表一些狂妄的言论，试图破坏谈话的气氛。比如，有个学生就试图提出"沙特阿拉伯的女性最好不被允许开车，这样的话一定能少出些车祸"。但总的来说，这些都是孤立的虚张声势的行为，意图达到震惊和破坏的目的,而并非根深蒂固的厌女表达。

然而,在过去约18个月的时间里,情况发生了变化。

这一切始于一所特别古老的名校,在这所学校里,饱经风霜的木匾上用鎏金字体镌刻着该校几个世纪以来考入牛津、剑桥的男性毕业生的名字,宴会厅里陈列着历任校长(不包括女性教师)庄严的画像。

当我到达会场开始演讲时,前排的一个男孩已经在等候了,他的铅笔正放在一本横格笔记本上。在整个演讲过程中,他目不转睛地盯着我,怒气冲冲地奋笔疾书。我讲完后,他翻回第一页,读出了他来之前就提前准备好的一个问题。他引用了关于强奸的错误统计数据,声称男性更有可能成为受害者,并问我为什么选择忽视他们的困境。他看起来很紧张,但很兴奋,确信他已经识破了我的谎言,带着一种在所有同学面前揭穿我的得意神气。他戴着一顶红色的帽子,上面用白字印着"让美国再次伟大"。

在接下来的几个月里,我开始注意到一些奇怪的事情。每次都有那么一个男孩,偶尔则是两三个男孩。他们聚精会神地看着我,眼睛里闪烁着兴奋的光芒。然后他们会问同样的问题。他们给出相同的统计数据。他们经常一字不差地重复着彼此的话。这与对沙特阿拉伯司机的措辞笨拙、考虑不周的抨击截然不同。整个过程协调一致,自信且流畅。

特定的主题开始反复出现。女性会在强奸的问题上撒谎,那么我们为什么要听你的?女权主义是一个仇视男性的阴谋,目的是让女性统治世界,而男性才是当今社会的性别不平等的真正受害者。男性比女性更容易成为家庭暴力的受害者。两性薪酬差距只是一个虚构出来的谎言。

他们的语气令人窒息,充满挑衅意味;他们摆出一副十字军战士的姿势,仿佛面对强权直言不讳。那个平静地指责我在性侵一事上撒谎的男孩并不是特例,而是更大群体中的一员。

现在,我已经在男性圈中浸淫了好几个月,这些论点及其措辞我一眼就能辨认出来。但在当时,我对这些情绪的来源感到困惑。青春期的男孩并非天生厌女,更不是天生的坏人。和他们交谈一会儿,你很快就会发现他们也有自己热爱和尊重的母亲、姐妹和女性朋友。厌女并不内在于他们,这是由某些外部因素造成的。

后来,一个男孩提到了"女性统治",而另一个男孩在提问中直接具名引用了米洛·伊安诺普洛斯的话。一切都能解释得通了。我没有回答他们的问题,也没有温和地提供有力的统计数据,而是开始问他们从哪里听到他们反复提及的引语。他们总是给出了相同的答案:互联网上。

根据皮尤研究中心2018年的一项调查,95%的美国青少年使用智能手机,89%的人表示他们"几乎一直"在上网,或者每天至少上几次。英国信息通信管理局(Ofcom)2018年的一份报告显示,每到周末,超过45万名12岁至15岁的英国青少年会一天上网6至8小时。而所有5岁至15岁儿童的平均上网时间为:周末一天略低于3小时,周一到周五一天略低于2小时(几乎是十年前的两倍)。

直到几年前,人们可能还认为大多数男孩和男青年对女权主义都不会有太多了解,我早年在学校的经历也证实了这一点。但是,在过去的几个月里,通过与男孩们交谈,我越来越清楚地认识到,他们的网络世界就女性、性暴力、女权主义和性别歧视等主题给他们带来了许多非常明确且非常具有误导性的信息。

当我开始写撰写本书时,我在网上发布了征集受访者的信息,询问人们是否愿意让他们十几岁的儿子和我谈谈他们在网上的经历,尤其是他们对女权主义的看法。一位母亲立刻联系了我,建议我和她12岁的儿子谈谈。当她儿子玩电子游戏时,她听到其他玩家通过语言聊天告诉他:"女权主义是癌症。"

她的儿子亚历克斯同意跟我谈一谈。"是的,"他说,"我肯定听人说过很多关于女权主义的事情。我们学校的很多男生通常不会把自己归类为女权主义者,因为他们总认为女权主义就是仇视男性什么的。"当我问他这些信息是从哪里获取的,他毫不犹豫地告诉我:"主要是油管,必须的。"至于其同龄人对女权主义活动的看法,他说:"我想他们可能在担心,它会开始以某种方式影响到他们。"

亚历克斯的观点与其朋友的截然不同。在他成长的过程中,他的母亲从他还小的时候就和他谈论女权主义和性别不平等。因此,当他遇到同样的网络宣传时,他受到的影响并不像其朋友的那样大。

另一名受访的15岁少年汤姆说:"我认为[反女权主义]实际上几乎弥漫于社交媒体的任何地方……主要有油管、推特和Instagram,可能还有Snapchat……相当多的梗图和视频只是为了开玩笑,但如果你仔细想想,这些内容实际上是相当恶劣的。"他补充说,他经常在学校听到男同学讨论女权主义,他们"经常感觉自己受到了威胁"。对于他这个年纪的男孩来说,公开称自己为女权主义者"绝对"是非常困难的,因为可能会因此承受来自朋辈的压力和"仇恨":

> 我听到很多人讲"现在女性正在抢走我们的工作"之类的事情;用不了多久,她们就会拥有比我们更多的权利(我在学校经常听到这样的话)……用不了多久,女性就会拥有更多的话语权,而且平等的发展会变成一种威胁……很多人担心他们不能再随便

开玩笑了……毕竟他们不想改变自己原本喜欢的东西。"

这些评论让大多数人联想到几十年前的岁月。然而，它们却出自现代青少年之口。

20岁的学生亚当也告诉我，这些看法和恐惧皆是他们从论坛和社交媒体的梗中获取的信息，它们在同龄人中普遍传播："我经常听到诸如此类的说法，人们甚至会说'女人会在被性侵犯的事情上撒谎'。至于整个#MeToo运动……我听到人们说，女性只是在寻求她们的'15分钟成名'，或者为什么她们到现在才说这个？或者为什么她们要把一个老年男性送进监狱度过他的余生？他们认为这些说法言之有理，但当你后退一步看时，就会发现它们其实非常恶毒。"

所有这一切还必须放在年轻人日常生活的世界背景下理解：这是一个互联网的存在感极强的世界，其中主流媒体的信息传递打下了一个性别歧视和刻板印象的大致基础，男性圈意识形态在此基础上很容易建立起来。在这个世界里，大多数年轻人都浏览过网络色情内容。BBC的一项调查发现，60%的人在16岁之前就看过网络色情片，四分之一的人在12岁及以下第一次观看网络色情片。在这个世界里，他们看到的无处不在的色情视频都在宣扬这样一种观点：性是一种侵略性的、暴力的、侮辱性的、往往是种族主义的支配行为，它由男性发起和控制，而女性则往往在痛苦中屈服。

常见的色情网站所提供的视频可能会包括：一名"青少年""把刀插进阴道里"的视频；将尽可能大的物体插入"娇小少女"阴道的视频；关于乱伦的视频；还有一名男性用手捂住一名女性的嘴，压在她身上强行发生关系，而女人满脸惊恐的视频；题作"娇小少女，粗暴肛交和体内射精"的视频，其中一名年轻女性面部表情痛苦地扭曲着；还有一段视频中，一名满脸精液的女性在哭泣；一段视频的名称描述了一名女子被"全速冲刺"；一段视频名为"五对一群交"；还有一段视频的标题是"黑人少女女仆和她的朋友一起跟白人做爱"。

在我访问学校时，我经常听到年轻人说"强奸其实是一种赞美"或"哭泣是前戏的一部分"，尽管这听起来很不寻常。有一所学校曾发生过一起强奸案，涉及一名14岁的男孩。一位老师问他："她哭的时候你为什么不停下来？"男孩回头看着她，迷惑不解地说："因为女孩在做爱时哭是很正常的。"

这就是男性圈意识形态有可能站稳脚跟的文化背景。

对这一代人来说，线上和线下之间的界限几乎不存在，他们对性暴力已经习以为常，这在很大程度上是因为性暴力充斥着年轻人居住的网络世界。如果我们想要理解男性圈言论可能会在青春期男性中产生多大的共鸣，那么很有必要了解这一点。我与大英帝国员佐勋章获得者、社会学研究学者卡琳·菲尔明博士（Dr Carlene Firmin）谈论了这一方面，她专门研究年轻人的同龄群体、学校和社区中的暴力和虐待问题。她解释说："年轻人通常会把网上发生的事情描述为他们同龄人和社区的一部分，所以对他们来说，这就是一个密不可分的整体。"

她强调了网上对性暴力的描述对线下行为的影响方式：

> 我认为，在我调研过的校园性侵犯案件中，没有一起不涉及学生群体中传播的一般性有害思想，而这些思想是由他们在线上和线下接触到的东西灌输给他们的。侵犯行为不是凭空发生的。

菲尔明博士尤其关注网上"对女性的物化","以及缺乏对正在发生的事情之严重性的认识"。她补充道：

> 我认为当我调研案例时，有一件事总令我感到印象深刻：在这些案件中，性侵犯发生的随意性，而且我总感觉年轻人在进行性侵犯时似乎觉得跟喝杯茶没什么两样。他们在做一件如此严重的事情，但他们当中的大多数人完全没有意识到这种严重性。

换句话说，如果年轻人在网络上看到的材料弱化甚至美化了性暴力，这也会对他们在线下的现实世界中应对性暴力的方式产生重大的影响。

学校也并非总能很好地处理这种困惑和骚扰。我经常听到在学校受到骚扰甚至侵犯的女孩说，老师告诉她们"要把这当作是一种赞美"——这只不过是"男孩做了男孩都会做的事"。通过这种方式，一些老师在不知不觉中将男孩可能在网上接触到的性别歧视观念正常化并重申了这种观念。

在我访问的一所学校，女生被禁止成立女权主义社团，因为校长认为这会分裂学生群体，没有存在的必要，而且可能存在性别歧视。不管怎样，女生还是开始了秘密会面；在校长的女儿加入进来以示对该政策的抗议之后，该社团才神秘地获得了校方的批准。

因此，对女性的仇恨被带进了年轻男性的信仰体系中，而他们甚至都对它没有清醒的意识。仿佛这不是在仇恨女性，而是为男性挺身而出。仿佛这不是在仇恨女性，而是在要求"真正的"平等。仿佛这不是在仇恨女性，而是接受生理上的差异。如果每个人都在网上嘲笑这件事，那这件事就不可能是在仇恨女性。

随着此类信息和对话越来越频繁地出现在我的视域雷达上，我发现，接触男性圈意识形态的年轻人数量似乎也在逐渐增加。

在英国的学校里，自称女权主义者的女孩声称她们正面临着越来越大的敌意，其会议被厌女的呼喊声打断，其海报会被潦草地涂上辱骂性口号，长期的语言骚扰让女孩们感到沮丧，甚至被迫转学。

汤姆说："有时候，有人会说老师是女权主义者，然后就开始说老师的坏话。"这表明教职工也不能幸免。在我参加的一次学校讨论中，一位年轻女性自称是女权主义者，她因此受到了男同学的骚扰。之后她给我发了一封电子邮件，给我看了她班上男生发给她的短信，内容读起来更像是男性圈论坛回复，而不是青少年的短信交流。他们告诉她，女权主义是"性别歧视"，男人在生理上更优越，给他们更好的工作是人类进步的最好方式。他们写道，这不是他们的错；他们并不想变得"刻薄"，而是事情本来就是这样。然而，当我看了他们的短信，我发现他们确实对此深信不疑。这些都是今天的（而不是100年前的）少女面临的来自同龄男性的观点。想象一下，你不得不面对同班同学的这类观点。想象一下，你去学校和真的认为自己在基因上比你优越的男孩一起学习。想象一下这对你学业的影响。想象一下，如果你是一名吸收了这些观点的少年，而你并没有把它们当作极富争议的观点，而认为它们都是简单的事实。

我不知道自己的观察是否反映了一个更广泛的现象，于是我决定和"好小伙子倡议"的本·赫斯特谈谈，因为他被视为各种各样的男孩思想和经历的晴雨表。

事实证明，赫斯特的经历与我的惊人相似。和我一样，他在学校里也多次遇到热衷于讨论虚假强奸指控的男生。而且，和我一样，他也注意到这类对话最近有了明显的增加。

他说："现在很多孩子在油管上非常活跃，他们消费了很多中右乃至极右的男权活动家发布的内容。"他还提到了红迪、4chan和Instagram等平台。他补充道："他们真的可以轻而易举地接触到这些东西，而事先无须做任何研究或以任何方式扩展他们的世界观。"

当我请赫斯特估计一下，在与他共事的年轻人中，可能受到男性圈观点影响的比例是多少时，他毫不含糊地回答："我认为这种情况比较普遍——在我们接触过的男孩中，大概有70%的人以某种方式接触过这类材料，我认为这在不同程度上影响了他们的思维方式。"

至关重要的是，与赫斯特一起工作的许多年轻人似乎并不是最极端的男性圈论坛的成员——相反，他们接触的是更上游的男性圈观点。我们在谈话中试图确定男性圈意识形态是如何在其他平台上被转化和稀释的。我们一致认为，我们接触过的年轻人在不同程度上接触过这些平台，他们中的一些人经历了从一个平台到另一个平台的意识形态之旅。

"所以，你走进一些学校，孩子们会说：'我爱乔丹·彼得森'……而且，在那些教室里，他们会与你谈论'女权纳粹主义'，或者当下围绕男权主义的热门话题。"但他估计，"有更多的孩子可能比他们落后一两步"。这些孩子甚至不一定知道特定的男性圈社群，但仍然吸收了他们意识形态的方方面面，这种意识形态被包装在易于消化且令人过目难忘的梗图和段子之内，或者被知名媒体人物加工成可接受的体面内容，以供主流消费。

赫斯特估计，至少在学校层面上，属于这一类别的年轻人远远多于被确认为非自愿独身者或其他社群成员的年轻人。（他说，在大学举行的活动中，他更有可能遇到一些自我认同为非自愿独身者的人。）

我的年轻受访者证实了我的看法：男孩接触的都是比非自愿独身者或搭讪艺术家"更上游"的男性圈意识形态。亚历克斯和汤姆都没有听说过非自愿独身者或伊安诺普洛斯（我很羡慕他们），亚当特别提到，摩根是那个影响他的同龄人、令他们憎恨女权主义的人。我自己在学校的经历也支持这一点：在我交谈过的男生中，有一小部分人显然深深地沉浸在男性圈的留言板中，但大多数人并没有刻意去寻找这类材料，甚至没有意识到这类材料的存在。相反，它们是通过匿名账号和梗图工厂过滤出来的。

在一所学校，一个少年同意给我看一些他认为在同龄人中颇受欢迎的Instagram梗图账号。它们都没有在标题中提到任何与女权主义或男性圈有关的内容——这些账号的名字都很平平无奇，可能包括"梗"（memes）和"哈哈大笑"（lols）等词。但是，一旦你点开之后，其内容马上就变得熟悉起来。段子和图片提到，如果女性在平等权利问题上太"傲慢"，就该殴打她们。女权主义者的虚伪和虚假强奸指控是最常见的话题。话题打上的标签反而最能揭示这些账号的真正面目，因为正是它们将内容的实质与平台的庸俗特点组合起来："#新鲜梗#最搞笑梗#校园枪手梗#女权主义是癌症#潮青年的潮梗。"

这些账号通常没有可见的面孔或人物形象，它们往往有数十万的粉丝量，每张照片下面都有无数条评论。关于约会强奸和家庭暴力的笑话与跨性别恐惧和伊斯兰恐惧等情绪交织在一起。种族主义在其中也很盛行，我看到的帖子中有四分之一都出现了"黑鬼"这个词。此外，虽然像"非自愿独身者"或"男权活动家"这样明确的术语往往不会出现，但其男性圈源头可以一眼就识别出来。一张呼吁用户（如果他们希望希拉里进监狱的话）点赞的梗图（有 10 434 个赞）与一张被篡改过的安妮塔·萨基西恩头部被枪指着的图片争夺着流量。消费这些梗图的男孩可能并没有听说过"玩家门"事件，他们甚至可能认不出谁是萨基西恩，但他们无意中被灌输了厌女暴徒的共有认知和群体思维。

如果"年轻人可以如此轻而易举地接触到厌女主义"这种观点令人感到震惊，那很可能是因为许多成年人往往对油管在年轻人生活中的无处不在和中心地位知之甚少。

首先，想一想那些年轻人的日常生活，他们当中近 90% 的人表示自己每天频繁上网。再加上英国信息通信管理局公布的事实，即五分之一的 16 岁至 24 岁青少年每天上网时间超过 7 小时。不妨再想一想，他们在这么长的上网时间里都在做什么。对其手机使用习惯的分析显示，他们几乎一半的时间都花在了社交媒体上。那么，他们最有可能使用哪些平台呢？根据皮尤研究中心的调查，85% 的美国青少年表示他们使用油管，相比之下，72% 的人使用 Instagram，51% 的人使用脸书，32% 的人使用推特。全世界有超过 15 亿名油管用户，这一数字比拥有电视的家庭数量还要多。

因此，最近的一份报告显示，油管以压倒性优势收割了全球移动互联网流量的 37%，虽然这可能会让许多成年人感到震惊，但青少年则不会感到任何惊讶。（相比之下，流媒体网飞仅占 2.4%。）鉴于青少年更有可能通过智能手机上网，因此这一点对我们的探究尤为重要。

理清这一点开始让情况变得更加清晰，因为它揭示了我们可能在多大程度上没有意识到年轻人在油管上花费的大量时间。当涉及另类右翼和男性圈意识形态时，这一点为什么尤为重要？

如今的油管平台被极端右翼思想所殖民，它们以大量白人至上主义、厌女主义视频博主为代表，他们在自己的频道上推出数千小时的内容来支撑自己的世界观。很多成年人以为这个平台上只是有很多不爽猫的视频和电影预告片，当他们得知真实的情况时，他们会感到惴惴不安。

约翰·赫尔曼（John Herrman）在《纽约时报》一篇颇有见地的文章中写道："油管上有无数形式的政治表达，但没有哪个团体能像油管右翼视频博主那样有组织、敢发声。"这篇文章将油管与谈心电台节目进行了比较，暗示这两个平台都为极端、反动的极右翼思想家提供了机会，让他们向专注的观众滔滔不绝地讲上几个小时，而不会受到任何挑战。

但是，即使对那些已经意识到另类右翼和男性圈网红在油管上的巨大影响力的人来说，总部位于纽约的研究机构"数据与社会"（Data&Society）在2018年发布的一份报告也引起了巨大的冲击。这份由研究人员丽贝卡·刘易斯（Rebecca Lewis）撰写的报告揭示了一个由80个频道的60多名学者、媒体专家和网红组成的"另类影响网络"。他们既有更主流的、自称自由意志主义者的保守派评论员，也有极端的厌女者、白人至上主义者和种族主义者。刘易斯在报告中写道："许多油管博主并不受任何单一意识形态的影响，而是持一种一般性的'保守'立场：反对女权主义、社会正义或左翼政治。"[1]

她发现，这个平台已经成为"极右翼网红通过向年轻观众宣传而获利的最重要的枢纽"。刘易斯解释说，这些右翼评论员同样在使用品牌推广、搜索引擎优化和其他新潮的技巧来创建强大的网红网络，使更受欢迎、更为社会所接受的个性能够提升更边缘人物的可信度，他们反过来也能受益于受众的交叉传播和规模壮大。

她写道:"换句话说,网红之间的社交网络让观众更容易接触并信任越来越极端的政治立场。"她警告说:"许多极端主义内容都发布在前沿和中心地带,而绝不是处在'互联网的黑暗角落里',这些内容很容易在油管等平台上获取,受到了富有资源的个人的公开支持,并直接与主流文化接轨。"乔丹·彼得森这类人代表了报告中列出的社会可接受程度较高的一端,而另一端的名字则来自网络上最极端的白人至上主义和厌女群体,比如理查德·伯特兰·斯宾塞和麦克·切尔诺维奇。这个群体还包括用户名中含有"红色药丸"的网红。通过主导平台并同一些更激进的思想家共享平台,哪怕其观点并未得到他们的公开赞同,更主流的名人也会帮助放大"其昭然若揭的种族主义"或厌女思想,把它们"当作再正常不过的事"。

这些视频对年轻人世界观的潜在影响是巨大的,不仅因为它们的曝光量很大,而且还因为,各类研究都反复表明,现在更多的年轻人从社交媒体上,而不是从电视或任何其他来源获取"新闻"。这种转变可能会留下一个令人深感不安的真空,随时会被越来越极端的油管内容填补,而没有任何替代信息或严格核实事实的信息与之相抵消和抗衡。

但还有比这更糟糕的情况。2018年,社会学家和前油管员工开始公开谈论向油管用户推荐视频的秘密算法——这种算法试图诱使他们在最初观看的视频结束后观看更多内容。你可能会觉得这些算法似乎并不是特别重要,但实际上油管上被观看的所有视频中,有70%是平台算法推荐的。因此,除了观看他们实际寻找的视频之外,人们还会花费更多时间观看算法提供给他们的内容。

还记得前面提到的油管占据了所有移动互联网流量的37%的数据吗?这两项数据组合在一起,意味着全球大约四分之一的移动互联网流量来自遵从油管视频推荐的人——这个数字令人难以置信，需要思考整整一分钟才能完全理解。在这种背景下，油管算法引导我们去观看的内容突然就有了全新的意义。当你看明白前油管工程师纪尧姆·查斯洛特（Guillaume Chaslot）对这个算法及其工作原理的揭露后，你一定会觉得这是个坏消息。

因为油管靠广告赚钱，所以它最大的动机是让用户尽可能长时间地观看视频，吸引尽可能多的眼球从而投放广告。查斯洛特在2018年向多家媒体表达了自己的担忧，他纠正了公众的一个主要误解，即认为该算法旨在为人们提供最相关或最高质量的内容。查斯洛特说，事实绝非如此。相反，它完全专注于"观看时间"。研究表明，让人们保持观看并点击更多视频的往往是越来越极端的内容。

学者们很快意识到这种模式的重要性。社会学家泽伊内普·图菲克希（Zeynep Tufekci）在《纽约时报》上写道，无论她一开始看的是多么普通的视频，油管的算法都会迅速将她送入一个螺旋式上升的"兔子洞"，里面充斥着相关但更硬核的内容。"关于素食主义的视频引出了关于纯素食主义的视频。关于慢跑的视频引出了关于超级马拉松的视频。"《华尔街日报》的一项调查也揭示了同样的现象。当然，对于寻找有趣的舞蹈动作或烹饪技巧视频的人来说，这是一个相对无害的模式。但是，对于那些刚开始接触主流政治内容的易受影响的年轻人来说，这将会产生更为严重的影响。查斯洛特告诉《每日野兽》，他很快意识到"油管的推荐让人们陷入了信息茧房……无路可逃"。

在2019年接受《纽约时报》的采访时，油管首席产品官尼尔·莫汉（Neal Mohan）否认该平台造成了一种"兔子洞"效应，称该平台提供了全方位的内容和观点，观看时间并不是推荐系统使用的唯一参数。

他承认，该算法可能会将更极端的视频排在推荐列表中，但也可能提供"向其他相反方向倾斜的视频"。但是在我自己的试验中，或者在其他记录这种现象的作者的试验中，情况似乎并非如此。

这并不意味着油管有意宣传和支持这些极端的种族主义和厌女的观点，但这似乎是该网站的运作方式因疏忽造成的强大副作用。这些模式虽然不太可能被故意或恶意地写入主流社交媒体平台的DNA中，但考虑到那些倾向于设计、调节、控制这些平台并从中获利的人群的人口构成，这些问题没有被预见到，也可能并非完全只是一种巧合。油管的母公司谷歌的2019年年度多样性报告显示，该公司的全球员工中有67%是男性，而在美国，只有5%的谷歌员工是黑人。

苏吉拉博士认为，社交媒体平台必须对其所提供的内容承担更大的责任。她指出脸书最初就是一个用来评价女人"性不性感"的平台，让哈佛大学的学生能够对女同学的照片进行评分和比较。苏吉拉博士愤怒地笑了笑："性别歧视植根于脸书中——想想它是从哪里来的，又是怎么开始的！所以看看那些搭讪艺术家和他们的日程安排——他们从一开始就被自己使用的工具所认证。"

男性圈社群以及它们制作的视频类型有许多特点，使得它们特别适应油管的算法。这些视频往往很长，这意味着它们会自动增加观看时间，当观众能看完整段视频时更是如此。对于像男性圈这样专注和投入的社群来说，这种情况更有可能发生。他们能迅速捕捉到最新和最热门的新闻报道（例如，任何虚假强奸指控的事件都是对他们"自我受害者化"世界观的即时确认），而且往往能够迅速生成内容，免去自己事实核查或均衡报道的繁重任务。另外，另类右翼和非自愿独身者、白人至上主义者和"米格道"、搭讪艺术家和男权活动家等群体在意识形态上的痴迷有着很大的重叠之处。其种族主义、反犹主义、伊斯兰恐惧症、反移民、厌女或仇视同性恋的重叠，使其在频道和内容之间建立关系的算法看到了曙光。

当我和雅各布·戴维交谈时，他特别担心"[互联网]平台的功能"会助长极端主义观点的传播："你可能会在油管上掉进一个由算法支撑的'兔子洞'里，导致平台唯一推荐给你的就是那些厌女的视频博主……[这个问题]需要得到解决。"

这在实践中是什么样子的呢？为了找到答案，我清除了我的上网记录，删除了我的历史数据，并打开了一个私人浏览窗口，以确保我从一个"中立"的起点开始。

我打开油管，在搜索栏里输入"什么是女权主义？"然后，点击其中一个链接（《女演员艾玛·沃特森声援女权主义的演讲》）。然后，我就跟着算法往下走。下一个视频在第一个视频完成后自动开始播放。这是一段来自《鲁宾报道》（*The Rubin Report*）的视频，该节目将自己标榜为一档关于"言论自由和伟大思想"的脱口秀节目。主持人戴夫·鲁宾（Dave Rubin）是"数据与社会"在关于油管上另类右翼网红网络的报告中特别提到的人物。这段视频是对伊安诺普洛斯的采访，在采访中，他被允许自由发挥，畅谈现代女权主义，几乎没有受到任何挑战。他将现代女权主义描述为"主要是关于憎恨男性的……一种非常愤怒、充满敌意、亵渎、女同性恋式的女权主义"，传播着"男性是邪恶的、崩溃的、错误的"这样一个不变的信息。他称校园强奸统计数据是"胡说八道"，并称巴拉克·奥巴马引用的有关性暴力的数据是"不真实的"。该视频有超过200万次的浏览量。

下一个自动播放的视频是一段关于彼得森的视频。在接下来的10

个推荐视频中，关于彼得森的视频在列表中出现了3次，关于伊安诺普洛斯的视频出现了4次。有意思的是，这些视频恰恰证明了刘易斯提出来的担忧——没有一个视频直接来自争议人物自己的频道；这些视频都是他们在更主流、更"体面"的主持人频道（包括第四台《新闻》节目）上与评论员进行的访谈。对于一个从非常简单的入门级问题开始的青少年来说，这些都是对"什么是女权主义"这个问题非常具体和极端的回答。而且，它们非但没有兼顾各方的观点，反而都激烈地重复着对女性权利充满厌女情绪且如出一辙的误解。

但想象一下，如果你是一个刚刚注册账号的年轻人，对这个话题还不太了解。油管推荐的视频都具有很高的制作水平。它们的主持人彬彬有礼，知名度很高，脱口秀节目也很受欢迎。这一切都向外行人表明，这些都是放之四海而皆准的观点，而不是边缘化或极端的思想。事实上，油管的算法完全没有提供关于女权主义的正面的或补充性的内容，这给人的印象是，其呈现出来的就是绝大多数人的共识。此外，接下来的5个推荐视频共有3 600万次观看，这表明这些视频都是油管机器的常规推荐素材。

与我交谈的年轻人给出了有力地支持这些恐惧的解释。关于油管和反女权主义的话题，亚历克斯表示："许多拥有大量关注者的人都在谈论[反女权主义]。"他表示这些反女权的视频通常是由油管推荐给他的朋友们的。"而且，他们崇拜的网红会在他们的头脑中种下一种观点，令他们认为世界就是这样运转的。"

20岁的亚当对此表示赞同：

> 我认为，如果你就身处这个社群，其中每个人都在认可另一

个人的观点，那么他们显然不会受到任何其他的外部影响，他们显然倾向于认为其他人是过度敏感的、易被冒犯的人，是女权纳粹分子，或者是他们口中的任何人，所以他们认为自己的观点就是唯一正确的观点，因为这些观点不断地得到认可。

这从本质上为网络洗脑创造了空间——刘易斯说，这个问题在这样一个潜在的易受影响年龄群体中尤为严重："油管吸引了这些年轻的人群……年轻人的政治理想更容易受到影响。在你人生的这个时间节点上，你正试图弄清楚自己是谁，以及你的政治立场是什么。"

这些担忧得到了一位在伦敦市内的一所男女综合学校为14岁至18岁的学生提供指导的老师的证实。为了保护学生的身份，她同意在不具名的情况下接受采访。她告诉我："我听过他们（大部分是男孩）当中的很多人对女性和性别做出非常激进的陈述，在我质问之下，我发现这些观点都是他们在油管上观看男权活动家的视频而获得的。"她说，根据她无意中听到的学生对话，她猜测他们最初是在那些搞笑的油管视频结束后看到的这些极端主义视频。换句话说，她认为他们并没有主动去搜索这类视频，而是油管自动为他们提供了这些视频。

当这位老师在高中课程中讲授玛格丽特·阿特伍德（Margaret Atwood）的《使女的故事》时，她的一些学生抱怨说，应该要有一本"为男性而写的《使女的故事》"。（阿特伍德的这部反乌托邦式小说以一个想象中的、女性完全被征服的极权主义美国为背景，其灵感来自现实世界的压迫。阿特伍德曾说过："我的一个原则是，我不会把没有发生过的事情写进书里。"）"当我询问为什么时，"这位老师告诉我，"他们提到了油管上的一个视频，说现在男性比女性拥有更少的权利，而且女性还总是抱怨，使得男性如今的处境更加艰难了。"

正如我一样，她最初心生疑惑是因为她意识到学生在重复网上的反女权言论，这些言论与她在男性圈材料中看到的如出一辙："我有几个学生评论说女权主义已经太离谱了，被我质疑时，他们会使用显然来自男权运动家的论点，比如更多的男性在战争中死亡，以及儿童监护权法律有利于女性。"

尽管她努力干预和挑战这些观点，但目睹它们影响了她的学生之后，她将网络激进化的过程描述为一种欺骗性的观点滑坡："我认为，最初的视频会阻碍人们产生共情，助长对女性的'他者化'，然后这种现象会变得越来越极端……我怀疑'犀利的幽默''失败主义'视频、阴谋论和男性权利运动之间存在某种联系。"

当然，并不只有年轻人才会受到这种温和的、表面上随机的推荐逻辑的影响，进而接触到越来越极端的内容。在2016年美国总统大选前夕，查斯洛特等人对油管的算法推荐进行了分析，结果显示，即使从一个完全中立的立场开始浏览，油管推荐反希拉里视频的可能性也高达反特朗普的六倍，其中包括许多暗示希拉里患有不为人知的重病或与崇拜撒旦的邪教有联系之类的极端阴谋论。

然而，我们一直低估和忽视了油管作为潜在政治信息和影响力来源的事实，公众对这个问题的关注几乎完全集中在脸书上。但正如《卫报》指出的那样，鉴于唐纳德·特朗普仅以8万票的微弱优势赢得了选举，而由查斯洛特调研的油管选情数据库中的视频在选举当日之前总共被观看了30多亿次，这些发现令人感到担忧。当然，这种算法直接落入了切尔诺维奇等网络喷子的蓄意操纵中，他们针对希拉里健康状况编织的阴谋论产生了如此强大的连锁反应。

那么，我们是否有具体的理由来担心，这些内容可能对年轻人产生严重影响？我们是否确定仅仅接触这些内容就会产生影响？一言以蔽之：然也。2018年，调查新闻组织"贝灵猫"（Bellingcat）公布了一项深入分析75名法西斯活动家极端主义历程的结果，探讨了他们变得激进的方式。该调查使用了一个包含数十万条Discord服务器帖子的数据库。（Discord是一个主要为游戏玩家设计的聊天平台，但也经常被另类右翼和男性圈成员使用。）调查揭露了法西斯主义者和白人民族主义者之间对自己皈依极端主义的讨论。调查发现，大多数发帖者认为他们是因为网上的内容而走向激进的，而"油管似乎是最常被讨论的一个网站"。

个人之间的聊天记录揭示了通往极端白人至上主义和法西斯主义的旅途是如何在男性圈和另类右翼错综复杂的网络之间蜿蜒交织的。其中有一个经典的例子，最开始是在博客上"了解关于女权主义的真相"，然后"在油管评论区了解关于伊斯兰教的真相"，然后通过"了解'玩家门'的真相"，获得关于"强奸犯难民"的信息，最后开始相信"种族智商差异"（白人至上主义者认为白人的脑容量比有色人种更大的错误观点）和"我们必须保障我们民族的存在和白人孩子的未来"的观念。（最后这句话是一个著名的白人至上主义和恐怖主义的口号。）聊天中明确提到了梗图和段子，这些都是让皈依者"轻松"接受这种意识形态的方式——一开始他们认为这是讽刺，然后"突然间它就不再是梗了"。

大卫·谢拉特在十几岁时就开始使用极端主义男性圈言论。他告诉我："说实话，我从来没有刻意找过这些东西……我主要是通过油管的推荐看到这些东西的。"

如果你从来没有寻找一种极端的意识形态，如果你甚至没有意识到它是什么，那么你就很容易在这种情况下采纳越来越激进的观点。如果你在网上看到的一切都在普遍地强化同样的观点，如果这种观点是由像油管这样声誉良好的平台向你推荐的，那么它肯定不会被描述为"仇恨"，真的不会。

2019年，一条极具新闻潜力的消息登上了头条：科学家第一次成功地拍出了黑洞的照片。这一消息引起了热烈的反响，人们的注意力很快集中到29岁的麻省理工学院研究生凯蒂·鲍曼（Katie Bouman）身上，因为她领导的团队使这一历史性成就成为可能。然而，仅仅在几个小时之内，男性圈就开始行动了。包括红迪在内的多个网站上出现了数千条评论、帖子和威胁，用极端厌女主义、阴谋论、假新闻和彻头彻尾的谎言来谴责那些赞扬鲍曼的言论。

"你好，我叫凯蒂·鲍曼，我是个骗子"，这是一条典型的帖子标题，下面的评论很快就演变成对鲍曼外表的污蔑和对"女权主义者"和"社会正义战士"的尖刻批评。像往常一样，这种痴迷像野火一样蔓延开来，油管上很快出现了批评鲍曼的视频，并（错误地）声称，她的男同事实际上完成了令她得到认可的大部分工作。这个例子很好地说明，这种极端的、极度厌女的反应在很多人眼里主要是一种边缘的、只有少数人参与的活动。

但油管算法对此有不同意见。在很短的时间内，该平台提供的鲍曼第一顺位搜索结果就是一段带有严重厌女情绪且与事实不符的视频，标题为"女性只做了6%的工作，却获得了100%的功劳：黑洞照片"。这段视频比来自可靠媒体的实际新闻更吸引眼球，而且被算法推荐为该事件的首要信源，尽管它来自一个相对不为人知、关注用户较少的账号，而且观看次数比其他有关该报道的实际新闻视频更少。那么，算法推荐（并自动播放）给观众看的又是哪些"相关"视频呢？当然是彼得森"揭穿"性别收入差距真相的视频啦！

油管并不是唯一一个凭借其机制，使得激进思想和极端主义意识形态被放大、被赋能、被正常化的网站。在 Instagram 上，成千上万的账户在幽默和段子的面纱下，向青少年提供弱化的、易于理解的、梗含量高的种族主义和厌女主义内容。这些账号也不太害怕平台的惩罚，因为它们能够很方便地重新启动或创建备份账号。

阿德里安尼·马萨娜丽（Adrienne Massanari）在一篇期刊文章中分析称："红迪的业值（karma）系统、跨子版块的材料聚合、子版块和用户账号创建的便利性、治理结构以及围绕攻击性内容的政策，为反女权和厌女的激进主义提供了肥沃的土壤。"

作家阿贾·罗马诺（Aja Romano）观察到，推特很容易被试图利用它进行持续大规模骚扰活动的人所操纵：

> 任何人都可以轻松地创建一个账号，并直接向认证用户发送推文，这可能是推特的一个卖点，但同时也使"傀儡小号"（即创建冒充互不关联的人的账户）的出现变得极其容易，并使骚扰行为在整个网站上泛滥。

简而言之，社交媒体有能力成为传播仇恨和骚扰的工具，这种能力已经被写入了它的 DNA。

所有这些平台都有反对仇恨行为的政策，而且都试图对煽动仇恨和伤害的行为进行监管。然而，就其目前的形式而言，它们仍然为某些意识形态提供了避雷针，使其得以进入数百万名年轻人的视野之中。

所有这一切都意味着，一个少年可以从相当温和的观点开始——"天哪，女权主义者似乎对一切都有点郑重其事了"——然后被温和地从段子和梗推向搞笑视频合辑，再到更极端的思想和内容，而没有意识到自己正处在滑坡的过程中。最终，他认为女性会谎称受到性侵犯。他在不知不觉中踏上了厌女的旅程。

虽然社交媒体公司无意在结果上帮助和怂恿思想激进化的进程，但网络极端分子在知情的情况下利用社交工具最大限度地招揽新人，熟练地为这一进程的齿轮涂上润滑油。而且，他们还特意把重点放在年轻男性身上。

正如刘易斯所言，当年轻人开始探索世界并确定自己的立场时，他们特别容易受到政治和意识形态的利用。男性圈和另类右翼男性深谙此道。他们意识到这些可塑性强的年轻头脑所带来的机遇，并准备最大限度地对他们加以利用。

2019年4月，迈克·布坎南在"男性之声"上发表文章，宣布了"J4MB的新战略，要同大学生和学者，尤其是研习和讲授与我们的使命相近的学科（如政治学和历史学）的大学生和学者，建立密切联系"。没出几个月，他在剑桥大学预定了一个演讲场地，然后在遭到学生抗议时收割了主流媒体的报道流量。

一家大型搭讪艺术家培训机构曾在其网站上吹嘘说："为了进一步巩固我们的优良信誉，我们会在耶鲁大学、哈佛大学、沃顿商学院等著名院校举办讲座。"

"每日冲锋"的安格林写道：

> 我们的目标受众是年龄在10岁到30岁之间的白人男性……我把10岁的孩子也包括在内,是因为我们希望自己看起来像超级英雄。我们想成为男孩幻想着想要加入进来的组织。这是一个核心要素。我没有把30岁以上的男性包括在内,因为过了30岁,你的思维就基本定式了。我们当然会接触到一些更年长的男性,但他们不应成为我们关注的焦点。

本着这种精神,流行的男性圈网站主导并分享专门为宣传而定制的内容资源,以吸引年轻人加入到这一事业中来。例如,"给男孩的'红色药丸'入门书"有以下描述:

> 回应大众的需求,"红色药丸学会"负责人为那些对红色药丸的概念和实践感兴趣的青少年和成年男性编写了一本易于理解的红色药丸指南。这些内容采用谷歌演示文稿格式,免费提供给世界各地的年轻人。

这个由13个部分组成的演示文稿包括"为什么女权主义讨厌你"(相当于男权主义孵化器)和"狩猎女孩:导论"(针对初出茅庐的搭讪艺术家)等内容。演示文稿采用了一种流畅的幻灯片形式,配上吸引人的标题和图片。它告诉男孩们,女权主义者认为所有性行为都是强奸,并教导他们女权主义者的主要"目标"正是他们("年轻的白人男性")。当然,其中也有非自愿独身者的意识形态特征:"站在这场斗争舞台中心的是那些想要获得性行为的年轻男性。也就是……你……你的阴茎便是她们的敌人。"

第九章 厌女而不自知的男性

无论就其形态还是本质来说，这都是一种激进主义。极端主义和意识形态激进化都蓄意针对易受影响的年轻人。而且，我们已经见识到它带来的影响。安格林曾写道，他在2011年之前没有任何白人民族主义的思想背景，他"主要是在4chan上"变得政治化的。他在网上写了一份"公共服务宣言"，指导其他白人民族主义者该如何赢得新成员的支持。我们从这份宣言中可以无比清晰地看到他走向激进化的历程。安格林还强调了以年轻人为目标的重要性："不要将自己与主流文化隔离开来……为了成功，你需要能够与整个文化建立联系。"他接下来给出的指导是："给你的目标人群提供内容……据我所知，最能引起共鸣的是围绕白人男性因女权主义而被剥夺地位和权利的问题。这是通往所有一切的入口，比种族问题要管用得多。因此，反女权主义、反同性恋、维护男性身份和男性社会角色，应该始终是品牌建设的核心焦点。"换句话说，男性至上主义社群不仅直接将年轻男性作为激进主义的目标，而且还将他们的意识形态视为进一步推动白人至上激进主义的门户。

这些群体植根于种族主义和厌女极端主义，其终极目的是要将他们的暴力和新招募的成员从互联网带向街头。互联网被视为有朝一日的实体行为的招募场所。安格林于2017年8月9日写道："我们在这些渠道中做的所有工作都有了回报，另类右翼已经准备好走出互联网，进入现实世界。"三天后，夏洛茨维尔市的大规模集会就见证了美国本土数十年来规模最大的白人至上主义示威，而且有一名女性因此丧生。

埃利奥特·罗杰的宣言谈道，从他11岁开始定期上网以来，互联网和网络文化对他产生了巨大的影响。在描述自己参与男性圈论坛的经历时，他写道："一旦我完全沉浸其中，它就真的让我着迷了。"正是这些论坛塑造并激化了他的意识形态。

杰克·彼得森曾是一名非自愿独身者，只是后来退出了这场运动。在我与他交谈时，他告诉我："非自愿独身社群并不是我自发接触到的。"从2010年浏览4chan开始，彼得森在6年时间里逐渐沉浸在厌女的话语中，接触到"许多具有类似文化的不同网站"，直到2016年，他在红迪上偶然发现了其他非自愿独身者。他说："彼时我对他们的观点已经熟稔于心，并没有感到多么震惊。"

当然，这不意味着每个接触到这种言论的年轻人都会变得激进或慢慢走向实施暴力行为的境地。说到这里，我再一次被12岁的亚历克斯所打动。即使他的朋友都接受了男性圈思维，但他还是能够轻松摆脱它们，这是因为他已经和他妈妈多次谈论过这些问题。但是，许多男性圈言论都是在不为人知的情况下传播的。我们大多数人甚至从未听说过非自愿独身者。如果父母连这些男孩在网上看到了什么都不知道，他们又怎么能开启挽救他们于险境的、至关重要的对话呢？

当男孩在平台上受到极端主义思想的蛊惑时，这就尤其成问题了，而在外界观察者看来，这些极端思想可能是相当无害的。

除了有关非自愿独身和搭讪艺术的论坛之外，罗杰也经常访问bodybuilding.com等网站。从表面上看，这些健身论坛都是致力于健身和力量的社群，似乎与男性圈和男权主义社群没有什么关系。但罗杰正是在这些网站上怒斥迷人的女人和不那么吸引人的男人混在一起；也是在这些网站上，一名用户调侃他是潜在的枪手，而仅仅过了不到一周，他就执行了大屠杀。

起初，当我开始研究非自愿独身者网站时，我惊讶地发现，男性圈与看似不相关的健身论坛、网站和社交媒体群之间存在着如此多的交叉融合。但是，当我开始追踪非自愿独身者意识形态的影响，接触到那些关注自己肌肉线条和胸部大小的人群时，这一切开始变得越来越能解释得通了。健身的世界里到处都是年轻人。他们通常很脆弱或者缺乏安全感。他们正在寻求关于如何获得符合刻板印象的阳刚体格的建议——这类男孩认为，要想成为真正的男人，就必须看起来有模有样。这对男性圈而言简直是一片肥沃的土壤，男性圈的信条很可能会对关注传统男子气概模式的人产生最大的影响。一个男青年非常关心自己的肱二头肌，以至于他在网上搜索如何增强肱二头肌的建议，这就可能使得他比其他人更容易成为男性圈意识形态的猎物，因为这种意识形态充斥着过时的性别刻板印象。

我逐渐清楚认识到，网络健身社群正被用作男性至上主义和白人至上主义极端分子的聚集地和招募场所，他们蓄意地把目标对准了年轻男性。

在bodybuilding.com的论坛中，"青少年健身"是最活跃、最受欢迎的专业版块，其帖子数量几乎是第二活跃版块的十倍。这里面都是易受影响的年轻用户。论坛的其他话题版块涵盖游戏、人际关系和政治等主题，共有9 300多万条帖子，而"体育训练"版块仅有38.26万条帖子。我很快就发现，健身实际上并不是健身论坛上最受欢迎的话题，甚至与其他话题的帖子数量差距甚大。

该网站"政治"版块的帖子也很容易出现在非自愿独身者、男权主义或另类右翼网站上。在我访问该论坛的那天，该版块的最新帖子有6页，内容有对美国政客伊尔汗·奥马尔（Ilhan Omar）的辱骂和攻击，以及一些伊斯兰恐惧症、反犹主义、厌女主义和种族主义的言论。用户会建议她回到她的"粪坑"国家，而其他人则讨论是否要强奸她。"不瞒你说，我真想把她的头巾和她的一切都扯碎。"无独有偶，她是特朗普在推特上提到过的女议员,特朗普在那条推特上告诉她"滚回"她自己的祖国去。

在一些关于强奸的主题帖子中,发帖者宣称:"没有强奸这回事,强奸是女性脑海里捏造出来的东西。"一名用户把自己的厌女情绪和对性暴力的正常化伪装成一个段子:"只有在氯仿麻醉剂的药效消失后才算强奸。"另一名用户插话道:"该死的女权主义政府!什么时候强奸成了犯罪?男人过去一直都到处强奸婊子呀。"

对于一个表面上与极端厌女社区没有联系的网站来说,这样的内容起初是很令人感到震惊的。该论坛有94组关于"红色药丸"的讨论(有数千条回复),有94组关于非自愿独身者的讨论,有84组关于"虚假强奸"的讨论,有71组关于"米格道"的讨论,以及94组关于搭讪艺术家的讨论。关于罗杰的主题帖就有87个。尽管一般的主题讨论帖可能也会引来20到40条回复,但是一个关于"查德男"身份特征的主题帖却有超过5 000条回复。在恋爱关系版块中,一条关于搭讪的帖子的浏览量达100多万次。

另一个容易让年轻人受蛊惑的地方是人气很旺的网络游戏世界。根据美国的一项研究,97%的少年和83%的少女玩电子游戏——这一事实并没有被寻求扩大其新成员招募范围的极端主义网络社群所忽视。虽然大多网络游戏通过电脑游玩,但如今主机上的游戏,也常常是与他人联机的多人游戏,鼓励玩家通过联网与朋友或陌生人组成团队。对于许多经常玩游戏的年轻人来说,他们不一定能和朋友们同时在线,这就导致他们花费大量时间和素未谋面的陌生人一起玩游戏。游戏中的聊天可以通过语音或文本进行,也可以通过专用聊天室进行,任何人都可以在聊天室中轻松地创建私人聊天群组,从而促进团队互动。对于别有用心地与年轻男性建立联系的人来说，这片土壤简直不能再肥沃了。而许多家长甚至根本不知道这个功能的存在。

"数据与社会"研究媒体操纵的负责人琼·多诺万（Joan Donovan）在接受采访时表示，网络极端分子一直在利用"游戏文化"作为其"新成员招募的空间"。克里斯蒂安·皮乔里尼（Christian Picciolini）曾是一名新纳粹分子，后来成立了一个全球极端主义预防网络"自由激进派项目"。他告诉同一位采访者，极端主义者可以通过游戏语音把手伸向年轻人："通常情况下，他们会从诋毁各类种族或宗教开始，以此来试水……一旦他们意识到这些年轻人已经上钩了，就加大输出力度，开始向他们发送宣传材料和其他网站的链接。"我还记得亚历克斯在玩热门游戏《堡垒之夜》时，他妈妈听到其他玩家对他大喊"女权主义是癌症"时的沮丧。

游戏不仅仅是一种招募工具，他们还意识到游戏是一种独特的机会，可以将年轻玩家直接置于你设定的情景，引导他们的观点。2018年，一个名叫理查德·拉鲁伊纳（Richard La Ruina）的搭讪艺术家开发了一款名为《绝世情圣》（Super Seducer）的电子游戏，你可以在游戏中扮演拉鲁伊纳，在公园、酒吧和夜店里向女性搭讪。（有评论称其为"世界上最低俗的游戏"。）这款游戏受到了玩家的欢迎，因此催生两部续作，预算增加了十倍，其中《绝世情圣2：高级诱惑战术》（Super Seducer 2: Advanced Seduction Tactics）曾被大型游戏平台Steam标为"超级热门游戏"。虽然游戏让你自行选择冒险风格，但它会反复向玩家展示近乎骚扰或侵犯的选项（你是"做自我介绍"还是"看看她的裙子"？）。当一个女性角色拒绝玩家时，玩家操控的角色生气地喊道："我并没有想要干你的屁股。"在这种情况下，便可以用典型的男性圈观点来为自己辩护：这一切只是为了好玩。

因此，我们面临的这种情况具备了诱导和网络激进化的所有特征。在这些拥有数千万人的社群里，年轻人被故意设定为目标，以使他们转向极端主义和仇恨助长的意识形态。在这些社群中，大规模杀人案凶手被奉为偶像，积极鼓励其他人追随他们的步伐，而且通常还会给出详细而具体的建议，告诉他们应该如何去做。这些社区的领袖积极地吹嘘自己以年轻男性为目标。

"每日冲锋"的写作指南写道："在每篇文章中都要包含梗、搞笑动图、推特截图和油管视频。""这是非常重要的。"指南补充道，"把我们的信息包装进现成的文化梗和段子中，可以构成一种有效的传递方式。类似于在儿童药物中加入樱桃口味。"这种比喻非常准确，但鉴于梗的作用是让真正的儿童走向激进，这种比喻又令人作呕。

苏吉拉博士表示：

> 它最吸引人的地方在于它的词汇、它的新奇之处、它的视频和博客……他们善用梗和象征符号，因为人们会对它们形成一种依恋，形成一种可以立即识别的身份，这一切都可以回归到成为社群一分子的目的……他们希望让尽可能多的人接受他们的思维方式，而技术在吸引人们的方面起着重要作用。当然，对于年轻人来说，这也是他们生活的地方，所以受众已经到位，就等他们去迎合了。

尽管如此，我们却鲜少论及厌女极端主义。我们也几乎不从白人至上主义和新纳粹的角度来谈论激进主义过程，更不用说厌女主义了。当我们设想在网上让年轻人的思想走向激进的恐怖组织时，我们真正所指的乃是伊斯兰教恐怖主义。我们指的乃是圣战主义。也许最明显的例子是英国政府备受争议的"预防"战略，它规定包括学校在内的某些机构有责任"适当考虑预防人们被卷入恐怖主义的必要性"。但是，尽管预防指南声称其"旨在应对英国面临的各种恐怖主义威胁"，但其框架显然是以穆斯林为中心的。尽管指南也粗略地提及了极右翼，但对非自愿独身者和男性圈则只字未提。该战略详细讨论了伊斯兰极端分子，并特别提到来自"叙利亚和伊拉克的恐怖组织以及与基地组织有关的团体"的威胁。"性别"、"男孩"、"女孩"、"女人"和"男人"这些词从未出现，表明预防战略完全缺乏对该问题的性别分析。预防战略对地方当局寄予了厚望，一个例子是他们将"确保儿童在学校上网时免受恐怖主义和极端主义材料的侵害，包括建立适当的过滤分级制"。但从文件的其余部分可以清楚地看出，任何阅读该文件的人都不会认为厌女极端主义属于应当被过滤的内容。

预防指南将"激进化"描述为"一个人逐渐支持恐怖主义和与恐怖组织相关的极端主义意识形态的过程"。它还提到了目前英国对"恐怖主义"的定义，正如我们已经看到的那样，这个定义包括"使一个人/人们陷入危险或导致其遭受严重暴力的行动"，而且"必须旨在影响政府或恐吓公众，并以推进政治、宗教或意识形态事业为目的"。毫不夸张地说，这些定义准确地描述了极端厌女群体（如非自愿独身者和男性圈的其他派别）所采取的暴力行为和激进化方法。但它们显然不在政府的视线范围之内，政府对它们几乎闻所未闻。然而，其他形式的极端主义在年轻人中受到高度监控，甚至英国的每一位教师都接到指令，要对其保持警惕。

在2016年，一个10岁的穆斯林男孩及其家人就因为一份作业中的拼写错误而被警方询问。他原本打算写自己住在"联排房屋"（terraced house）里，却不慎写成了"恐怖分子的房子"（terrorist house）。官员后来否认是拼写错误造成了这种情况，并表示没有采取进一步行动。这起案件让人想起了13岁的美国穆斯林少年艾哈迈德·穆罕默德（Ahmed Mohamed），他对工程学有着浓厚的兴趣。穆罕默德把自己制作的闹钟带到学校给老师们看，结果被戴上手铐并被警方拘留，因为老师们怀疑这个闹钟是一枚炸弹。

这就是我们对某些形式的恐怖主义的高度警惕。然而，成千上万名男性在网上对女性散布的武器化的暴力仇恨，以及他们培养年轻男性消化这些想法并使其正常化的过程，甚至都没有提上政府的议事日程。我们社会的成年人本可以通过及时干预来帮助和支持年轻男性，但他们甚至都不知道这个问题的存在。

赫斯特说："这种情况几乎完全没有引起注意。老师们没有意识到。学校里的工作人员不知道男孩们在接触什么样的材料，也不知道他们在这样做。"

我在伦敦采访的教师也表达了类似的担忧：

> 我认为家长和教师严重缺乏这方面的意识，这是非常危险的。如果年轻人在自己卧室里用手机看视频，他们的父母根本不知道他们在看什么。我担心我们的学生在没有任何成年人提供指导的情况下接触油管视频和阴谋论。我所看到的视频的基调鼓励人们不信任权威人士，而作为一名教师，要制衡这种态度尤为困难。

这不是一个只会影响少数男孩的小问题。人们倾向于认为，年轻一代会自然而然地形成更进步的观点，只要我们有足够的耐心，我们认为过时的偏见最终将会消失。事实表明情况并非如此。"英国社会态度调查"每年都会询问公众，如果女性在遭受强奸或性侵犯之前喝醉了酒或者"过度调情"，他们是否认为女性应该对强奸或性侵犯负全部或部分责任。结果是，每年的调查结果都非常令人沮丧。不仅因为四分之一的公众认为喝醉酒的受害者是罪魁祸首，也不仅因为三分之一的人认为调情的人应该承担责任，还因为在16岁至19岁的青少年中，这些数字正急剧上升。他们当中超过三分之一的人认为，醉酒的受害者要为自己遭受的强奸或性侵犯承担责任，而针对那些"过度调情"的人，这个数字几乎上升到一半。或许是受到大量网络曝光的推动，这种态度似乎在年轻人中非但没有衰减的趋势，反而越来越受他们欢迎。

我在学校里遇到的男生甚至都不知道自己在仇恨女性。他们举止温和，睁着天真无辜的大眼睛。他们认为，指出女权主义者反复重复的谎言以及同事实不符的说法，才算得上绅士。他们太过于习惯网上的厌女言论，太过于成功地被这种言论说服，以至于他们甚至不知道这是一种仇恨形式。

如果我们对这种形式的激进化，及其可能对年轻人产生的巨大影响完全缺乏认识，我们会错失在问题迅速失控之前解决问题的机会。这也是对年轻男性的一种伤害。网上那些极具伤害性和蓄意操纵性的信息正在以他们为目标，如果我们不意识到这一点，就会给他们造成伤害。如果我们不为他们营造机会，让他们在安全的论坛上就这些问题进行公开、有力的讨论，让他们感受到有人在支持他们，让他们能够表达自己的恐惧和焦虑，我们就辜负了他们。我们放任他们处于摇摆不定的状态，在大多数情况下，既没有有意义的对话，也没有准确的事实信息，使他们极易受到网络"鲨鱼"的攻击。我们在前一章讨论过的广泛散布的恐惧，会将他们直接推向互联网极端分子张开已久的怀抱。

我们越是低估男性圈，就越是冒着将我们的年轻男性向他们双手奉上的风险。

第十章

与厌女者为敌的男性

> "如果我们不帮助成年男性和男孩进行疗愈,我们就无法让他们加入我们,成为他们本可以成为的盟友。"
>
> ——加里·巴克,Promundo创始人兼首席执行官

几内亚龙线虫是一种寄生虫,会在水中产下幼虫。它的幼虫会被水蚤吞下,而当人饮用了含有水蚤的水时,就会因水蚤中携带的幼虫而感染。最初不会有任何症状。但大约一年后,患者身上(通常是小腿上)开始形成疼痛的水疱。水疱会引起灼烧感,通常会促使感染者将腿浸入水中,此时它又会向水中释放数十万只幼虫,开始新一轮周期。只用几周时间,新的龙线虫又开始从水疱中钻出来。

我们不妨把男性圈想象成几内亚龙线虫。男性圈的意识形态通过其他宿主偷渡进来,在你意识到之前就已经感染了你。一旦进入体内,它就会扩散和生长,最终带来巨大的痛苦。为了减轻这种痛苦,宿主会伤害其他人,并加快更大范围的传染。而且,虽然只有一小部分问题曝露在阳光下,但更大的部分却潜伏在表面之下。

要想把几内亚龙线虫从腿里拔出来几乎是不可能的。虽然探出人

体的几内亚龙线虫只有一小截,但整个虫体可能长达一米,而且不会轻易地从宿主体内出来。拽得太用力或太快可能会破坏龙线虫,带来宿主身体溃烂的灾难性后果。取出龙线虫的唯一方法是把它缠在一根小棍子上,每天慢慢转动小棍子,用几周的时间逐渐把它拉出来。

男性圈也是如此。只截断看得见的顶端部分是行不通的。试图一次性解决问题或只关注问题的一部分是不够的。快速解决并不可行。唯一行之有效的方法必然是缓慢而持久的、耐心而彻底的。我们必须把男性圈这整条线形虫都抽出来。

对于本书前几章概述的复杂问题,没有单一、简单的解决方案。但是,如果我们想找到有效解决这一问题的方法,也许我们应该从承认我们在哪些地方没有采取行动开始。那些存在空白的地方。

虽然我们终于开始意识到白人至上主义、白人民族主义和另类右翼作为网络极端主义表现形式的现实,但在认识到恶毒的厌女主义存在多种极端主义形式方面,我们仍然落在了后面。《纽约时报》2017年的一篇文章《寻找打击网络激进化的方法》探讨了互联网在年轻穆斯林男性激进化的过程中所起的作用,以及与之相似却被长期忽视的白人至上主义者利用互联网作为洗脑工具的现象。整篇文章关于某些形式的极端主义和网络洗脑的讨论比例过高,而其他形式的极端主义和网络洗脑则被忽视。这篇文章一再将这个问题描述为一种伊斯兰主义者和白人民族主义者的二元叙事——反极端主义智库和政府特别工作组的议程都重申了这一观点。该文章对这种二元性的强调确实呼之欲出:

> 现在,美国和欧洲的一些研究团体把白人至上主义和圣战威胁看作是同一枚硬币的两面。他们正在研究共同对抗这两者的方

法——他们逐渐得出的想法是限制这些团体为其事业招募新成员。

文章只字未提网上恶意和蓄意传播的对女性的仇恨，以及对强奸和伤害女性的广泛煽动。

有证据表明，对网络厌女主义和极端主义（包括对男孩和男人的刻意洗脑）最为无力的回应可能很不幸地正来自最高层。纵观负责打击极端主义、恐怖主义和激进主义的主要组织和政府团体，我们可以清楚地看到，厌女群体所构成的威胁根本没有得到重视。

英国政府于2015年10月发布的《反极端主义战略》长约1.5万个单词。以"伊斯兰"为词根的单词和短语（例如，"伊斯兰"或"伊斯兰极端主义"）出现了52次，"穆斯林"一词出现了33次。"新纳粹"和"新纳粹主义"出现了14次。"白人至上主义"、"白人民族主义"和"反犹太主义"均有提及。"极端右翼"出现了10次。"厌女主义"或"厌女的"、"非自愿独身者"和"男子气概"等词在文件中均未出现。事实上，该文件完全没有提及蓄意针对女性的暴力极端主义。

只需浏览该文件的导言部分，就可以相当清楚地了解政府眼中的极端主义有哪些组成部分：导言部分讨论了种族和信仰，直接提到了伊斯兰国，将"打击伊斯兰极端主义的斗争"描述为"我们这一代人的一场伟大斗争"，并提到了反犹主义和新纳粹极端主义。这部分内容提及了信仰社群和英国穆斯林，并暗示这些社群是瓦解极端主义和建立"更具凝聚力的社区"的既定目标的主要场所。文中对性别完全没有提及。这不仅与极端厌女主义存在的巨大空白有关，还揭示了政府在认识"各种形式恐怖主义的罪魁祸首绝大多数是男性"这一事实方面存在一个不折不扣的盲点。它完全忽略了这个问题的性别角度，也忽略了解决这个问题的一个重要线索。

英国首相麾下应对激进化和极端主义的工作组在2013年发布了《应对英国极端主义》的报告，也呈现了类似的情况，再次强调伊斯兰极端主义是英国面临的主要恐怖主义威胁，然后才提到"各种极端主义"，并特别提及反伊斯兰情绪和新纳粹主义。报告完全没有提及男性至上主义或厌女极端主义。

美国的情况如出一辙。例如，美国政府问责办公室在2017年发布的关于打击暴力极端主义的报告开篇指出："暴力极端主义——通常被定义为出于意识形态、宗教或政治动机而发动的暴力行为——是由白人至上主义者、反政府团体和激进伊斯兰实体及其他群体在美国实施的。""其他群体"可进一步细分，包括"对堕胎、动物权益、环境和公共土地联邦所有权持有极端观点的群体"。考虑到该报告时间跨度为2001年至2016年（在这一时期，乔治·索迪尼、埃利奥特·罗杰和克里斯·哈珀－默瑟等人以男性至上主义和非自愿独身意识形态的名义实施了大规模屠杀），而报告甚至不屑于浪费一点笔墨来谈论厌女暴力极端主义形式，这一点相当不同寻常。与此同时，环境和动物权利极端主义却被包括在内，尽管该文件指出："在此期间，美国无人因受极端环境信仰或极端'动物解放'信仰驱使的人所发动的袭击而丧生。"

该文件中包含了一张表格，显示了"2001年9月12日至2016年12月31日在美国发生的导致死亡的暴力极端主义袭击"，这些袭击分为两类：极右翼和激进伊斯兰主义者。我想知道，考虑到两种意识形态之间的广泛重叠，这一时期发生的男性至上主义杀人事件是否可以归入极右翼的范畴。然而，索迪尼和罗杰的大规模杀人案都没有出现在表格中，哈珀－默瑟也根本没有被提及。表格对极右翼暴力极端主义袭击者的特征做出了详细分析，尽管其中包括民族主义、阴谋论信仰、白人至上主义等因素，却根本没有提及厌女主义。

报告指出，这份袭击清单是基于美国极端主义犯罪数据库（ECDB）的数据创建的。我做了进一步调查。根据美国极端主义犯罪数据库的纳入标准，事件需要满足两方面的条件："首先，非法暴力事件或非法金融阴谋必须在美国境内实施。其次，至少有一名实施非法行为的嫌疑人信奉极端主义信仰体系。"

那么令人困惑的是，索迪尼、罗杰和哈珀-默瑟等人实施的三起袭击竟然没有被包括在内，因为按照这个简单的测试，它们肯定符合资格。然而，接下来我看到了一行用小号字体呈现的细节。这部分内容没有做任何推理或解释，直接写道："美国极端主义犯罪数据库仅包含由一名或多名信奉极右翼、基地组织或极端动物/环境权益信仰体系的嫌疑人犯下的暴力犯罪和金融犯罪。"

所以，白纸黑字写得很清楚。索迪尼、罗杰和哈珀-默瑟昭然若揭的极端主义意识形态不意味着他们有资格被纳入国家的极端主义犯罪数据库，尽管这三个人明确地以暴力厌女的极端主义为名，杀害了18人，致使另外31人受伤。同时，动物权益和极端环保主义意识形态被认为足够严重，可以纳入其中，尽管在同一时期并未发生以这些信仰体系的名义实施的杀人案件。

当该机构的数据被纳入政府问责办公室审查政府对暴力极端主义反应的报告中时，这种做法产生的连锁反应就显而易见了。这意味着，当评估美国对这些形式的极端主义的反应并提出改进建议时，男性至上主义和非自愿独身者杀手甚至没有被提上议程。如果我们从一开始就不认可重大威胁的存在，我们如何能改进我们的应对措施，甚至如何能开始制定针对这种重大威胁的应对措施呢？

在有组织的大规模运动和包含数千名信徒的网络社群的支持下，暴力极端主义对女性的仇恨导致了数十名现实生活中的人沦为受害者，甚至失去了生命，而这些案件却根本没有被统计在内。然而，根据恐怖主义和极端主义的几乎所有定义，那些以男性圈意识形态名义犯下暴行的人完全可以归入这两类。

下列事实也有力地印证了这一定义的准确性。本书所描述的极端厌女社群不仅催生了个人袭击者，而且他们反复地蓄意煽动其他新成员实施类似的暴力行为。这不仅仅是一个包含大规模杀人者的社群，也是一个积极推动和激励男性实施谋杀行为的社群。在被捕后的警方采访中，多伦多货车杀手阿列克·米纳西恩用"被动激进化"来形容自己在非自愿独身论坛上的经历，他称罗杰为"创始始祖"，并告诉警方自己与罗杰和哈珀-默瑟都有直接联系。他说，正如他们激励着自己那样，"我想我也会激励未来的群众加入我的起义"。米纳西恩实施大规模杀人之前，曾在4chan上发帖称："明天将会有一场'贝塔男'起义，我鼓励其他人效仿之。"米纳西恩告诉警方，"相当多"的人向他表示祝贺，"我怀疑他们可能理解了我所说的意思"。与米纳西恩案件相关的视频和其他文件还显示，另一名男子因威胁他人性命而在加拿大安大略省被捕。人们认为他可能是受到了米纳西恩杀人案的启发。

尽管如此，在我为本书所进行的每一次采访中，在我与各国政府最高层参与反恐工作的人员所进行的所有背景讨论中，暴力厌女极端主义似乎根本不在人们关注之列。当我私下与英国一个参与反极端主义的主要政府机构交谈时，他们通常会立即提到伊斯兰极端主义和极右翼极端主义，发言人还会提到动物权益极端主义群体。当我询问有关非自愿独身者的问题时,电话那头停顿了很长时间,然后才让我再重复一遍。我有一种很强烈的印象:这位发言人根本没有听说过非自愿独身者。他们告知我会调查此事并给我回电话。几周之后,一个简短的电话确认了他们尚未掌握这方面的数据或证据。

毋庸置疑,调查伊斯兰主义和白人至上极端主义、反犹主义、新纳粹主义、伊斯兰恐惧症和各种形式的恐怖主义都具有非常重要的意义。我强调这种落差并不是为了暗示其他形式的极端主义不应该被当作当务之急来应对。但令人惊讶的是,当谈到专门为保护我们免受极端主义、恐怖主义威胁而设立机构时,性别仇恨、绝大多数袭击者为男性和作为一种暴力极端主义形式的厌女主义等概念完全没有出现在对话内容之中。

与我交谈过的专家都同意这一点。苏吉拉博士说:

人们开始谈论它,但不幸的是,人们谈论它的方式与谈论恐怖主义的方式不同……我认为[这些威胁]还没有像伊斯兰极端主义那样得到应有的重视。

正如政府预防战略中的疏漏所揭示的那样,同样的情况也适用于任何用来监督或防止男性圈社群在网上培养和激进化年轻人的努力。当我与卡琳·菲尔明博士交谈时,她指出:"我们还没有真正讨论过这个问题。我观察了很多有多家机构列席的会议,但我认为,我从未在任何一场多机构会议上听到过这个问题。但它们会有关于其他网络洗脑形式的讨论。"

在一个灰蒙蒙的春日午后,我参观了战略对话研究所的秘密场所。

这是一家总部位于伦敦的"智囊团",致力于在应对暴力极端主义的政策和行动方面发挥先锋作用。该组织将研究分析与政府咨询工作及交付计划结合起来,因此处于我们应对极端主义和恐怖主义的最前沿。在一间玻璃墙的会议室里,我见到了研究所的技术、通信和教育领域助理和通信协调员雅各布·戴维。

戴维立即证实,反极端主义领域缺乏对厌女极端主义问题的关注:"就激进化、极端主义和有毒男子气概的角色而言,我认为关于这一领域的报道还很匮乏。"

在战略对话研究所内部,戴维的大部分工作围绕男性圈和厌女极端主义,他的一些同事则单独开展关于"女性在极端主义运动中的角色"方面的工作。不过,尽管他对这一领域非常精通,但当他在男性至上主义社群方面的专业知识与他的"主要关注点极右翼"产生交集时,他便很快承认,"我只是……略有涉猎"。当我问到战略对话研究所是否有专门负责关注厌女极端主义的工作人员时,他告诉我,尽管该机构的网站列出了56名工作人员,但并没有人专门做此类研究。"我承担了大部分针对男性和男性运动的研究,但在组织内没有人专门负责这项工作。"

战略对话研究所的这一情况并不罕见。事实上,戴维本人在研究极右翼运动的工作中,在许多方面都考虑到了它与男性圈的交集,这使该研究所走在了其他类似组织的前面。戴维认为,这个领域目前正在迎头赶上。他说,他目前"看到了一种转变——存在一种落差——在幕后,人们越来越意识到这是一种独特的东西……一种迅速发展的认知"。他指出,南方贫困法律中心直到2018年才开始将男性至上主义群体列入正在运作的仇恨团体名单。南方贫困法律中心在当时指出:"这些团体对女性的诋毁使它们与仅仅根据群体固有特征而贬低整个群体（如LGBT群体、穆斯林或犹太人）的其他团体并无二致。"但是，当你审视大多数声称要应对"一切形式"的极端主义或恐怖主义的国际组织或特别工作组时，你可以很明显地发现，这种转变即使正在发生，也仍处于非常早期的阶段。

这种情况可能有几个原因。一个原因是，以这种极端主义的名义实施的大规模线下暴力行为目前还相对较少。但这还不足以构成将男性至上主义从反极端主义组织调查、追踪和处理的极端主义意识形态中剔除的充分理由。尤其是并未造成人员死亡的动物权益和环境极端主义也往往被包含在内。国际非自愿独身群体所造成的谋杀和伤害数量绝非微不足道，尤其是考虑到作为一个连贯的线上运动，非自愿独身者是一种相对较新的现象，而有证据表明，这一群体正在迅速壮大，吸引了大量新成员，而且积极煽动越来越多的暴力仇恨犯罪。这与以极右翼意识形态（包括白人至上主义和新纳粹主义）的名义实施的恐怖暴力也无法截然分开，我们已经看到极右翼意识形态充斥着厌女极端主义，甚至在很大程度上以厌女极端主义为基础。然而，在对极端主义和恐怖主义威胁进行分析和采取对策时，也没有人提及或考虑这些相对新近的群体。

此外，大规模暴力行为并不是极端主义的威胁和意识形态的唯一表现方式，如果任由厌女极端主义和男性至上主义在网络上肆意蔓延，就会带来非常严重的风险，可能会在线下针对女性的暴力形式上（如亲密关系中的虐待和强奸）产生更多微妙的影响，而这些暴力形式在我们的社会中已然处于一种基本上不被关注也不受重视的处境中。

以下可能是我们在男性至上主义问题上存在盲点的另一个主要原因；在一个厌女主义和针对女性的暴力行为如此普遍、如此常态化的社会里，我们很难将这些事情视为"极端的"或"激进的"，因为它们根本就不是什么非同寻常的事情。

因此，我们需要的第一个重大转变是，每当政府或组织对恐怖主义进行监控、立法和应对时，它们都应将男性至上主义和厌女极端主义纳入其中。（例如，应制定或修订国内恐怖主义法，以确保这些罪行与其他由极端主义仇恨所导致的暴力行为受到同样严厉的对待。）我们需要的第二个重要转变是，家庭暴力这种骇人听闻的日常恐怖主义形式也应受到同样的重视。

我们不能再让自己因为胆怯，仅仅因为我们不愿承认这个问题源自最强大的社会群体——异性恋白人男性，而不敢正视极端厌女主义的存在了。我们过去倾向于假定这一群体的成员是无辜的，给予他们远远超过女性和少数族裔的独特性和地位，使得极端分子长期以来得以免受批判性视角的审视。

我们太害怕被贴上"厌男者"的标签，害怕遭遇"并非所有男性都这样"的传统呐喊。然而，这种思维只是对问题的一种可笑的过分简单化。我们当然可以正视这一威胁的现实和这场运动的存在，而这并不意味着它会在某种程度上牵涉所有男性。事实上，正如我们已经看到的那样，受其威胁最深的就是男性自身。

对付男性圈最行之有效的妙方之一，就是采取协调一致的切实行动来应对它对男性构成的威胁。我们要向其盲目坚持的过分严格的超级男性化的刻板印象发起挑战，因为这些刻板印象甚至阻碍了其最忠实的追随者。我们要为男权活动家喜欢用来为自己辩护但实际上并不试图去解决的问题提供解决方案和实际支持。我们要解决性别刻板印象，正是它导致了关于谁应该承担大部分育儿责任的假定。我们要求为在职父母提供更大的灵活性。我们要争取更好的共享育儿假权利。我们要解决性暴力和家庭暴力的男性受害者所面临的污名化问题，确保为他们提供专业的支持服务，又不致在此过程中伤害女性受害者或破坏针对她们的服务。我们要资助并突出心理健康服务，并设法使男性（尤其是年轻男性）更容易获得这些服务。（BBC最近的一项信息公开显示，在获得大学咨询服务的人群中，男性只占到31%。）

还有一些富有创新性且行之有效的方法可以实现这一目标。然而，这些方法需要各方的共同努力和资金支持。例如，兴起于英国的"反对悲惨生活运动"（Campaign Against Living Miserably）掀起了一场声势浩大的反自杀运动，尤其注重为成年男性和男孩提供支持。它不仅提供保密求助热线和网络聊天等前线服务，还在工作场所、大学、酒吧、俱乐部和监狱提供支持服务，鼓励所在社区参与进来。该运动还联合包括著名喜剧演员在内的知名人士，一起开展活动以打破对男性的刻板印象，并"借用艺术、音乐、体育和喜剧等文化抓手，鼓励人们寻求帮助的行为"。换句话说，该运动也会采用男性圈的策略，渗透文化空间和社区，但其目的是积极且具有建设性的。

许多已经在有效地领导这场抵抗运动的人士正是男性。他们是与厌女者为敌的男性。

20世纪70年代的男性解放运动开启了一种男性应对厌女主义的强大而积极的传统，这一传统一直延续至今。男性认识到僵化的刻板印象和父权制结构对他们的性别造成了极大的伤害，他们一直在努力遏制性别歧视的浪潮，而且至关重要的是，他们的行为契合女权主义的框架。

这项工作的范围非常广泛，包括国际慈善机构开展以男性为中心的干预措施，小型组织为学校里的男孩提供讲习班，以及个人利用自己的平台站出来反对各种形式的厌女主义和性别不平等。其中规模最大、最广受尊重的两个组织是 Promundo 和"白丝带运动",前者是 1997 年在巴西成立的全球领先的非政府组织,它吸引成年男性和男孩参与运动,促进性别公正,防止暴力行为的发生,而后者是全球最大的致力于消除暴力侵害女性行为的男性网络。

我与 Promundo 的创始人兼首席执行官加里·巴克进行了交谈,想看看他就应对厌女极端主义的威胁能够提供什么样的经验教训。他强调我们的干预不能只依赖内心已经认同我们的受众。"张贴海报、散发传单、发布电子公告,告诉大家:'来谈谈我们男性如何克服厌女情绪吧。'这种宣传最后连 3 个人都吸引不到。"他表示,我们应该做的是真正"去到年轻男性和成年男所在的地方":

> 使之成为学校课程的一部分,使之成为他们所在的体育团体的一部分,使之成为雇主为他们提供的职业安全课程的一部分。男人不会一进门就说:"嘿,我来谈谈厌女主义和性别平等!"最需要这种教育的人不会走进这种房间,我们必须把这样的房间带给他们。

归根结底,最容易实现和最能够推广的形式就是将这些问题纳入主流教育。教育在应对厌女极端主义方面发挥着至关重要的作用,而且我们最好将它作为一种预防措施,而不是一种应对措施:让男孩们接种"疫苗",抵御网络诱导的影响,用可靠的工具武装他们,让他们在遇到男性圈意识形态之前就能与之对抗,而不是试图把他们从一张已经将他们捆绑其中的网中解救出来。这一点尤为重要,因为从男性圈组织到白人至上主义者的极右翼分子都在很大程度上依赖虚假信息，并对值得信赖的信息来源播种下不信任的种子，这就使得男孩一旦被其困住，就很难再用逻辑论证来使之脱离男性圈。

我采访的那位伦敦教师也表达了自己的担忧，她担心自己的学生会因为男性圈内容而变得激进。她表示："我试图通过向学生展示'性暴力金字塔'（以性别歧视笑话为基础，以暴力为顶点）来反驳'这只是开玩笑'的观点。但我意识到，作为一名女教师，我很难被那些已经接受男权观点的学生认真对待。令我感到紧张的是，当我试图打击学生的厌女观点时，我可能会适得其反，最终强化了他们的观点。"作为一个在第一线努力解决问题的人，她认为："我们需要对教师进行更多的培训，让他们了解如何在这些问题上与学生互动。"

因此，由国家规定的、予以适当资助并辅以有效培训的教育是解决方案的另一个重要组成部分。这不仅仅意味着我们要直接教育年轻人认识极端厌女主义，也意味着为他们提供关于性别刻板印象和健康关系、性同意和尊重等问题的基本工具和知识，这些基本思想将有助于增强青少年的抵御能力，避免他们日后在网上被有毒害性的错误观念影响。

"好小伙子倡议"的本·赫斯特强调，教会年轻人分析和评估新闻来源必须成为有效干预措施的重中之重。"这个问题的真正危险之处在于，尤其是在学校里，孩子们没有被教导对原始材料持批判态度——他们在科学课上已经养成了这样的习惯，习惯于从科学教科书中学习知识，而且不会质疑他们所学到的东西。"他指出，具有讽刺意味的是，与他一起工作的许多年轻男性在接触男性圈之后，变得极其抗拒接受来自可靠来源的事实，因为他们已经事先被洗脑，认为这些事实是"假新闻",尽管这些扭曲或完全捏造的信息实际上来自男性圈本身。

赫斯特多年来直接与年轻人进行此类对话,使其积累了丰富的经验,可以为如何有效地开展此类教育提供建议。他表示,目前的干预措施对男子气概的讨论非常少,特别是在学校层面,人们发现"真的不知道该如何去引导[此类]对话"。他说:

> 家长不知道该如何与孩子交谈,老师不知道该如何与孩子交谈,没有人知道该如何与孩子交谈,而且人们也不知道该如何与彼此谈论男性经历。我们在谈论这个问题的时候容易让人们觉得我们在攻击他们,这就意味着人们会很快停止对话。

这意味着,给家长和老师提供教育,让他们了解年轻人在网上面临的现实,是至关重要的第一步。2014年的一项研究发现,在13岁至18岁的美国未成年人心中最有影响力的五位人物均为油管明星。像PewDiePie和罗根·保罗(Logan Paul)这样拥有几千万甚至上亿粉丝的人物是青少年世界里的主要名人。他们塑造和影响着年轻人的生活,但他们对成年人来说又是如此陌生,父母们甚至都没有听说过他们的名字。这表明年轻人所处的世界与他们父母的设想之间存在巨大的脱节。因此,父母们需要多上上网,探索年轻人接触到的内容,给自己一个与孩子开启交谈的基础。

那么,该从何处开始呢?当然是从油管开始。看看青少年偶然会发现的内容,比如无休止的"愤怒的女权纳粹分子被……摧毁"的精选内容。多浏览一些男性圈视频,比如搭讪技巧和"米格道"的抱怨。

让算法把你拉进由越来越厌女的"事实"构成的"兔子洞"里。花半个小时泡在评论中；我保证它们会带给你很多启发。访问一些健身论坛，或者看看红迪上一些更主流的"红色药丸"内容。注册账号去访问Instagram上粉丝数众多的玩梗账号，看看你的时间轴里会涌入什么新内容。所有这些都会让你对青少年每天耳濡目染的背景噪声有一个基本的了解。

你可以留心年轻人的谈话中出现的男性圈语言：比如提到"被喂下蓝色药丸"（bluepilled）或"被戴绿帽"（cucked）都很明显对那些不熟悉男性圈的人的嘲笑。"破防"（butthurt）之类的词汇表明，他们已经学会如何去嘲笑那些反对偏执的人。"女权纳粹分子"、"雪花一代"（意为"过度敏感、易被冒犯的人"）、"社会正义战士"（SJW）"觉醒人士"（Woke）也是值得注意的词汇。

当危险信号出现时，我们就要去挑战它，而且要一遍又一遍地挑战。男性圈是一个回音室。它之所以如此具有说服力，是因为其封闭社群和算法支持的视频循环播放，究其本质都是在灌输其思想。而与之对立的观点完全没有被分享。所以，你一定要去分享对立观点。让年轻人接触到其他观点和其他选择。我们要挑战和质疑男性圈的一些假设。我们要探索作为"证据"提供给年轻人的虚假事实和伪科学的局限性。我们要给年轻人尽可能多的可靠信息并允许他们得出自己的结论。这是解决这个问题的最好方法，同时又不会让年轻人感到疏离或认为我们居高临下。

赫斯特说，与其简单地告诉年轻人，他们在网上获取的信息是虚假的，不如将这些虚假信息当作一个起点，帮助他们审视信息，使他们能够自行意识到这些意识形态的局限性，这样做可能会更有成效。

隐秘的角落

"当我做分享的时候，我的目标不是告诉他们，我所分享的这个人在胡说八道，而是说：'好吧，让我们一起探索一下——它从何而来？遵循这种世界观或观点会产生怎样的逻辑结论？'"他认为，这更有可能产生积极的结果，因为它不会落入男性圈意识形态的陷阱，而后者把自己塑造成卡珊德拉式的悲剧人物，让世人不敢把他们当作虚假先知而忽略他们的存在。①

油管明星娜塔莉·帕洛特（Natalie Parrott）网名叫"Contra"，她经营的"ContraPoints"频道大获成功。帕洛特就如何开展这些对话做出了出色的示范。她在另类右翼分子的地盘上与他们交锋，采用他们怪异、滑稽、哗众取宠的策略，并将其复制到自己的视频中。ContraPoints 传播的视频内容翔实而有趣，从男性圈中的"阿尔法男"观念到将女权主义者描绘成"社会正义战士"的伎俩，无所不包。这种方法很奏效：虽然个体教育工作者可能每周只能走访几所学校，每次面对几百名学生发表演讲，但帕洛特的频道拥有超过 50 万的订阅者，其中许多视频的浏览量达到了数百万次。她的方法很好地说明，我们需要更新我们的战术和用于传递讯息的工具，因为在许多情况下，我们的旧战术和工具已经过时且说教意味过浓，与网络极端分子经过完善的技术娴熟的交流手段形成鲜明对比。

如果想要保护男孩（以及潜在的未来受害者）不陷入男性圈的泥潭，我们首先必须了解是什么在把他们拉进泥潭。我们必须认识到，我们当前社会的男子气概版本正在辜负他们。因为这种男子气概让他们感到被孤立，被迫去逞强，使他们不能谈论自己的真实感受或组建相互支

---

① 卡珊德拉（Cassandra）是一个希腊神话人物，喻指做出的严肃预警却没有被认真对待的人。

持的亲密关系。

我对非自愿独身者的"救赎"叙事不感兴趣。这是他们作为个体需要思考的问题。我们不恳求其他形式恐怖主义的受害者赦免并教育施害于他们的人。我们也不要求将其他极端分子视为某种受伤的、被误解的受害者。然而讽刺的是,人们却给女性施加了巨大的压力,要求她们体谅容易犯错的男性,而非自愿独身者却始终拒绝向女性展示出这种修养。

但是,我对处于中间立场的男性感兴趣。那些被忽视的男孩。那些感到畏惧的男人。那些因为感到恐惧、悲伤抑或孤独,却无法从中解脱,进而寻求帮助的男性。那些对这一切还闻所未闻的男性。那些在公共汽车上本该挺身而出却选择视而不见的男性。这是因为如果不拉拢他们,我们就无法完成任何改变。那么,我们该如何接触到他们呢?

赫斯特说:"我的理解是,对于大多数参与男性圈运动的男性来说,这是因为他们内心充满痛苦和伤痛,以及无法理解为什么他们不能成为他们认为自己应该成为的人。"他发现男性圈运动对这些男人来说是一种极大的情绪释放或心灵抚慰。"这给他们提供了轻松走出来的办法,因为他们可以把这一切都归咎于制度,或者归咎于女性,然后说'这都是这个人的错,因为他不肯给我应得的一切。'"

"白丝带运动"联合创始人迈克尔·考夫曼补充道:"任何男性都难以满足男子气概所提出的要求和限制:永远自控,永不退缩,无所畏惧,承受痛苦。"

巴克对此表示赞同,他指出遭受身体暴力的男孩比例很高:"有创伤,有对其他男性的恐惧,有暴力,有未确诊的抑郁症——这份关于在童年时期成为某种暴力的受害者意味着什么的清单，还可以列得很长很长。如果我们不为此留出空间，我们就不能帮助成年男性和男孩疗愈，我们就无法让他们加入进来，成为他们本可以成为的盟友。"

当男孩谈论对男性圈观念（比如虚假强奸指控）的痴迷时，赫斯特说：

> ［他们］谈论这些事情不是为了刁难，他们谈论这些是因为他们害怕，而男子气概在很大程度上要求他们不表现出恐惧。所以他们不会说："我真的很害怕，如果我尝试与某人发生性关系，她们会说我强奸了她们。"他们更有可能会说："女人们会撒关于虚假强奸的谎。"但从本质上讲，它传达的是同一种情绪。

当表达情绪等同于羞耻时，男孩就被鼓励去隐藏自己的情绪。孤立滋生了对群体的渴望。羞耻滋生了对声望、尊重和目标感的渴望。在某种程度上，由于男孩最有可能成为暴力犯罪的受害者，他们便生发出了一种脆弱感，这种脆弱感自然而然地导致他们渴望对群体的忠诚能带来安全感。所有这些渴望都被男性圈社群欣然满足，他们热衷于牢牢抓住那些被剥夺权利的、愤怒的年轻男性，用虚假的承诺、歪曲的逻辑和仇恨来填补他们内心的空洞。

那么，我们如何从一开始就防止年轻人变得孤立呢？答案既有社会性维度，也有政治性维度。我们正在承受地方政府削减开支和关闭社区中心所播种下的恶果：男孩们在现实生活中聚会和社交的场所逐渐地、有计划地消失了。所以，他们转而使用网络聊天工具。我们需要为他们提供有意义的、充实的线下空间，让他们能够拥有自己的空间。

但是，我们还需要解决由污名化、偏见和荒谬的刻板印象所造成的社会分化问题。低级的种族主义让白人男孩在成长过程中认为，长得不像他们的男孩是异类，是威胁，是入侵者。性别歧视使男女混合的童年友谊被当成是一种耻辱并跟性爱扯上关系，导致青少年早期进入近乎完全的性别隔离。这听起来很简单，但如果年轻男性能够认识来自不同社群的其他人，如果他们能够与同龄女孩建立起有意义的友谊，他们就不会那么轻易地被欺骗，以至于相信关于"其他"群体的怪异扭曲观念。我想起了大卫·谢拉特，他之所以能够轻松地走出男性圈，仅仅是因为遇到了一个和他交流的女孩。

试图保护年轻人免受男性圈极端主义元素的剥削和洗脑，部分问题在于我们对剥削以及如何应对这种剥削的理解仍然与现实完全脱节。菲尔明博士解释说，最吸引年轻人加入这些在线社群的青春期特征，也恰恰是传统支持机制最不了解的特征。在青春期，年轻人会优先考虑归属感、自主性和独立性。她说，这一时期的年轻人正与强烈的情绪作斗争：他们"更倾向于冒险"，尤其不太可能考虑"长期后果"。因此，传统的支持服务不太适合这个时期，因为它们"针对的是那些不喜欢冒险、会考虑自己行为的长期后果、通常情绪稳定的人"。

菲尔明博士解释说，当支持机构与这些典型的青少年行为相龃龉时，那些剥削青少年的人"往往会与他们合作"，为孩子们提供

> 一种冒险感或逆反心理，关注短期收益，关注此时此地的意义，而将潜在的长期负面影响搁置一旁……他们会提供各种方法，让你可以受到情感上的极大驱动，充满激情……当其他成年人说"别这么激动"时，他们也会确认这些情绪是真实的。

所有这些都与男性圈的策略产生了强烈共鸣，为年轻人提供了极富感染力的叙事，以及一种深深的归属感和社群感。例如，在非自愿独身论坛上，他们被反复怂恿采取暴力行动，将自己定位为反文化的破坏者，而不去充分地考虑后果。菲尔明博士补充说："在一个吹嘘'反常规'的社群，兜售这些观点非常容易。"她说，就男性圈而言，这种叙事方式将"反对新的男子气概……反对男性在养育子女方面扮演更重要的角色。这种叙事方式将与所有这一切背道而驰，与#MeToo运动背道而驰，因此很容易将其当作一种男性风险来推销，并将其包装成一种追求自我意识、个人身份意识的观念"。她说，考虑到当前的社会环境，男性圈在某些方面对年轻男性的吸引力"一点也不令人感到惊讶"。

为了应对传统干预模式在青少年问题上的失效，菲尔明博士提出了一种"情境保障"模式。这一理论强调有必要将干预和支持措施引入青少年花费时间身处其中的环境，而不是假设危害仅仅发生在他们自己的家中。她在自己的网站上解释道："当个体在特定环境中度过一段时间后，他们身上就会体现出特定环境的规则，并参与任何特定环境中正在发挥作用的规则，以便驾驭它们并获得地位。"迄今为止，该框架已应用于商业街和公园等场所，开创了与通常不参与安保工作的人员（从店主到公园管理机构）合作的理念。但令我震惊的是，它也可能对网络产生根本性的、变革性影响。毕竟，从社交媒体上随意的性别歧视，到男性圈论坛上令人确信的厌女情绪，网络世界是一个完美的例子，代表着我们传统上认为年轻人不会受到伤害的领域，而通过有效干预来抵御这种伤害可能具有巨大的价值。

菲尔明博士赞同在网络世界中应当积极应用情境保障的观点，但她强调，要在实践中广泛实施情境保障，还需要进行更多的研究和战略

第十章 与厌女者为敌的男性

制定。她指出了"同意"在保障关系中的重要性。(大街和网络的区别在于,在大街上,年轻人知道青年工作者就在那里。)菲尔明博士表示,她所见证的最行之有效的干预措施都包含常驻社区的青年工作者的参与:他们在属于年轻人自己的环境中,而不是在正式会议上或办公空间里,与年轻人互动。菲尔明博士表示,这个过程涉及信任关系的逐步建立,为颠覆厌女假设和极端主义信息提供了有意义的机会。虽然这种做法目前还处于起步阶段,但菲尔明博士听说斯堪的纳维亚半岛的一些国家已经开始在网络上动用常驻社区的青年工作者,她还介绍了一些青年中心,它们已经开始尝试为年轻人创造网络互动空间,旨在创造类似的机会来松动网络上的厌女情绪。在实际操作中确实会遇到一些阻碍,但它们并非不可克服。

由于我自己有很多与年轻人谈论这些问题的经历,菲尔明博士的话立刻引起了我的共鸣。比如我与年轻人在他们自己的地盘上进行的小规模对话,其效果几乎普遍比全校集会或有教师旁听的讨论会议更有效,也更具启发性。在与菲尔明博士谈论常驻社区的青年工作者时,我被一个令人兴奋的前景所激励:终于有了一个潜在的解决方案,可以解决厌女极端主义对青少年社群的渗透。

但是,在过去的十年里,与其他公共服务相比,为常驻社区的青年工作者提供的资助可能大幅度地减少了。2012年至2016年期间,英国各地有600多家青年中心关闭。2009年至2017年期间,议会为青年服务提供的资金暴跌了62%。美国国家青年署署长利·米德尔顿(Leigh Middleton)等专家认为,削减开支尤其可能影响到"孤独、孤立的年轻人"——他的描述与最容易受到男性圈社群影响的人完全吻合。令人感到沮丧的是,常驻社区的青年工作者(一项涉及一对一支持的长期项目)恰恰可能是第一批被削减开支的服务。正如菲尔明博士简明扼要地解释的那样:"如果你切断了人们打破这种叙事的机会,就会反过来给这种叙事提供了滋生的空间。"

然而,如果我们想要主动地预防男性圈的影响,它们恰恰是我们需要投资的服务。如果说我过去几百次访问学校给了我一个非常明确的教训,那就是早期干预要比改变已经被激进化的人简单得多,也更有效。

然而,对于已经处于男性圈控制之下的人来说,我们还需要一种应对性的解决方案。因此,我们必须依赖执法,来解决现有的植根于厌女极端主义情绪的犯罪。对已经违法的行为进行监管听起来似乎只是一个简单的要求,然而,目前由男性圈喷子实施的大量非法活动却没有受到任何惩罚,这表明实际情况没有那么简单。传统的警务与网络犯罪之间的脱节是一个巨大的障碍。在英国,在网上威胁强奸或杀害某人是违法的,这一点与在现实生活中一样。然而,每天都有成百上千的男性在网络上进行这样的行为,却没有受到任何惩罚。

我们知道,制度化的偏见是存在于警察队伍内部的一个问题。我们知道,女性和某些群体——特别是有色人种女性和LGBT人群——在向警方报案时并非总是得到积极的回应。整个系统范围内的反偏见培训将有助于解决指责受害者的问题,以及这些犯罪往往不被认真对待的事实。但这不仅仅是个别过错导致的问题。事实上,许多警察和警力都在为受害者提供支持,但由于普遍缺乏资金和培训而阻碍了进程。根据我自己的经验,在专门的电子犯罪部门之外,其他警察通常没有什么专业知识来支持他们处理这些罪行,这就一再导致案件陷入死胡同并草草结案。

当我第一次向警方举报自己收到了一连串死亡威胁和强奸威胁时,当地派来给我录口供的警员刚刚处理完一起危险犬只的事件。他们手里拿着铅笔和笔记本,不停地打断我,礼貌地问我所谓推特个人域名是什么。我提供了数百个IP地址,可是他们连一个都追查不到,也无法对在网上煽动对我进行有针对性的骚扰轰炸的暴徒采取任何行动(因为协调攻击的论坛的注册地在海外),该案件在没有采取任何行动的情况下匆匆结案。

当时我第一次来到警察局,手里攥着一大沓打印出来的死亡威胁,拿给前台的警员看。她惊讶地看了我一眼,问道:"你觉得他们能追踪到你吗?"

警务工作人员对网络上的厌女极端主义的严重性和现实影响缺乏了解,可能会对其他警务领域产生可怕的连锁影响。就在我写这段文字时,英国警方刚刚宣布要求举报强奸案的受害者须将手机交给警方,否则将面临无法起诉的风险。这项政策让受害者感觉自己在接受审判,它还有可能强化"女性会在强奸一事上撒谎"的观点。尽管我们知道,在一段为期17个月的时间里,英国共有5 651起强奸起诉,其中只有35起涉嫌虚假指控。

但是,鉴于警方对厌女网络犯罪的认识显然很有限,他们怎么可能会知道,在我过去一年里费尽心力涉猎的男性圈论坛上,有成千上万条主题帖与阴谋论有关,而这些阴谋论涉及广泛的虚假强奸指控,怂恿男性在性侵后的第二天早上操纵女性?这些信息专门指导男性在第二天发送短信,其目的在于获得受害女性的回复。这样的话,如果女性试图提出强奸指控,这些回复便会削弱她的论据。他们会强迫她回答关于前一天晚上发生的事情,试图轻松地提到大家共度的美好时光,尽一切可能迫使受创伤的受害者做出安抚性或矛盾性的回应。如果警方对这些网络社群有任何关注，他们当然就会识破这种伎俩。然而，在我所有的研究案例中，我从未遇到过这种意识的出现。

此外，一再被低估和轻视的网络霸凌也会慢慢渗透到线下的霸凌。这是当局在回应中一贯忽视的现实。他们对网络上针对女性政治家的威胁很是冷淡。网络跟踪骚扰被用作欺凌前伴侣的工具，而他们对此不予受理，直到网络暴力升级为致命的线下暴力，而此刻再去采取干预措施为时已晚。鉴于一个接一个的案件表明，警方经常无法将多起事件和各种形式的骚扰联系起来，错过了在女性被跟踪者谋杀之前进行干预的机会，这些是真正值得担忧的问题。

戴维认为，将厌女列为仇恨犯罪的一个类别，将有助于改变公众和机构对男性至上主义和极端主义的认识。他强调，承认性别仇恨可以像种族仇恨和宗教仇恨等其他已经存在的仇恨因素一样，成为犯罪行为的强大驱动力，这一点意义重大。戴维向内政事务特别委员会提交了关于仇恨犯罪的建议，女权主义活动家也为引入这一犯罪类别而展开了激烈的运动，但这一建议遭到警方和媒体的强烈反对，这也是意料之中的事。小报头条称，警方会被大量的"流氓哨"性骚扰举报所淹没，而警方高层人士则认为这一问题微不足道，反而会分散主流警务中"老本行"工作的注意力。

要想有意义地解决这些问题，我们还必须从社交媒体平台本身入手。本书探讨了这些社交媒体公司及其算法以多种形式为极右翼极端分子招募新成员提供了空间和强大工具，它们使得男性圈能够接触到数百万名男性，培养和激进化脆弱的年轻人，它们通过奖励和积极推广其内容来榨取男性圈的经济价值，它们为男性圈提供收入来源和宣传平台，它们为大规模攻击和网络跟踪提供便利，但它们未能保护受害者，而且会尽可能地避免承担责任。

曾经有一段时间，这些公司还能假装对此不知情，但现在情况已经有所不同。他们的技术可以助长和纵容网络极端分子，这在一开始诚然可能是无意的，但这绝不是在问题明确之后仍然不采取行动加以解决的借口。然而，他们一次又一次优先考虑利益，而忽略理应承担的责任。2019年，记者提醒油管要注意一个令人深感不安的趋势：其算法将自动识别衣着不完整的未到青春期的儿童视频并将它们放在同一个分组里，并推荐给观看过类似内容的观众。该平台无意中为恋童癖者提供了大量不间断的素材链，而数百名恋童癖者在视频下发表了评论，并向其他用户推荐视频的特定时间节点，让他们确切知道穿着泳衣玩耍的无辜儿童在何时不小心露出了胯部或乳头。该算法非常准确，在整个趋势中多次将完全无害的家庭影片席卷进来。当他们年幼的女儿在戏水池玩耍的视频在几天之内就获得了数十万次观看时，家人们突然变得警觉起来。

平台助长男性圈激进化可能是无心插柳，但其结果令人震惊。重要的是，当油管意识到这个问题时，它立马就得出了一个明确的解决方案。研究人员建议，该平台只需关闭对儿童视频的推荐系统。这是一项本可以自动轻松实施的更改。这样就能阻止滥用儿童视频行为的发生。但油管拒绝将其付诸实践。这是何故？油管告诉《纽约时报》，推荐系统是其最大的流量驱动力，因此关闭推荐"会伤害依赖这些点击量的'创作者'"。换句话说，这会触及油管的底线。

如果你认为社交媒体平台已经尽其所能地避免对最弱势用户的伤害和剥削，那么你需要再好好思考一下。我们知道，油管对年轻人有着惊人的影响力。我们知道，该平台无时无刻都在单方面地控制着向全世界数百万人提供的内容。正如泽伊内普·蒂费克奇（Zeynep Tufekci）所说，将其描述为"21世纪最强大的激进化工具之一"一点也不夸张。因此，为防止视频浏览者被故意推入极端主义的"兔子洞"而对其算法做相应的调整，完全可以带来变革。

有证据表明，社交媒体平台就像媒体和政府一样，对待不同形式极端主义和激进主义的方式大相径庭。2016年的一项研究比较了白人民族主义与伊斯兰国相关内容在社交媒体网络上受到的处理，在推特收集的数据结果显示，有3个白人民族主义账户和4个纳粹账户被封禁，而被封禁的伊斯兰国相关账户则有1 100个左右。尽管同一份报告显示，美国白人民族主义运动"在包括关注者数量和每日推文数量在内的各项社交媒体指标上均超过了伊斯兰国"。

这方面也不乏改进建议，却缺乏实施这些建议的意愿。例如，"数据与社会"的报告就建议，油管在做出审核决策时，不仅仅要考虑频道本身的内容，还应将平台"网红"和"大V"考虑在内。

是的，言论自由至关重要，弥足珍贵，但言论自由是有限的，并非没有边界。有无数例子表明，男性至上主义运动对这些平台的使用已经远远超出了言论自由的界限，它积极煽动暴力，有针对性地进行恶意骚扰和"人肉搜索"，蓄意培植分裂和仇恨。当超过这个限度时，社交媒体平台必须对其托管的内容负责，并关注用户的安全。可是如果没有达到这个分水岭，我们也需要像在现实生活空间中经常倡导的那样，在网络上发起大规模动员的围观行动，对我们网络世界的氛围和辩论的基调承担集体责任，支持那些缺乏平台资源的人，使网络骚扰文化被贴上非正常的标签，鼓励在网络上采取与现实中对等的干预措施，而不是冷眼

第十章 与厌女者为敌的男性

旁观。对于宣称自己是女权主义者的热忱盟友的男性而言，这又是一个介入进来并发挥重要作用的机会。

这显然很复杂。为了起诉网络霸凌的实施者，有必要迫使社交媒体网站和其他平台披露用户的 IP 地址，然后利用这些 IP 地址获取用户的身份。这种强制行为与网络的匿名性相悖，所以必须权衡举报人、持不同政见者以及其他人的权利。过分严厉的立法有被政府和国际机构滥用的风险。然而，这不足以成为不采取行动的借口，因为通过制定复杂的立法来处理复杂的问题是可行的。

然后，平台封杀也有它的问题。专家们往往担心，简单地关闭整个极端主义社群有可能使他们进一步转入地下，特别是考虑到到像 Gab 这样的平台的存在。（Gab 通常被视为极右翼的社交网络，以让用户绕过任何形式的"猖獗的企业审查"而自诩。）在许多群体表达出暴力或突破底线的情绪，并因此被驱逐出主流社交媒体空间之后，Gab 为其提供了一个避风港。戴维将其描述为一个"容纳极端分子的平台，几乎没有任何监管或节制"。4chan 和 8chan 等平台也是如此。

当然，这样可能会使这些极端对话越来越远离常规辩论的范围，而用极端主义的笔触来描绘整个群体，也会迎合这些群体关于受害者和受迫害的说法。但目前在非自愿独身论坛和相关红迪子版块上几乎没有出现过具有建设性的对话。我想起鲍康如的结论：氧气只会让这些社群迅速繁殖。有强有力的证据表明，当涉及个人，尤其是这些群体高调的领导人和发言人时，平台封杀确实能够很好地奏效——当他们被迫离开主流网络空间时，即便他们确实把自己粉饰成烈士，然后在更边缘的论坛中寻求庇护，他们的受众也会不可避免地减少。

克里斯蒂安·皮乔里尼为极端分子的平台封杀提供了另一个强有

隐秘的角落

力的论据——这能切断他们的资金来源：

  比方说，这些群体会通过在宣传视频上投放广告来创收，而根据浏览量，他们很有可能通过谷歌、脸书、油管等平台赚取广告收入。因此，从这个意义上讲，平台封杀的确是一个好主意。这确实会让他们节奏放缓一些。

如果社交媒体公司勇敢地采取这些措施，其影响将会是巨大的：米洛·伊安诺普洛斯被推特封禁后，发现自己的影响力和投放平台大大减少，而且有报道称，他的经济状况直线下降，巡回演讲也被取消。"例如，如果你看看［极右翼阴谋论者］亚历克斯·琼斯（Alex Jones），"戴维指出，"当他被'平台封杀'时，他的常规收视数据就下降到了零。"恰逢我写这一章时，有消息传来，脸书花了几个月的时间才鼓起和推特一样的勇气，决定永久封禁伊安诺普洛斯、琼斯以及其他五个知名极端主义人物的账号。脸书随后又宣布计划，禁止在脸书和Instagram上"赞美、支持和代表白人民族主义和分裂主义"。就在不久前，域名注册商GoDaddy关闭了理查德·伯特兰·斯宾塞的另类右翼网站，Patreon等筹款网页也开始阻止极右翼极端分子将其作为收入来源（不过，包括乔丹·彼得森和戴夫·鲁宾在内的一些争议人物立即宣布计划推出另一个众筹平台，这充分说明了网络上存在"打鼹鼠游戏"问题）。社交媒体平台对知名仇恨人物采取的行动不仅削弱了他们的主流影响力，还传递了一个重要的社会信息，即我们将什么视为正常，什么是可以接受的公共"辩论"素材。最近的活动表明，至少这一领域终于开始取得了进展。

然而，各国政府仍极不愿以任何有意义的方式让社交媒体公司承担责任。而极端分子和喷子也不会对政府的这种不情不愿视而不见，因为他们清楚自己很可能会继续逍遥法外。2019年，在美国众议院司法委员会关于仇恨犯罪和白人民族主义呈上升趋势的听证会上，就出现了一个令人叹为观止的鲜明例子。本次听证会旨在让国会借此机会质询脸书和谷歌（油管的所有者）等主要科技平台的代表，了解他们在允许此类极端主义传播方面所扮演的角色。然而，尽管诉讼正在进行中，油管直播下的评论区却很快就被白人民族主义表情包、反犹主义辱骂、厌女评论，以及对"白人种族灭绝"的抱怨所淹没。不到一个小时，油管版主就被迫关闭了对这场直播的评论区。观察人士报道称，在场的科技公司代表"大都若无其事，回答一些过于简单的问题，例如脸书是否允许人们举报仇恨情绪，或者油管是如何发现违反其政策的视频的"，而委员会成员则未能抓住他们的把柄或追究他们的责任。

赛伊·阿奇沃沃在欧洲议会的演讲被疯传之后，她遭遇了激烈的种族主义和厌女网络霸凌。作为回应，她选择成立Glitch这样一个雄心勃勃的跨部门视角非营利性组织，旨在结束网络霸凌。在短短两年的时间里，该组织的数字公民工作坊已为3 500多名年轻人提供了浏览网络世界的工具，并在应对欺凌和霸凌等网络伤害方面发挥了积极作用。该组织还为包括政界人士在内的公众女性提供了数字化自卫培训，使得感觉可以在网上安全地表达自己的参与者人数增加了55%。

但阿奇沃沃强调，社交媒体公司自己需要承担责任，才能真正改变"有毒的网络空间"风气。在我采访她时，她表示我们需要"在数据收集方面进行投资，以识别网络霸凌的模式，并将各种形式的网络霸凌与'现实生活中的'攻击联系起来"，此外还需在数字公民教育方面进行投入，并将边缘化的社群和声音纳入围绕网络霸凌的讨论和决策中来。她指出，具有黑人和其他少数族裔背景的女性在网络上面临的霸凌程度不断增加，因此她建议社交媒体公司扩大与他们一起解决这些问题的专家库。"不仅需要采取跨部门的方法来解决网络伤害问题，还需要纳入致力于解决网络伤害问题的各类民间社会群体。"她认为，网络用户"具有更多的利害相关性，应该对如何治理他们的网络空间有更多的发言权"。

这种做法也可能延伸到对这些群体的实际资助，而这些实际资助往往不被当作优先处理的事项。英国反极端主义首席专员莎拉·汗（Sara Khan）告诉我："女性在地方和国家层面打击极端主义、努力维系和平与安全方面持续发挥着至关重要的作用，只是这一点并没有得到足够的认可。女性民间社会团体的运作往往缺乏资金支持。如果我们要巩固反极端主义应对措施，就必须改变这种状况。"

Glitch还采取了大胆的举措，建议科技巨头自己为打击网络霸凌的行动提供资金，并呼吁将英国政府新征收的1%的数字服务税用来专门解决这一问题。

随着社交媒体迅速发展成为一个富可敌国、影响力巨大的产业，像阿奇沃沃这样的女性继续充当着"矿井中的金丝雀"的角色，而且她们的声音常常不被听到，但她们往往是最适合提出关于改变的建议的人，这些改变可能会对网络霸凌之类的问题产生真正的影响。

最近的一篇文章报道了2014年4chan匿名喷子发起的大规模骚扰和虚假信息运动，而这场运动旨在破坏和损害黑人女权主义者的声誉。在父亲节前不久，这些喷子在推特上创建了标签为"#结束父亲节"（#EndFathersDay）的话题，通过马甲账号和自称属于黑人女权主义者的假账户,发表了充满攻击性的、夸大其词的刻板印象式言论和看似源自愤怒的黑人女性的陈词滥调。这个标签迅速在全球范围内流行开来,并引发了保守派媒体的大肆报道,因为保守派准备借此来抨击真正为变革而努力的黑人女性。

和许多以边缘化群体为抨击焦点的事件一样,这个故事后来在很大程度上被遗忘了,相比之下,人们则对"玩家门"事件之类的大规模运动给予了更大的关注度,进行了更多的分析。与此同时,我们也遗忘了黑人女权运动作为回应所发起的富有智慧的、协调一致的、技术精湛的抵抗运动。沙菲卡·哈德森(Shafiqah Hudson)和纳西·克罗克特(I'Nasah Crockett)等女性很快就发现了这个标签的来源,揭露了这是男权主义者故意制造的骗局:他们在一个论坛主题帖上发布了这场运动(帖子标题为"用#结束父亲节将女权主义者立为稻草人!"),内容中充斥着种族主义语言、关于强奸的笑话和虚假数据,例如,"每两个母亲中就有一个会虐待自己的孩子"。

作为回应,哈德森随后推出了一个新的标签,即#你露出马脚了(#YourSlipIsShowing)。黑人女权主义推特圈的成员可以用这个标签来标记和举报"马甲账号"和那些声称代表黑人女性的虚假账户,曝光那些故意煽动仇恨的账户,并强调那些真正的黑人女性照片在未经同意的情况下被喷子使用的事件。反骚扰运动意义重大,因为这场运动也见证了大规模网络攻击的受害者使用类似的数字策略和在线协调来报复施暴者。拥有大V账户的黑人女性帮助将消息传播给她们的关注者,活动人士屏蔽了被发现是喷子的用户,并与其他人广泛分享他们的屏蔽列表,这使得她们能够在推特上集体举报数百个施暴者账户,增加了采取行动的机会(尽管处于运动前沿的女性告诉Slate网站,推特几乎没有采取任何措施来解决这个问题）。早在主流媒体注意到这个问题之前，这些女性就揭露了大规模骚扰运动的根源，以及喷子利用错误信息来进行协作性的攻击并利用各大论坛来制定战术的伎俩。而且，她们展示了一种有针对性的、多方面的、可扩展的应对措施。在"玩家门"灾难发生之前，如果当初有人肯倾听她们的意见，社交媒体公司和其他行动者本可以从中吸取宝贵的经验教训。

因此，除了要求社交媒体平台立即采取行动以外，我们还可以敦促政企对在这些问题上发挥领导作用的民间社会团体（尤其是代表边缘化群体的团体）进行更多的长期投入，并在提升科学、技术、工程和数学等领域的性别多样性方面加大投入，以改变在具体圈子里女性和少数族裔群体面临系统性骚扰，改变我们在应对这种骚扰的过程中几乎未能发挥作用的局面。2018年的一份报告显示，在整个英国科技行业，只有8.5%的高级经理人来自少数族裔背景，女性在董事会成员中仅占12.6%。该行业近三分之二的董事会和超过40%的高层领导团队中根本没有女性代表。[1]

如果我们要取得有意义的进展，我们还必须确保主流媒体成为下一个发生变革的领域。时至今日，主流媒体仍在放大和传播那些追求争议和点击率的仇恨散布者的信息，由此为网上恶劣的霸凌提供了重要的现实生活氧气。媒体通过将仇恨言论刻画成"平衡辩论"的一个方面，使本应被视为极端的、不可接受的事情变得正常化和合理化。它们通过呈现一种微不足道、言过其实的女权主义版本来激起有争议的愤怒，煽动点燃了厌女阴谋论者和骚扰暴徒心中的火焰。由于未能认清暴力袭击女性的极端主义性质，媒体也阻碍了我们认识和应对厌女恐怖主义的真正面目。因此，媒体有时会无意中助长和怂恿曾经处于边缘位置的极端主义网络社群，帮助它们将观点传向可接受的话语的中心。

然而，媒体也是帮助我们解决这个问题，而不是使问题恶化的最大的机会。通过负责任的报道，通过以道德而非博眼球为编辑决策的导向，媒体有能力帮助消除和削弱煽动仇恨的极端主义意识形态，将其从大众话题中剔除，而不是将其推向更加突出的位置。

2018年的一份报告鲜明地描述了2016年美国总统大选前后"新闻业与有害的、受污染的、虚假的信息被放大这种现象之间的关系"，此外网络极端分子利用操纵手段蓄意以记者为目标，导致"暴力偏执过滤到主流话语中"，并"提高极右翼操纵者的曝光度"的风险。

报告的主要作者惠特尼·菲利普斯（Whitney Phillips）写道，即便媒体只是大肆报道这些反面人物也会产生巨大的影响：

> 然而，无论如何批判，无论如何有必要去揭露，对这些极端分子和操纵者的报道都使坏人们获得了连他们自己都难以相信的知名度和合法性，因为民族主义和白人至上主义意识形态在短短几个月内就从文化边缘脱胎换骨成文化主体。

在采访了数十名记者和新闻编辑室员工后，菲利普斯向编辑实践提出了一系列建议，旨在"最大限度地减少恶意行为实施者对叙事的劫持"，包括在不产生同等传播效果的情况下报道客观上虚假的信息。她还建议在有关偏执者和施虐者的报告中避免提供个人的详细信息，尽可能少用"喷子"一词，尽量减少包含有关受害者身份的信息，并避免在报道中委婉引述"狗哨式"言论。

但是，即使在最基本的层面上，媒体也必须从近期大规模谋杀案的模仿性质中吸取教训，这些谋杀案的宣言相互重叠、彼此呼应，而且往往在国际媒体平台上得到了大量的报道。《纽约时报》发表了罗杰的宣言和视频声明，其全国发行部编辑艾莉森·米切尔（Alison Mitchell）当时曾为这一决定辩护："在本案件中，视频和宣言对于理解犯罪动机是如此不可或缺，（如果我们没有公布出来）我们就会非常下意识地不去讲述这个故事的大部分内容。"然而，很难想象在伊斯兰国大屠杀事件发生后，他们用这样的理由去发表圣战恐怖主义宣言。而且，正如这本书所详细描述的那样，在那以后的几年里，大规模杀人案的凶手一再引用罗杰的宣言和声明，作为其灵感来源。媒体完全有可能只是报道这些男性的罪行，而不去放大他们具有说教和鼓吹性质的长篇大论。

最终，如果我们要有效地分析和应对网络厌女极端主义的威胁，那么从政府到科技公司，从媒体到教育，各个领域都需要发生重大变化。但是，正如考夫曼、赫斯特和巴克这样的男性——这些与厌女者为敌的男性——所建议的那样，如果我们想让这种改变在主流态度层面上扎根，我们对男子气概的看法可能也需要进行根本性的转变。这似乎与男性圈本身造成的直接挑战不太相关，但是鉴于男性至上主义者善于优化他们的意识形态，以使其流畅地渗透于线上和线下之间的各个界限，达到了令人震惊的程度，因此我们也必须努力创造出同样强大的、可以反向传播的男子气概叙事。年轻男性在没有其他选择的情况下，极易受到男性圈信息的影响，而上述做法更是一种旨在填补这种真空的预防措施。

随着我们的社会不断变化，男性已经失去了他们传统意义上由陈旧观念所规定的、伸张其男子气概的方式。然而，虽然我们善于发现这一点，善于批评这些对男子气概的传统要求及其潜在的有害影响，但我们未必能有效地传播这种批评，也未必能有效地提供其他切合实际、意义积极的男子气概模式。

当女权主义者谈论"有毒的男子气概"时，我们指的是，这种过时的定义可能造成巨大的伤害。它要求男性展示力量，隐藏弱点。它要求男性在所有人际关系中占据主导地位并维持掌控。它要求男性从不承认自己的脆弱或情绪。它要求男性坚忍地压抑恐惧和痛苦，不惜一切代价避免支持或沟通。它要求男性承担起一家之主、供养者和保护者的角色。它要求男性将女性配偶和子女视为易受伤害的次要受抚养人、自我或财产的延伸，而非平等的伙伴和支持来源。它要求男性将力量、体能和性胜利置于智力、情商和友谊之上。它要求男性进行隐秘的自我鞭笞和自我治疗，而不是承认失败。它迫使男性认同金钱和地位比工作满意度更重要，事业比作为父母的参与更重要，社会比自我更重要。

所有这一切都是事实。但是，人们往往认为，我们所强调的潜在伤害只针对女性和儿童，而事实却是，有毒的男子气概对成年男性和男孩造成的伤害也是巨大的。男孩、成年男性和男权主义者反复告诉我，这个概念的问题在于，当我们谈论"有毒的男子气概"时，人们听到的便是"有毒的男性"。

上文提到的引起极度不适并招致激烈反对的吉列广告，便将这一点体现得淋漓尽致。这则广告试图解决有害的男子气概，并鼓励男性在解决这个问题方面发挥积极作用。这其实是一段相当温情的视频，展示了一些为防止骚扰而采取干预措施的男性。视频中包含这样的台词："我们相信男性心中的善念。"尽管如此，它还是引发了一波巨大、尖锐的抨击浪潮，使男性圈社群、另类右翼油管用户和主流媒体团结在一起，而这段视频也立即成为油管历史上最不受欢迎的视频（收获140

万个"踩")。全网男性都纷纷拍下自己将吉列剃须刀掰成两半并焚烧该公司其他产品的视频。("被剃须刀割了六处伤口,但这是值得的!"一名非自愿独身论坛成员在破坏了自己的剃刀后激动地说。"去他妈的吉列!")

尽管这些问题可能会让人觉得(并经常被描绘成)它们都是非常现代的忧患形式,源自第四波女权主义的新近爆发所带来的性别矛盾,以及对#MeToo运动以某种方式为"男性身份"定罪的愤懑,但现实是这样的对话已经悄然酝酿了数十载。1958年11月,历史学家小阿瑟·施莱辛格(Arthur Schlesinger Jr.)在《时尚先生》杂志的一篇文章中问道:"美国男性发生了什么?在很长一段时间里,美国男性似乎对自己的男子气概充满信心,对自己在社会中的男性角色笃定不移,对自己的性别身份感到轻松而明确。如今,男性越来越意识到,男性身份不是一个事实,而成了一个问题。美国男性维护自身男子气概的方式既模糊不清,又晦涩难解。越来越多的迹象表明,美国男性对自身的认识出现了严重问题。"

那么,我们如何树立男子气概的榜样并开创一些关于"做男人意味着什么"的积极新观念呢?赫斯特笑着回忆起,他刚开始为学校里的男孩设计有关男子气概的课程时得到的建议。"有很多人说:'你需要把男孩带到树林里,然后让他们把树砍倒,这样他们就能感受到自己的男子气概。'但我从来不是那种孩子——我喜欢艺术、音乐和戏剧。"

在伦敦一家拥挤的咖啡馆里,坐在他对面的我突然意识到,赫斯特本人正是我们所需要的那种榜样的一个缩影。赫斯特是一位富有领袖魅力的体格健壮的年轻男性。他抵达咖啡馆时,身着一件带帽夹克,并且非常自在地佩戴着几件珠宝。他同青少年因为性别歧视话题而猛烈抨击

第十章 与厌女者为敌的男性

的拘谨女权主义"泼妇"形象有着天壤之别。我怀疑，他可能比我承受了更多青少年莽撞的观点。而且，当他向我讲述他参与性别平等工作的历程时，我突然想到，可能没有人比像他这样的男性更有能力让男孩远离非自愿独身的诱惑，因为他实际上代表了非自愿独身者的对立面。他在本应独身禁欲的时候因为发生了性行为而被神学院开除，而他的干预工作生涯恰恰由此开启。

赫斯特强调，在我们关于"做男人意味着什么"的新观念中，多元性十分重要，不能用一种刻板印象取代另一种刻板印象："关于男子气概的一个非常糟糕的事情就是它的规定性太强了，所以我永远都不想走进一个房间然后说：'这份清单已经过时了，我们现在要给你们提供一份新的清单，列出你们需要成为什么样的人。'因为这不可避免地会导致更多同样的事情发生，比如失败，觉得自己没有达到这些标准，然后去反抗，或将这份清单作为武器去针对其他人。但是，给人们提供空间，让他们思考出自己的替代方案，才是真正重要的事情。"

关于"做男人意味着什么"这个命题，有些男性默默地塑造着一个与众不同的复杂版本。巴拉克·奥巴马毫不避讳在公开场合哭泣，而且他还决定将校园性暴力作为其总统任期内工作的一个焦点。安迪·穆雷（Andy Murray）在记者把威廉姆斯姐妹等女网球选手已经打破的纪录归功于他时，他非常朴实地予以纠正。嘻哈二人组"Rizzle Kicks"的成员乔丹·斯蒂芬斯（Jordan Stephens）也以身作则，他在《新闻之夜》关于#MeToo运动的小组讨论中头戴花圈坐在我旁边，公开谈论需要允许男性打破刻板印象，体验与自己以及与他人的亲密关系。

这些截然不同的、明显"不同寻常"的男子气概会对年轻人产生巨大的影响。20岁的学生亚当告诉我，他的很多朋友都受到了网络极端厌女主义的影响。他自己刚刚从严重的心理健康问题中恢复过来,他将康复归功于他最喜欢的一支乐队。他说自己一直在同社会压力作斗争,因为自己"从来都不是一个看起来特别有男子气概的人",这也导致他在学校受到嘲笑和辱骂。在大学里,他以泛性恋的身份出现在大家面前,"试图弄清楚我到底是什么样的人",之后他开始感到抑郁和焦虑,最终到了几乎不敢离开家的地步。然而,亚当却在一个意想不到的地方找到了慰藉。他是英国IDLES摇滚乐队的忠实粉丝,他认为该乐队并没有像更典型的男性明星那样具有"咄咄逼人的表演性男子气概"。他们的单曲《撒玛利亚人》("Samaritans")是在亚当最沮丧的时候发行的,这首歌提到了"男子气概的面具",讲述了男性面临的压力,"勇敢起来……不要哭……躺一会儿就好",歌词还包括"我是一个真正的男孩/大男孩,而且我哭了"。亚当说,这样一个在全英音乐奖上被提名为"英国突破表演奖"的杰出乐队,选择如此公开地讨论这些问题,其潜在影响力是巨大的。对他们成千上万的粉丝而言,更是如此。"这让我们开启了在其他圈子或历史上的其他时期可能不会进行的对话。"

这听起来可能很简单,但榜样对开启更广泛的对话至关重要,尤其是在一个讨论可能被严重污名化的领域。此外,提供另一种讨论空间也意义重大,否则有毒的网络话语会利用这些问题并小心翼翼地守卫住这些话语的空间。当我询问杰克·彼得森这位曾经的非自愿独身者,此类论坛有何吸引力时,他说:

> 这个问题的部分根源在于,你知道的,在匿名互联网论坛之外谈论这些事情是一种禁忌……我认为,问题在于我们的社会对我们可以谈论的东西设置了很多屏障,而且,我认为男性的孤独绝对

是一大禁忌。大多数人都不想听这类内容，于是就出现了一道屏障，所以这些人只能被迫保持沉默，或者转向网络论坛……我认为，作为一个社会整体，如果我们能更愿意讨论这些问题，那将会是一个很大的进步。

亚当指出，寻找进行此类对话的实体空间与探寻其情感领域同样重要。他指的正是青年俱乐部资助的削减，他表示：

> 如果没有这些青年俱乐部，[男孩们] 就找不到发泄愤怒和能量的出口，所以除了网络，他们还能去哪里呢？这就是星星之火开始出现的地方，因为他们没有其他事情可做，所以他们才会上网，才会找到他们能量的发泄口，才会找到某个油管视频或某个与他们对话的右翼评论员，然后事态就开始逐渐升级。

皮乔里尼也发出了同样的警告，他说道：

30年前，这些边缘化的、心碎的愤怒青年必须面对面接触才会被招募到一场运动中来。如今，数以百万计的年轻人仿佛与现实世界没有联系，大部分时间都在网上度过。他们转而在网上找到共同体，并就宣扬暴力开展对话。

男性个体往往更有权势，可以在网络和现实世界中批评、挑战和颠覆男性至上主义极端主义试图传达的信息。每一个提出"我能做什么？"的善良男性，都有机会加入这场大合唱，向周围的男性喊话，为形成更大范围的涟漪效应做出贡献。

例如，当男性圈阴谋论试图夺走凯蒂·鲍曼为拍摄第一张黑洞图像所做的工作,并将其归功于安德鲁·查尔(Andrew Chael)这位白人科学家时,查尔本人出面针对这种观点表达了反对意见。查尔告诉CNN:"当我意识到许多网络评论员利用我的名字和形象来推进性别歧视议程,声称凯蒂在我们的跨国团队中的领导角色是捏造的时候,我觉得我应该说些什么来明确表示我反对这种观点。"他立马在推特上发帖,又在传谣者使用的同一个论坛上详述了他传达的信息,认为对他同事的这些厌女性质的攻击是"可怕的和性别歧视的",由此纠正了男性圈传播的错误统计数据,并写道:"虽然我很感激你们对我努力多年的结果表达祝贺,但如果你们祝贺我仅仅是因为你们对凯蒂有性别歧视性质的仇恨,那么请走开,重新考虑一下你们生活中需要优先处理的事情。"

包括格林教授[1]、布朗博士[2]、格雷森·佩里[3]、罗伯特·韦伯[4]在内的男性都在用他们自己的平台,通过谈论、写作和说唱的方式探讨约定俗成的男子气概的问题,并探索用微妙而新颖的方式审视"做一名男性"的命题。我们需要男性来承担这项工作的大部分内容。如果男子气概是问题所在,那么男性就必须出面确定和推动新形式的男子气概。所有人似乎都达成了共识:让女权主义者告诉男孩该如何去做一个男人,这种做法收效甚微。这并不意味着改革男子气概的计划已经宣告失败。而是意味着,正如我们社会中追求平等的繁重工作一样,这项艰苦的工作原先被强加在了错误的人身上。

我们需要借用畏惧女性的男性的力量,因为他们被其他男性的谎

---

[1] 格林教授(Professor Green),英国说唱歌手,曾执笔一个探讨男子气概的专栏。
[2] 布朗博士(Doc Brown),《回到未来》系列电影的主角之一,该电影对父子关系和男子气概有较多探讨。
[3] 格雷森·佩里(Grayson Perry),英国作家,著有《男性的衰落》。
[4] 罗伯特·韦伯(Robert Webb),英国喜剧演员,对"有毒的男子气概"发表过诸多观点。

言和煽动性言论所误导。这些男性被灌输了谎言：他们应该畏惧女性，因为举报虐待行为的女性有可能给所有男性抹上同样的污点。而真相却是，施虐的男性才有可能给所有男性抹黑。因此，这些男性真正畏惧的根本不是女性。他们也是与厌女者为敌的男性。他们只是不自知而已。

关键问题在于，除非我们看清问题的本质并予以严肃对待，否则这些干预措施就不会起作用。如果你对事态视而不见，就不会知道到底发生了什么。现实是，我们不想谈论鼓吹暴力厌女的大规模运动。我们宁愿不去面对它。相较而言，将性别歧视描绘成一个不涉及肇事者的含糊的问题，只是模糊地悬浮在半空中，等待着对女性施加影响，则要容易得多。而且轻视或忽视男性圈群体，也比解决问题要容易得多。但我们越是转移视线，问题就会变得更加严峻。

直到我为了写作本书而开始研究男性圈时，我才偶然发现，越来越多看似轻松随意的论坛讨论和聊天室主题帖在幻想着要强奸和谋杀女性。当我浏览不同的男性圈社群时，我看清了他们对待敢于写文章揭露他们，甚至只是在社交媒体上针对他们发表简短评论的女性的方式。在一个非自愿独身论坛的留言板上，有人用"圣战恐怖主义"的措辞，发布了一则关于一名女记者的公告，只因她在油管上制作了一个揭露非自愿独身留言板的视频："我们要用伊斯兰法裁决这个荡妇。所有非自愿独身者见到她之后，都有义务去伤害她。非自愿独身者至上！！"

其实我很害怕让这本书出版。与我采访过的一些被喷子攻击的受害者不同，我自己对本书出版后即将发生的事情早有先见之明。我已经尽我所能地弱化它的影响，做好准备迎接它的到来。自开始接到死亡威胁后的几年里，我已经搬了好几次家，在社交媒体上也尽量越来越少地发布我的个人信息，而且很小心翼翼地从不分享关于我的家人或朋友的任何具体信息。我已经不再写关于我个人的东西了。如果我在家中接受采访或拍摄,我会要求记者不要提及我家所在的地区,并说服摄影师确保照片中不会出现我家所在的街道。这种生活方式让我精疲力尽。我不知道接下来会发生什么。但是,从某种意义上讲,我是在发起挑战。如果我所描述的群体的男性意识到这本书的存在,他们将会面临某种困境。他们会声称这本书歪曲和诽谤了他们的社群。但是,如果他们选择像以前无数次那样,用威胁和辱骂来淹没我,那么他们将证明我是对的。我想,这将会是一个令他们备感困惑的时刻。

因此,虽然写这本书令我惶恐,但这也是一种反抗行为。如果我们甚至都不知道问题的存在,我们就无法解决问题。既然我们已经知道问题的存在,我们就有责任来回答一个简单的问题:我们该怎么办?

我们想要见证的转变应当要是可以达成的。我对此很清楚,因为这是我亲眼所见。

根据我的经验,学校可以是社会的极其发人深省的缩影。它有自己的小集团和社群,有自己的领导者和公民,有自己的文化和规范。因此,观察不同学校如何应对极端厌女主义的渗透,对我们极具启发意义。我曾目睹一些学校急于把这条"龙线虫"拽出来,以为仅仅通过一次全校集会就能解决问题,为待办事项打上一个对钩,然后就此翻篇。我见过他们杀鸡儆猴,对某个罪魁祸首施以惩罚,希望这样就能神奇地治好更深层次的症结。我见证过随之而来的腐化局面,随着偏见变得更加根深蒂固,受害者面临激烈反冲,朝向正常化的转变未能实现,恶性循环还在继续。

但我也看到一所学校采取了不同的做法。他们学校存在很大的问题,而且他们也知晓问题的存在。我第一次访问该校时,他们反馈的态度用严重的厌女情绪来描述都算是过于轻描淡写了。女孩一片死寂，而男孩分享了男性圈的经典言论。现场的氛围简直有毒。但在一群人数不多但意志坚定的老师的激励下，学校迈出了至关重要的第一步：他们承认问题的存在。他们接下来做的事情具有开创性的意义。

他们思考了解决这个问题的多种可能的方法，而且将所有这些方法都付诸实施。他们召开了一次学生会，让学生自己找出问题并提出解决问题的建议。当然，他们还举办一些大型集会，但都是由男性教职员工主持，并且明显得到了整个高级领导团队的支持。他们发出的信息表明学校各级都在认真对待这一问题。而且，他们所做的还不只如此。他们在集会之后还进行了导师小组讨论，研讨了一系列不同的主题，深入探讨了性别刻板印象和心理健康等问题，并研究了年轻男性及其女性同龄人是如何受到影响的。他们为学生提供了一个探索和讨论问题的安全空间。在年轻人可能会被网上偶然接触的信息误导的领域，学校针对性地摆出事实。而且，学校并不是嘴上说说而已，而是已经开始采取行动来解决性骚扰问题，同时释放出一种信号：性骚扰在本校是不可接受的。他们任命了一位顾问，为学生提供心理健康方面的支持。他们与家长合作，邀请他们参加讲座，帮助他们了解孩子面临的问题以及家长先前可能并不知道的网络内容。他们为家长提供了与青少年展开重要对话的工具、信息和信心。

随着时间的推移，学校一次又一次地邀请我重返校园。他们每年都让我去见新入学的学生并给他们做同样的演讲。所以，我注意到事态所发生的转变。

在第二年我访问该校时，事情已经有了一点小小的进展。一小群勇敢的学生成立了一个女权主义社团。虽然人数不到十人，而且遇到了来自同龄人的顽强抵抗，但她们决心继续战斗下去。气氛依然充满敌意，但在我的演讲过程中，男孩直接的辱骂言论减少了。厌女情绪不再那么令人窒息了。甚至还有一两个女孩举手与我进行互动。

又过了一年，这个女权主义社团的规模已经扩大了一倍。学生开始对辩论持开放态度。尽管仍然还存在许多厌女观点和大量错误信息，但已经不再是完全不受质疑的铁板一块了。在问答环节中，女性教职工也不再显得像过去那样一蹶不振了。

当我最后一次来到这所学校时，离最初那个艰难的日子已经过去了五年，这所学校已经今非昔比了。我们坐在相同的教室里，我在同一个礼堂里发表了演讲，但氛围已彻底改变。这并不是一种出于从众心理的改变。学生仍然有不同的观点，当然，并不是每个人都被神奇地说服了。仍然有捣乱的男孩和刁钻的问题。然而，在众多学生之中，有些事情已经发生了转变。女孩举起了手。这里再也不会被厌女情绪所传染。

这不是一朝一夕就能实现的，但只要在足够多的战线上投入足够多的努力，而且男性模范也有足够的意愿为这项事业承担起责任，那么，这样的结果就有可能会实现。

这才是我们把整条"龙线虫"揪出来的方法。

致 谢

我非常幸运，身边有一个支持我的才华横溢的团队，他们从这本书的孕育之初就给予我极大的支持。阿比盖尔·伯格斯特罗姆是他们当中最好的代表。由于命运的奇妙机缘，她曾是我在西蒙与舒斯特出版社的编辑，在她任职期间委托我撰写这本书，并作为我在 Gleam Titles 的代理人给予我大力支持，为这本书的付梓而欢呼雀跃。我非常感谢她，感谢梅根·斯汤顿以及 Gleam Titles 的每一个人的辛勤工作和给予我的善意。

与往常一样，我很高兴能与优秀的西蒙与舒斯特团队合作，他们从一开始就准确地理解我想通过这本书实现的目标，他们深思熟虑、团结协作且富有洞察力的投入帮助我实现了这个目标。

我非常感谢所有受访者，他们在我为本书进行研究的过程中慷慨地奉献了自己的时间和专业知识。我也非常感谢全国各地学校的年轻人，他们勇敢地为我提供了一扇了解他们世界的窗口。

我非常感谢通过幕后的对话和初稿审读为本书提供支持的人，以及在我写作期间给予我大力支持和鼓励的人，包括休、海莉、艾琳、爱玲、露西、艾玛、瑞秋、布伦娜、莎拉、夏洛特和乔。我也要感谢我的家人，他们一直支持我的事业，即使我遭受的强烈反冲似乎与这种支持很不相称，令人感到困惑，而且我仿佛原本可以选取一条更为容易、轻松的路径。

当人们问我（已经有人问过了），是不是一个厌男的女性才能写出一本关于厌女的男性的作品，我忍不住微微一笑。这当然是男性圈成员希望你们相信的刻板印象。实际上，真实情况恰恰相反。我认为，如果不真正了解热爱女性的男性所具有的影响和力量，我就不可能写出这本书来。这些男性乐此不疲地捍卫着女性。这些男性了解厌女的真正影响，并以自己的方式在各自的领域默默努力着，尽其所能地降低厌女产生的影响。这些男性支持了我的事业，而且我职业生涯中的很多事情都要感谢他们。他们都以不同的方式为这本书的诞生做出了贡献。

鲍勃·柯里等男性让我相信（套用爱丽丝的话），只要足够拼，我可以在午餐前完成任何不可能的事情。迈克尔·赫尔利博士冷静地剖析了语言中的性别不平等，第一次让我意识到性别歧视的系统性本质。詹姆斯·巴特利特以其默默付出的慷慨和善良，使"日常性别歧视项目"自发起以来能够蓬勃发展，而汤姆·利文斯通则让我相信我所处的时代的价值。彼得·弗洛伦斯和斯蒂芬·邓巴-约翰逊等男性没有止步于嘴上说说而已，而是在他们的专业领域里踏踏实实地努力工作，毫不张扬地推进性别平等。

最重要的是，我非常感谢我的伴侣、"同伙"和最好的朋友尼克。他的信念和行为一定会被本书中描述的男性所憎恶，但他就是这样的人。在他的鼓励下，我对女权主义产生了兴趣；在他的帮助下，我发起了"日常性别歧视项目"。他给予我无穷无尽的支持，使我能够一直坚持下去。他不会高谈阔论开创新的性别角色，而只是身体力行；他不会就分担劳动说教，而是主动承担责任；他不会因为提供了无尽的帮助而期待得到嘉奖，而是从不问回报。他证明了一个不同的世界是可能存在的，证明了大男子主义的生物学必要性纯属无稽之谈，证明了#不是所有男性都这样（#NotAllMen）……为了支持我完成这部作品，他在事业上做出了妥协，遭受过陌生人的蔑视和来自喷子的极端霸凌。尽管如此，他依然坚定不移地支持我开展这项工作。

我总会面对无处不在的关于"我是否厌男"的问题，非要我回应它是荒谬的，然而尼克便是这个问题的答案。而且，每当我质疑自己，每当我在这项工作中痛苦挣扎，抑或是被霸凌压得喘不过气来的时候，他也一直都是我的答案。

谢谢你，尼克，我爱你！

注　释

第一章　厌恶女性的男性

1. 'The Making of an American Nazi', *The Atlantic*, December 2017
2. 'Inside the Alt-Right's Violent Obsession with "White Sharia War Brides"', *Vice*, 3 April 2018
3. 'Teenage neo-Nazis jailed over terror offences', BBC website, 18 June 2019
4. 'Congressional Candidate In Virginia Admits He's A Pedophile', *HuffPost*, 1 June 2018
5. 'Virgin teenager Ben Moynihan "stabbed women in revenge"', BBC website, 13 January 2015
6. 'Teenager Ben Moynihan sentenced to 21 years for attempted murder of three women because he could not lose his virginity', *The Independent*, 6 March 2015
7. 'Edmonton Man Uses "Involuntary Celibacy" as Excuse in Stomping Death', *Vice*, 30 August 2018
8. 'Toronto van attack suspect says he was "radicalized" online by "incels"', *The Guardian*, 27 September 2019
9. 'He pledged to kill "as many girls as I see" in mass shooting. After second chances, he's going to prison.' *Washington Post*, 24 May 2019

第二章　掠食女性的男性

1. 'The Game and Real Social dynamics: Is the seduction community pushing the idea that "no" just means "not yet"?', *The Independent*, 24 January 2013
2. 'The Secret World of Pickup Artist Julien Blanc', *Daily Beast*, 1 December 2014
3. '395: the number of women who have contacted The Times with allegations of sexual harassment against James Toback', *LA Times*, 7 January 2018

4　'This Canadian Pick-Up Artist Bragged About Forcing Sex On a "Slut Whore"', *Vice*, 12 November 2014

5　'California pick-up artist who raped woman and blogged about it jailed for 8 years', *International Business Times*, 14 December 2016

6　'The Pickup Artist Rape Ring', *Daily Beast*, 21 September 2016

7　'Pickup Artist: I'm Autistic and Didn't Know Rape Was Bad', *Daily Beast*, 6 October 2017

8　'Prominent Pick-Up Artist Drives a "Rape Van" and Harasses Women on OkCupid', *Jezebel*, 1 February 2013

第三章　回避女性的男性

1　'David Sherratt, 18, is a men's rights activist who won't have casual sex in case he is falsely accused of rape', *Wales Online*, 22 November 2015

2　'Unintended Consequences of Sexual Harassment Scandals', *New York Times*, 9 October 2017

3　'Austin Official Is Reprimanded for Avoiding Meetings With Women', *New York Times*, 15 September 2017

4　'Another Side of #MeToo: Male Managers Fearful of Mentoring Women', *New York Times*, 27 January 2019

第四章　责怪女性的男性

1　'Champions of the downtrodden male', *The Independent*, 28 January 1994

2　Ibid.

3　'Drinking male tears: language, the manosphere, and networked harassment', *Feminist Media Studies*, Volume 18, Issue 4 (2018)

4　'Why Is an Anti-Feminist Website Impersonating a Domestic Violence Organization?', *Cosmopolitan*, 24 October 2014

5　'Interview With Matt Forney', *Amerika*, 3 November 2017

6　'A Fond Salute to "Honey Badgers," the Ladies' Auxiliary of Online Anti-Feminism', *Slate*, 23 September 2015

7　'The Men's Rights Movement and the Women Who Love It', *Mother Jones*, August 2014

8　Nico Trocmé and Nicholas Balab, 'False allegations of abuse and neglect when parents separate', *International Journal of Child Abuse & Neglect*, Volume 29, Issue 12 (2005)

9　'How this feminist found herself sympathising with the men's rights movement', BBC website, 8 March 2017

10　'An Anti-Feminist Party Is Standing In The General Election', *BuzzFeed*, 14 January 2015

11 '"There's going to be civil war": Inside men's rights meeting', news.com.au, 31 August 2018

第五章　纠缠女性的男性

1 'Feminist games critic cancels talk after terror threat', *The Guardian*, 15 October 2014
2 *Feminist Media Studies*, op. cit.
3 'Man who harassed MP Luciana Berger online is jailed for two years', *The Guardian*, 8 December 2016
4 'Man admits sending sickening death threats to MP Angela Eagle', *Liverpool Echo*, 19 October 2016
5 'Britain's vilest troll: "I'm here to expose hypocrisy"', *Daily Telegraph*, 5 February 2015
6 'Britain's worst troll: We expose dad-of-two youth football coach living double life as UK's sickest troll – targeting celebs including Katie Price with barrage of vile racist tweets', *The Sun*, 21 February 2018
7 'Online abuse and harassment', Ipsos MORI, 20 November 2017
8 'Review of the Committee on Standards in Public Life into the Intimidation of Parliamentary Candidates', National Democratic Institute for International Affairs, 8 September 2017
9 'Mistreatment of women MPs revealed', BBC website, 25 January 2017
10 'Diane Abbott more abused than any other female MP during election', *The Guardian*, 5 September 2017
11 'Jo Cox murder: Judge's sentencing remarks to Thomas Mair', BBC website, 23 November 2016
12 'The Media Still Haven't Figured Out How to Cover Acts of Violence', *The Atlantic*, 15 March 2019

第六章　伤害女性的男性

1 Bianca Dekel, Naeemah Abrahams and Michelle Andipatin, 'Exploring the Intersection Between Violence Against Women and Children from the Perspective of Parents Convicted of Child Homicide', *Journal of Family Violence*, Volume 34, Issue 1 (2018)
2 'Armed and Misogynist: How Toxic Masculinity Fuels Mass Shootings', *Mother Jones*, June 2019
3 Erin M. Kearns, Allison E. Betus and Anthony F. Lemieux, 'Why Do Some Terrorist Attacks Receive More Media Attention Than Others?', *Justice Quarterly*, Volumer 35, Issue 6 (2019)
4 Travis L. Dixon and Charlotte L. Williams, 'The Changing Misrepresentation

of Race and Crime on Network and Cable News', *Journal of Communication*, Volume 65, Issue 1 (2015)
5. Kimberly A. Powell, 'Framing Islam: An Analysis of U.S. Media Coverage of Terrorism Since 9/11', *Communication Studies*, Volume 62, Issue 1 (2011)
6. 'Charlottesville Attack Driver James Fields Sentenced to Life in Prison', *Wall Street Journal*, 28 June 2019
7. 'Terrorism's Double Standard', *The Intercept*, 23 March 2019
8. 'UK judge tells convicted abuser that there are "lots more fishes in the sea"', *Stylist*, 8 May 2019
9. 'A Texas Massacre', *People*, 4 November 1991

第七章　剥削其他男性的男性

1. 'Trump has turned the racial dog whistle into a steam whistle', *Boston Globe*, 19 July 2019
2. 'Here's How Breitbart And Milo Smuggled White Nationalism Into The Mainstream', *BuzzFeed*, 5 October 2017
3. 'How Men's Rights Leader Paul Elam Turned Being A Deadbeat Dad Into A Moneymaking Movement', *BuzzFeed*, 6 February 2015
4. 'Controversial pick-up artist Roosh V celebrates Donald Trump's victory: "If the President can say it then you can say it"', *The Independent*, 16 November 2016
5. 'Trump mocks Christine Blasey Ford at Mississippi rally as supporters cheer', *The Guardian*, 3 October 2018
6. 'Conservative MP tries to derail bill protecting women against violence', *The Guardian*, 16 December 2016
7. 'Tory MPs filibuster plans for LGBT-inclusive sex education', *Pink News*, 23 January 2017
8. 'Pauline Hanson sparks fury with claim domestic violence victims are lying to family court', *The Guardian*, 18 September 2019
9. 'How Steve Bannon Won', *US News*, 18 July 2017
10. 'Steve Bannon: "We went back and forth" on the themes of Johnson's big speech', *The Guardian*, 22 June 2019
11. 'Man arrested outside office of Labour MP Jess Phillips', *The Guardian*, 26 September 2019
12. 'Trump defends response to Charlottesville violence, says he put it "perfectly" with "both sides" remark', *USA Today*, 26 April 2019
13. 'New Hampshire State Rep Who Created Reddit's "Red Pill" Resigns', *Daily Beast*, 22 May 2017
14. 'Jordan Peterson: "One thing I'm not is naïve"', *Financial Times*, 1 June 2018
15. 'Jordan Peterson, the obscure Canadian psychologist turned right-wing celebrity, explained', *Vox*, 21 May 2018

16　Ibid.
17　'Jordan Peterson: "I don't think that men can control crazy women"', *The Varisty*, 8 October 2017
18　'Jordan Peterson, Custodian of the Patriarchy', *New York Times*, 18 May 2018
19　'What the left gets wrong about Jordan Peterson', *The Guardian*, 22 June 2018
20　'"Back off", controversial professor urges critics of Channel 4's Cathy Newman', *The Guardian*, 21 January 2018
21　'Academic who says wives who deprive husbands of sex are wrecking society. Her solution? Reward chaps for doing the washing up!', *Daily Mail*, 15 February 2017

第八章　畏惧女性的男性

1　'#MeToo Brought Down 201 Powerful Men. Nearly Half of Their Replacements Are Women.', *New York Times*, 23 October 2018
2　'These Tech Execs Faced #MeToo Allegations. They All Have New Jobs.', *BuzzFeed*, 16 April 2019
3　TK: insert up-to-date endnote covering Harvey Weinstein trial, as per legal
4　'Ohio Teenagers Guilty in Rape That Social Media Brought to Light', *New York Times*, 18 March 2013
5　'George Will Defends Controversial Column On Campus Sexual Assault', *Think Progress*, 21 June 2014

第九章　厌女而不自知的男性

1　'Alternative Influence: Broadcasting The Reactionary Right On YouTube', Data & Society website, 18 September 2018

第十章　与厌女者为敌的男性

1　'"Worrying" lack of diversity in Britain's tech sector, report finds', *The Guardian*, 14 November 2018